el Elemento

el Elemento

(The Element)

KEN ROBINSON
con LOU ARONICA

Traducción de
Mercedes García Garmilla

Grijalbo

Título original: *The Element*

Primera edición: octubre, 2009

© 2009, Sir Ken Robinson y Lou Aronica
© 2009, Random House Mondadori, S. A.
 Travessera de Gràcia, 47-49. 08021 Barcelona
© 2009, Mercedes García Garmilla, por la traducción
© de las ilustraciones interiores:
 Imagen de la Nube de Magallanes: NASA, ESA y Hubble Heritage Team (STScI/AURA) – ESA/Hubble Collaboration. Agradecimientos a D. Gouliermis (Max Planck Institute for Astronomy, Heidelberg).
 Resto de las imágenes: NASA/JPL- Caltech

Printed in Spain – Impreso en España

ISBN: 978-84-253-4340-7
Depósito legal: B. 25.423-2009

Compuesto en Fotocomposición 2000, S. A.

Impreso y encuadernado en Printer Industria Gráfica, S. L.
N. II, Cuatro Caminos, s/n.
08620 Sant Vicenç dels Horts (Barcelona)

GR 43407

Para mis hermanos, Ethel Lena, Keith, Derek, Ian, John y Neil;
para nuestros extraordinarios padres, Ethel y Jim;
para mi hijo James y mi hija Kate, y para mi alma gemela, Terry.
Este libro es para vosotros. Por vuestros muchos talentos
y por el infinito amor y las risas que ponemos en la vida del otro.
Con vosotros y con los que amáis, estoy de verdad en mi Elemento.

Índice general

Agradecimientos

Dicen que hace falta todo un pueblo para educar a un niño. Para hacer un libro como este hace falta una pequeña metrópoli. Sé que tengo que decir que no puedo dar las gracias a todo el mundo, y de verdad no puedo. Sin embargo, debo nombrar a algunas personas como reconocimiento por su ayuda inestimable.

Primero y ante todo, a mi mujer y compañera, Terry. Sencillamente, este libro no estaría en tus manos si no fuera por ella. Su origen se debe a un comentario que hice a la ligera durante una conferencia hace unos años. Acababa de explicar la historia de Gillian Lynne, que abre el primer capítulo de este libro, y se me ocurrió decir que algún día escribiría un libro sobre ese tipo de historias. Desde entonces he aprendido a no decir estas cosas en voz alta delante de Terry. Me preguntó cuándo tenía pensado escribirlo. «Pronto —dije—, sin duda alguna pronto.» Al cabo de unos meses, lo empezó ella: redactó la propuesta, trabajó las ideas, realizó algunas de las primeras entrevistas y luego encontró al agente, Peter Miller, que ayudaría a que el libro se hiciera realidad. Con unos cimientos tan sólidos, y las rutas de escape tan firmemente cerradas, al final mantuve mi palabra y continué con el libro.

Quiero dar las gracias a Peter Miller, nuestro agente literario, por su extraordinario trabajo y, no en menor medida, por reunirnos a Lou Aronica y a mí. Viajo mucho —demasiado, en realidad—, y para escribir un libro como este hace falta tiempo, energía y colaboración. Lou fue el compañero ideal. Es un verdadero profesional: sabio, juicioso, imaginativo y paciente. Fue el núcleo tranquilo del proyecto mientras yo daba vueltas alrededor de la tierra y enviaba notas, borradores y dudas desde aeropuertos y habitaciones de hotel. También conseguimos ponernos de acuerdo sobre las diferencias, a menudo cómicas, entre el inglés británico y el estadounidense. Gracias, Lou.

Mi hijo James renunció a su valioso y último verano de estudiante para enfrascarse en la lectura de archivos, periódicos y sitios de internet verificando datos, fechas y conceptos. Luego discutió conmigo casi cada una de las ideas del libro hasta dejarme agotado. Nancy Allen trabajó durante varios meses en la investigación con un plazo de entrega cada vez más ajustado. Mi hermana Kate y Nick Egan colaboraron de forma maravillosamente creativa para elaborar la excepcional página web donde se muestra todo el trabajo que estamos llevando a cabo. Nuestra ayudante, Andrea Hanna, trabajó sin descanso para coordinar la miríada de partes en movimiento de un proyecto como este. No lo habríamos conseguido sin ella.

A medida que el libro iba tomando forma, fuimos muy afortunados al contar con los consejos de nuestra editora, Kathryn Court, de Viking Penguin. Su amable forma de presionarnos también garantizó que terminásemos el libro en un tiempo aceptable.

Por último, tengo que dar las gracias a todas aquellas personas cuyas historias iluminan este libro. Muchas de ellas dedicaron horas valiosas de sus ajetreadas vidas a hablar, libre y apasionadamente, sobre las experiencias e ideas que forman el núcleo de *El Elemento*. Muchas más me enviaron cartas y e-mails conmovedores. Sus historias muestran que los temas de este libro ocupan el centro de nuestra vida. Quiero dar las gracias a todas ellas.

Por supuesto, es habitual decir que, aparte de todas las buenas aportaciones de otras personas, cualquier error del libro es solo responsabilidad mía. Esto parece un poco severo conmigo mismo, pero supongo que es cierto.

Introducción

Hace unos años oí una historia maravillosa que me gusta mucho explicar. Una maestra de primaria estaba dando una clase de dibujo a un grupo de niños de seis años de edad. Al fondo del aula se sentaba una niña que no solía prestar demasiada atención; pero en la clase de dibujo sí lo hacía. Durante más de veinte minutos la niña permaneció sentada ante una hoja de papel, completamente absorta en lo que estaba haciendo. A la maestra aquello le pareció fascinante. Al final le preguntó qué estaba dibujando. Sin levantar la vista, la niña contestó: «Estoy dibujando a Dios». Sorprendida, la maestra dijo: «Pero nadie sabe qué aspecto tiene Dios».

La niña respondió: «Lo sabrán enseguida».

Me encanta esta historia porque nos recuerda que los niños tienen una confianza asombrosa en su imaginación. La mayoría perdemos esta confianza a medida que crecemos, pero pregunta a los niños de una clase de primaria quiénes consideran que tienen imaginación y todos levantarán la mano. Pregunta lo mismo en una clase de universitarios y verás que la mayoría no lo hace. Estoy convencido de que todos nacemos con grandes talentos naturales, y que a medida que pasamos más tiempo en el mundo perdemos el contacto con muchos de ellos. Irónicamente, la educación es una de las principales razones por las que esto ocurre. El resultado es que hay demasiada gente que nunca conecta con sus verdaderos talentos naturales y, por tanto, no es consciente de lo que en realidad es capaz de hacer.

En este sentido, no saben quiénes son en el fondo.

Viajo mucho y me relaciono con personas de todas partes del mundo. Trabajo con instituciones educativas, con empresas y con organizaciones sin ánimo de lucro. En todas partes me encuentro con estudiantes que se preguntan qué harán en el futuro y que no saben por dónde empezar. Encuentro a padres preocupados que intentan orientarlos, aunque a menudo lo que hacen es alejarlos de sus verdaderas aptitudes porque dan por sentado que para alcanzar el éxito sus hijos tienen que seguir caminos convencionales. Me reúno con empresarios que ponen el máximo empeño en entender y aprovechar mejor las cualidades de sus empleados. Con el tiempo he perdido la cuenta del número de personas que he llegado a conocer que carecen de una verdadera percepción de sus talentos individuales y lo que les apasiona. No disfrutan de lo que hacen, pero tampoco tienen idea de lo que les satisfaría.

Por otra parte, también me encuentro con personas que tienen mucho éxito en diversos campos, que les apasiona lo que hacen y que no pueden imaginarse haciendo otra cosa. Creo que sus historias tienen algo importante que enseñarnos sobre la naturaleza de la capacidad humana y de la realización personal. A través de mi participación en actos a lo largo del mundo he comprobado que —al menos tanto como las estadísticas y las opiniones de los expertos— historias reales como estas pueden transmitirnos la necesidad de pensar de forma diferente en nosotros mismos y en lo que estamos haciendo con nuestra vida, en cómo estamos educando a nuestros hijos y cómo gestionamos nuestros intereses colectivos.

Este libro contiene una amplia muestra de historias que cuentan las trayectorias creativas de personas muy diferentes. Muchas de ellas fueron entrevistadas especialmente para él. Estas personas explican cómo reconocieron sus talentos únicos y lo bien que se ganan la vida haciendo aquello que les apasiona. Lo sorprendente es que a menudo sus trayectorias no son lineales. Están llenas de imprevistos, giros y sorpresas. A menudo, las personas a las que entrevisté para este libro dijeron que en nuestras conversaciones salían ideas y experiencias de las que nunca habían hablado con nadie de esta manera. El momento del reconocimiento. La evolución de sus talentos. El estímulo o los obstáculos de la familia, los amigos y los profesores. Aquello que les hizo seguir adelante y enfrentarse a las dificultades.

Sin embargo, sus historias no son un cuento de hadas. Todas estas personas han tenido una vida complicada y llena de retos. Sus trayectorias personales no han sido fáciles ni sencillas, han sufrido fracasos y celebrado éxitos. Ninguna tiene una vida «perfecta». Pero todas experimentan regularmente momentos que parecen perfectos. A menudo sus historias son fascinantes.

Pero en realidad este libro no trata de ellas. Trata de ti.

Mi objetivo al escribirlo es ofrecer una visión amplia de la habilidad y creatividad humanas y de los beneficios que supone conectar correctamente con nuestros talentos e inclinaciones individuales. Este libro trata de temas que tienen una importancia fundamental en nuestra vida y en la vida de nuestros hijos, de nuestros alumnos y de las personas con las que trabajamos. Utilizo el término «Elemento» para el lugar donde convergen las cosas que nos gusta hacer y las cosas que se nos dan especialmente bien. Creo que es imprescindible que cada uno de nosotros encuentre su propio Elemento, no solo porque nos sentiremos más realizados, sino porque, a medida que el mundo evoluciona, el futuro de nuestras comunidades e instituciones dependerá de ello.

El mundo nunca había cambiado tan rápido como ahora. Nuestra mayor esperanza de cara al futuro es desarrollar un nuevo paradigma de la capacidad para llegar a una nueva dimensión de la existencia humana. Necesitamos propagar una nueva apreciación de la importancia de cultivar el talento y comprender que este se expresa de forma diferente en cada individuo. Tenemos que crear marcos —en las escuelas, en los centros de trabajo y en los estamentos públicos— en los que cada persona se sienta inspirada para crecer creativamente. Necesitamos asegurarnos de que todas las personas tienen la oportunidad de hacer lo necesario para descubrir el Elemento por sí mismas y a su modo.

Este libro es un homenaje a la impresionante variedad de habilidades y pasiones humanas y a nuestro extraordinario potencial de crecimiento y desarrollo. También pretende analizar las condiciones en que las habilidades humanas florecen o se desvanecen. Trata de cómo podemos comprometernos a fondo con el presente y de la única forma posible de prepararnos para un futuro completamente desconocido.

Para sacar el mejor partido de nosotros mismos y, cada uno, de los demás, tenemos que abrazar con urgencia una concepción más rica de las capacidades humanas. Necesitamos abrazar el Elemento.

El Elemento

Gillian solo tenía ocho años, pero su futuro ya estaba en peligro. Sus tareas escolares eran un desastre, al menos según sus profesores. Entregaba los deberes tarde, su caligrafía era horrible y aprobaba a duras penas. No solo eso, además causaba grandes molestias al resto de los alumnos: se movía nerviosa haciendo ruido, miraba por la ventana —lo que obligaba al profesor a interrumpir la clase para que Gillian volviera a prestar atención—, o tenía comportamientos que molestaban a sus compañeros. A ella todo esto no le preocupaba —estaba acostumbrada a que los que encarnaban la autoridad le llamaran la atención, y no tenía la sensación de actuar de forma incorrecta—, pero sus profesores estaban muy preocupados. Hasta tal punto que un día decidieron dirigirse a sus padres.

El colegio creyó que Gillian tenía dificultades de aprendizaje y que tal vez fuese más apropiado para ella acudir a un centro para niños con necesidades especiales. Todo esto sucedía en los años treinta. Creo que en la actualidad dirían que sufría un trastorno por déficit de atención e hiperactividad (TDAH) y le recetarían Ritalin o algo parecido. Pero en los años treinta todavía no se había diagnosticado el TDAH. Esa enfermedad no se conocía y las personas que la padecían no sabían, por tanto, que estaban enfermas.

Los padres de Gillian recibieron la carta del colegio con gran preocupación y se pusieron en marcha. La madre de Gillian le puso su mejor vestido y sus mejores zapatos, le hizo dos coletas y, temiendo lo peor, la llevó al psicólogo para que la evaluara.

Aún hoy Gillian recuerda que la hicieron pasar a una amplia habitación con estanterías de madera de roble llenas de libros encuadernados en piel. De pie, junto a un gran escritorio, se encontraba un hombre imponente que llevaba una chaqueta de tweed. Llevó a Gillian hasta el otro extremo de la habitación y le pidió que se sentara en un enorme sofá de piel. Los pies de Gillian apenas tocaban el suelo; estaba tensa. Nerviosa por la impresión que pudiera causar, se sentó sobre las manos para dejar de moverlas.

El psicólogo regresó a su escritorio y durante los siguientes veinte minutos le preguntó a la madre de Gillian acerca de los contratiempos en el colegio y los problemas que decían que estaba causando. Aunque no dirigió ninguna de estas preguntas a Gillian, no dejó de observarla con atención en todo momento. Esto hizo que Gillian se sintiera incómoda y confusa. Incluso a tan tierna edad supo que ese hombre desempeñaría un papel importante en su vida. Sabía lo que significaba ir a una «escuela especial» y no quería saber nada de ellas. Creía sinceramente que no tenía ningún problema, pero al parecer todo el mundo opinaba lo contrario. Y viendo cómo su madre contestaba a las preguntas, era posible que incluso ella lo creyera.

«Puede que tengan razón», pensó Gillian.

Finalmente, la madre de Gillian y el psicólogo dejaron de hablar. El hombre se levantó del escritorio, caminó hacia el sofá y se sentó al lado de la pequeña.

—Gillian, has tenido mucha paciencia y te doy las gracias por ello —dijo—, pero me temo que tendrás que seguir teniendo paciencia durante un ratito más. Ahora necesito hablar con tu madre en privado. Vamos a salir fuera unos minutos. No te preocupes, no tardaremos.

Gillian asintió, intranquila, y los dos adultos la dejaron allí sentada, sola. Pero antes de marcharse de la habitación, el psicólogo se reclinó sobre el escritorio y encendió la radio.

En cuanto salieron y llegaron al pasillo, el doctor le dijo a la madre de Gillian:

—Quédese aquí un momento y observe lo que hace.

Se quedaron de pie al lado de una ventana de la habitación que daba al pasillo, desde donde Gillian no podía verles. Casi de inmediato, Gillian se levantó y comenzó a moverse por toda la estancia siguiendo el ritmo de la música. Los dos adultos la observaron en silencio durante unos minutos, deslumbrados por la gracia de la niña. Cualquiera se habría dado cuenta de que había algo natural —incluso primigenio— en los movimientos de Gillian. Y cualquiera se habría percatado de la expresión de absoluto placer de su cara.

Por fin, el psicólogo se volvió hacia la madre de Gillian y dijo:

—Señora Lynne, Gillian no está enferma. Es bailarina. Llévela a una escuela de danza.

Le pregunté a Gillian qué pasó a continuación. Me explicó que su madre hizo lo que le habían recomendado. «Me resulta imposible expresar lo maravilloso que fue —me contó—. Entré en esa habitación llena de gente como yo. Personas que no podían permanecer sentadas sin moverse. Personas que tenían que moverse para poder pensar.»

Iba a la escuela de danza una vez por semana y practicaba todos los días en casa. Con el tiempo, hizo una prueba para el Royal Ballet School de Londres y la aceptaron. Siguió adelante hasta ingresar en la Royal Ballet Company, donde llegó a ser solista y actuó por todo el mundo. Cuando esta parte de su carrera terminó, Gillian formó su propia compañía de teatro musical y produjo una serie de espectáculos en Londres y en Nueva York que tuvieron mucho éxito. Con el tiempo, conoció a Andrew Lloyd Webber y crearon juntos algunas de las más célebres producciones musicales para teatro de todos los tiempos, entre ellas *Cats* y *El fantasma de la ópera*.

La pequeña Gillian, la niña cuyo futuro estaba en peligro, llegó a ser conocida en todo el mundo como Gillian Lynne, una de las coreógrafas de mayor éxito de nuestro tiempo, alguien que ha hecho disfrutar a millones de personas y que ha ganado millones de dólares. Y eso ocurrió porque hubo una persona que la miró profundamente a los ojos: alguien que ya había visto antes a niños como ella y que sabía interpretar los síntomas. Cualquier otra persona le habría recetado un medicamento y le habría dicho que tenía que calmarse. Pero Gillian no era una niña problemática. No necesitaba acudir a ninguna escuela especial.

Solo necesitaba ser quien era realmente.

A diferencia de Gillian, a Matt siempre le fue bien en el colegio: sacaba unas notas aceptables y aprobaba todos los exámenes importantes. Sin embargo, se aburría mortalmente. Para distraerse, comenzó a dibujar durante las clases. «Me pasaba el tiempo dibujando —me contó—, y acabé siendo tan bueno que podía hacerlo sin mirar el papel; así la maestra pensaba que estaba prestando atención.» La clase de arte le brindó la oportunidad de desarrollar su pasión sin miedos. «Estábamos pintando en libros de colorear y pensé: "Nunca consigo pintar sin salirme de la línea. ¡Bueno, no me importa!".» Esto cambió cuando empezó la escuela secundaria. «En la clase de arte los niños se quedaban sentados sin hacer nada, el profesor se aburría y nadie utilizaba los materiales de dibujo. Así que hacía tantos como podía: treinta en una sola clase. Observaba cada dibujo una vez terminado para ver a qué se parecía, y entonces le ponía título. *Delfín con algas*, ¡muy bien! ¡El siguiente! Recuerdo haber hecho montones de dibujos, hasta que se dieron cuenta de que estaba gastando demasiado papel y me pidieron que lo dejara. Sentía la emoción de crear algo. A medida que mi destreza técnica mejoraba, me resultaba estimulante decir: "Vaya, esto se parece un poco a lo que tiene que parecerse". Por entonces me di cuenta de que mi estilo no estaba progresando demasiado y empecé a concentrarme en las historietas y en los chistes. Me parecía más divertido.»

Matt Groening, conocido en todo el mundo por ser el creador de *Los Simpsons*, encontró su verdadera inspiración en la obra de otros artistas cuyos dibujos no tenían mucha calidad técnica pero que sabían combinar su estilo personal con una narración ingeniosa. «Lo que me dio esperanzas fue saber que había otras personas que no sabían dibujar y que vivían de ello, como James Thurber. También John Lennon fue muy importante para mí. Sus libros, *In His Own Write* y *A Spaniard in the Works*, están llenos de dibujos horribles pero divertidos, poemas en prosa e historias locas. Pasé por una etapa en la que intenté imitar a John Lennon. Robert Crumb también me influyó muchísimo.»

Sus profesores y sus padres —incluso su padre, que era dibujante y director de cine— intentaron convencerle para que hiciera otra cosa. Le aconsejaron que fuera a la universidad y que se labrase una profesión más seria. De hecho, hasta que entró en la universidad (un centro poco convencional, sin calificaciones ni obligación de asistir a clase), solo un profesor le había motivado. «Mi profesora de primero guardó algunos de los dibujos que hice en clase. Los conservó durante años. Aquello me emocionó pues por allí pasaban cientos de chavales. Se llama Elizabeth Hoover. Puse su nombre a uno de los personajes de *Los Simpsons*.»

La desaprobación de quienes encarnaban la autoridad no lo desanimó porque en su interior Matt sabía qué era lo que en realidad le motivaba.

«De niño, cuando jugábamos a inventar historias utilizando pequeñas figuritas (dinosaurios y cosas por el estilo) ya sabía que pasaría el resto de mi vida haciendo aquello. Veía a los adultos dirigirse hacia los edificios de oficinas con sus maletines en la mano y pensaba que yo no podría hacerlo, que lo que yo quería hacer era aquello. Estaba rodeado de otros chavales que pensaban igual que yo, pero poco a poco cada uno se fue por su lado y se volvieron más serios. Para mí todo consistía en jugar y en contar historias.

»Conocía las etapas por las que se suponía que tenía que pasar: ir a la escuela secundaria, ir a la universidad, licenciarme y luego salir al mundo y conseguir trabajo. Sabía que en mi caso no iba a ser así, que no iba a salir bien. Sabía que yo me pasaría la vida dibujando.

»En el colegio hice amigos que tenían los mismos intereses que yo. Salíamos juntos, dibujábamos cómics y luego los llevábamos al colegio para enseñárnoslos. A medida que fuimos creciendo y nos volvimos más ambiciosos, comenzamos a hacer películas. Era estupendo. En parte, esta actividad nos permitía olvidarnos de nuestra timidez. En lugar de pasarnos el fin de semana en casa, salíamos y hacíamos películas. En lugar de ir los viernes por la noche a ver el partido de fútbol, íbamos a la universidad local y veíamos películas underground.

»Decidí que intentaría vivir de mi ingenio. Y debo decir que no pensé que fuera a salir bien. Creía que acabaría teniendo un trabajo de mala muerte y haciendo algo que odiaría. Me veía trabajando en un almacén de neumáticos. No tengo ni idea de por qué. Pensaba que me pasaría el día haciendo rodar neumáticos y que dibujaría cómics durante el descanso.»

Las cosas acabaron siendo bastante diferentes. Matt se trasladó a Los Ángeles. Con el tiempo consiguió publicar su tira cómica *Life in Hell* en *L.A. Weekly*, y comenzó a hacerse un nombre. Esto desembocó en una proposición de la Fox: crear pequeños segmentos animados para *The Tracey Ullman Show*. Mientras negociaba con la cadena televisiva creó *Los Simpsons*; antes de la reunión no tenía ni la más remota idea de lo que iba a hacer. El espacio televisivo evolucionó hasta convertirse en un programa de media hora que lleva diecinueve años emitiéndose en la Fox todos los domingos por la noche. Además, ha dado lugar a películas, cómics, juguetes e innumerables derivados. En otras palabras, en un imperio de la cultura pop.

No obstante, nada de esto habría ocurrido si Matt Groening hubiera seguido los consejos de aquellos que le decían que tenía que dedicarse a una carrera «de verdad».

No a todas las personas que han tenido éxito les desagradaba el colegio ni les fue mal en los estudios. Paul era un estudiante de secundaria que sacaba muy buenas notas cuando entró por primera vez en la sala de conferencias de la Universidad de Chicago. No sabía que esta universidad era una de las principales instituciones del mundo en el estudio de las ciencias económicas. Lo único que le importaba era que estaba cerca de su casa. Minutos más tarde, había «vuelto a nacer», tal como escribió en un artículo. «La conferencia de ese día se centraba en la teoría de Malthus según la cual la población crecía de forma geométrica, mientras que los recursos lo hacían de forma aritmética, lo que provocaría crisis de subsistencia y el mantenimiento de los salarios en un nivel próximo a esta. Entender aquella simple ecuación diferencial era tan fácil que supuse (erróneamente) que me estaba perdiendo algo misteriosamente complejo.»

La vida como economista del doctor Paul Samuelson comenzó en ese momento. Se trata de una vida que él describe como «pura diversión»: fue profesor en el Instituto Tecnológico de Massachusetts (MIT), presidente de la International Economic Association, ha escrito varias obras (incluido el libro sobre economía más vendido de todos los tiempos) y cientos de artículos, ha tenido una influencia significativa en política, y en 1970 se convirtió en el primer estadounidense que ganó el premio Nobel de Economía.

«Cuando era joven se me daban bien los problemas de lógica y la solución de los acertijos de los tests de coeficiente intelectual. Así que si la economía estaba hecha para mí, también puede decirse que yo estaba hecho para la economía. No hay que subestimar la importancia vital de encontrar pronto el trabajo al que quieres dedicarte. Esto hace posible que los alumnos que no rindan al nivel exigido puedan convertirse en guerreros felices.»

Tres historias, un mensaje

Gillian Lynne, Matt Groening y Paul Samuelson son tres personas distintas con historias diferentes. Lo que los une es un mensaje sin lugar a dudas convincente: los tres alcanzaron el éxito y la satisfacción personal tras descubrir aquello que, de forma natural, se les da bien y les entusiasma. Llamo a las historias como las suyas «historias epifánicas» porque tienden a implicar cierto grado de revelación, un punto de inflexión entre un antes y un después. Estas epifanías cambiaron completamente sus vidas, les marcaron una dirección y un objetivo, y los transformaron como nada lo había hecho antes.

Tanto ellos como las otras personas que conocerás en este libro han encontrado su lugar. Han descubierto su Elemento: allí donde confluyen las cosas que te encanta hacer y las que se te dan bien. El Elemento es una manera diferente de delimitar nuestro potencial. Se manifiesta de distinta forma en cada persona, pero los componentes del Elemento son universales.

Lynne, Groening y Samuelson han conseguido muchas cosas en su vida. Pero no son los únicos capaces de lograrlo. Lo que los hace especiales es que han descubierto lo que les encanta hacer y están haciéndolo. Han encontrado su Elemento. Según mi propia experiencia, la mayoría de las personas no lo han descubierto.

Encontrar el Elemento es imprescindible para el bienestar y el éxito a largo plazo y, por consiguiente, para la solidez de nuestras instituciones y la efectividad de nuestros sistemas educativos.

Creo firmemente que cuando alguien encuentra su Elemento, adquiere el potencial para alcanzar mayores logros y satisfacciones. Con ello no quiero decir que haya una bailarina, un dibujante de cómics o un premio Nobel de Economía en cada uno de nosotros. Lo que digo es que todos tenemos habilidades e inclinaciones que pueden servirnos de estímulo para alcanzar mucho más de lo que imaginamos. Entender esto lo cambia todo. También nos ofrece la mejor, y quizá única, posibilidad de conseguir el auténtico y perdurable éxito en un futuro muy incierto.

Estar en nuestro Elemento depende de que descubramos cuáles son nuestras habilidades y pasiones personales. ¿Por qué la mayoría de las personas no lo han hecho? Una de las razones más importantes es que la mayoría de la gente tiene una percepción muy limitada de sus propias capacidades naturales. Esto es así en varios sentidos.

La primera limitación está en nuestra comprensión del alcance de nuestras posibilidades. Todos nacemos con una capacidad extraordinaria para la imaginación, la inteligencia, las emociones, la intuición, la espiritualidad y con conciencia física y sensorial. En la mayoría de los casos solo utilizamos una mínima parte de estas facultades, y algunas personas no las aprovechan en absoluto. Hay mucha gente que no ha descubierto su Elemento porque no conoce sus propias capacidades.

La segunda limitación está en nuestra comprensión de cómo todas estas capacidades se relacionan entre sí de forma integral. Por lo general, creemos que nuestra mente, nuestro cuerpo y los sentimientos y las relaciones con los demás funcionan de manera independiente, como sistemas separados. Muchas personas no han encontrado su Elemento porque no han entendido su carácter orgánico.

La tercera limitación está en nuestra escasa comprensión del potencial que tenemos para crecer y cambiar. Generalmente, la gente parece creer que la vida es lineal, que nuestras capacidades menguan a medida que nos hacemos mayores y que las oportunidades que desaprovechamos las perdimos para siempre. Muchas personas no han encontrado su Elemento porque no comprenden su permanente potencial para renovarse.

Nuestros coetáneos, nuestra cultura y las expectativas que tenemos de nosotros mismos pueden agravar esta visión limitada de nuestras capacidades. Sin embargo, uno de los factores más importantes para todo el mundo es la educación.

No todos estamos cortados por el mismo patrón

A algunas de las personas más geniales y creativas que conozco no les fue bien en el colegio. Muchas de ellas no descubrieron lo que podían llegar a hacer —y quiénes eran en realidad— hasta que dejaron el colegio y superaron la educación que habían recibido.

Nací en Liverpool, Inglaterra, y en la década de los sesenta iba al Liverpool Collegiate. Al otro lado de la ciudad se encontraba el Liverpool Institute. Uno de sus alumnos era Paul McCartney.

Paul pasó la mayor parte del tiempo que estuvo en el Liverpool Institute haciendo el tonto. En lugar de estudiar cuando llegaba a casa, dedicaba la mayoría de las horas a escuchar rock y aprender a tocar la guitarra. Resultó que aquella fue una elección muy inteligente, especialmente cuando conoció a John Lennon en una fiesta del colegio, en otra parte de la ciudad. A cada uno le impresionó el otro, y con el tiempo decidieron formar un grupo musical, con George Harrison y, más tarde, Ringo Starr, llamado los Beatles. Fue una gran idea.

Hacia mediados de los ochenta, tanto el Liverpool Collegiate como el Liverpool Institute habían cerrado. Los edificios seguían ahí, pero vacíos y abandonados. Desde entonces, ambos han vuelto a cobrar vida de maneras muy diferentes. Los promotores inmobiliarios convirtieron mi vieja escuela en apartamentos de lujo; un gran cambio, ya que el Collegiate no tenía nada de lujoso cuando yo estudiaba ahí. El Liverpool Institute se ha convertido en el Liverpool Institute for Performing Arts (LIPA), uno de los principales centros de Europa para la formación profesional en bellas artes. Su presidente de honor es sir Paul McCartney. Las viejas y polvorientas aulas en las que pasó su adolescencia fantaseando acogen a estudiantes de todas partes del mundo que hacen lo que él soñaba hacer, música, así como a aquellos que están aprendiendo a salir a escena en campos muy diferentes.

Yo desempeñé un pequeño papel al comienzo de la creación del LIPA, y en su décimo aniversario la escuela me concedió un galardón. Volví a Liverpool para recibir el premio de manos de sir Paul en la ceremonia de graduación anual. Di una conferencia a los alumnos diplomados sobre algunas de las ideas de este libro: la necesidad de descubrir tus intereses y talentos, así como el hecho de que a menudo la educación no solo no te ayuda a descubrirlas sinos que muchas veces tiene el efecto contrario.

Sir Paul también habló ese día, y respondió directamente a lo que yo acababa de decir. Explicó que él siempre había amado la música, pero que en el colegio nunca disfrutó de las clases de esta materia. Sus profesores creían que podían conseguir que los chavales llegasen a apreciarla haciéndoles escuchar discos viejos y rayados de música clásica. A sir Paul aquello le parecía tan aburrido como el resto de las clases.

Me contó que durante toda su educación nadie reparó en que tenía talento para la música. Incluso llegó a solicitar su ingreso en el coro de la catedral de Liverpool y no lo aceptaron. Le dijeron que no cantaba suficientemente bien. ¿De verdad? ¿Cómo era de bueno ese coro? ¿Hasta qué punto puede ser bueno un coro? Irónicamente, el mismo coro que rechazó al joven McCartney acabó llevando a escena dos de sus composiciones.

McCartney no es la única persona cuyas habilidades pasaron inadvertidas en la escuela. Al parecer, a Elvis Presley no lo dejaron formar parte del coro de su colegio. Dijeron que su voz estropearía el sonido. Al igual que el coro de la catedral de Liverpool, el del colegio tenía un nivel que mantener. Todos sabemos lo lejísimos que llegó el coro después de quitarse de encima a Elvis.

Hace unos años participé, junto a John Cleese de los Monty Python, en una serie de encuentros sobre la creatividad. Le pregunté a John por su educación. Al parecer, en el colegio era bueno en todo menos en comedia, la materia que al final dio forma a su vida. Dijo que en el trayecto desde la guardería hasta Cambridge ninguno de sus profesores se dio cuenta de que tenía sentido del humor. Ahora son muchas las personas que piensan lo contrario.

Si estos fuesen casos aislados, no tendría mucho sentido mencionarlos. Pero no lo son. A muchas de las personas que encontrarás en este libro o no les fue demasiado bien en el colegio o no les gustaba estar allí. Por supuesto, son al menos tantas como a las que les va bien en la escuela y les encanta lo que el sistema educativo les ofrece. Pero demasiada gente se gradúa, o lo deja antes, insegura de sus verdaderas aptitudes y de la dirección que debe tomar. Son demasiados los que tienen la sensación de que las escuelas no valoran las cosas en que son buenos, y demasiados los que creen que no son buenos en nada.

He pasado la mayor parte de mi vida trabajando en y en torno a la educación, y no creo que esto sea culpa de los profesores. Es evidente que algunos deberían estar haciendo otra cosa y lo más lejos posible de las mentes jóvenes. Pero hay muchos profesores muy buenos, y no pocos brillantes.

La mayoría de nosotros, si volvemos la vista atrás, podemos decir que determinado profesor nos motivó y cambió nuestra vida. Esos profesores eran excelentes y llegaron a nosotros, a pesar de la cultura básica y los parámetros de la educación pública. Este tipo de cultura plantea importantes problemas, y apenas veo mejoras. La realidad es que en muchos sistemas educativos los problemas se están agudizando. Y esto es así en casi todas partes.

Cuando mi familia y yo nos trasladamos a Estados Unidos, nuestros dos hijos, James y Kate, ingresaron en una escuela de secundaria en Los Ángeles. En ciertos aspectos, el sistema era muy diferente del que conocíamos en el Reino Unido. Por ejemplo, los niños tuvieron que estudiar algunas asignaturas que nunca habían estudiado, como la historia de Estados Unidos. En Gran Bretaña no se suele enseñar la historia de Estados Unidos. La suprimimos. Nuestra política es la de correr un tupido velo sobre tan lamentable episodio. Llegamos a Estados Unidos cuatro días antes del día de la Independencia, justo a tiempo de ver cómo celebraban la expulsión de los británicos del país. Ahora que ya hace varios años que vivimos en este país y sabemos qué esperar, solemos pasar el día de la Independencia en casa con las persianas bajadas mirando viejas fotografías de la reina.

En otros sentidos, sin embargo, el sistema educativo estadounidense es muy parecido al del Reino Unido y al de la mayoría de los lugares del mundo. En particular destacan tres características. La primera es la obsesión por ciertas habilidades. Sé que las aptitudes académicas son muy importantes, pero los sistemas escolares valoran mucho ciertos tipos de análisis y razonamiento críticos, en especial las palabras y los números. Por muy importantes que sean estas aptitudes, la inteligencia humana es mucho más que eso. Abordaré este asunto con detalle en el siguiente capítulo.

La segunda característica es la jerarquía de las materias. En lo más alto se encuentran las matemáticas, las ciencias y las lenguas. En medio están las humanidades. En la parte inferior se sitúa el arte. Dentro de las artes aparece otra jerarquía: normalmente la música y las artes visuales tienen mayor estatus que el teatro y la danza. De hecho, cada vez son más las escuelas que suprimen las artes de los planes de estudio. Una escuela de secundaria enorme puede tener un solo profesor de artes plásticas, y en la escuela de primaria los niños dedican muy poco tiempo a pintar y dibujar.

La tercera característica es la creciente dependencia de determinados tipos de evaluación. En todas partes se somete a los niños a una presión enorme para que cumplan los niveles cada vez más altos de una reducida serie de pruebas estandarizadas.

¿Por qué son así los sistemas escolares? Las razones son culturales e históricas. De nuevo, abordaremos este tema con más detalle en un capítulo posterior, donde explicaré lo que me parece que tenemos que hacer para transformar la educación. La cuestión es que la mayoría de los sistemas educativos de masas se crearon hace relativamente poco, en los siglos XVIII y XIX, y se diseñaron para responder a los intereses económicos de aquellos tiempos, marcados por la Revolución Industrial en Europa y en Norteamérica. Las competencias en matemáticas, ciencias y lenguas eran imprescindibles en las economías industriales. La cultura académica en la universidad, propensa a dejar a un lado cualquier tipo de actividad que implique el alma, el cuerpo, los sentidos y buena parte del cerebro, también ha ejercido gran influencia en la educación.

La consecuencia es que en todas partes los sistemas escolares nos inculcan una visión muy reduccionista de lo que es la inteligencia y la capacidad personal, y sobrevaloran determinadas clases de talentos y habilidades. Al hacerlo, descuidan otras igual de importantes y desdeñan su importancia para mejorar nuestras vidas, en el plano individual y en el colectivo. Esta aproximación a la educación, estratificada e igual para todos, margina a aquellas personas que no están preparadas por naturaleza para aprender en ese marco.

Muy pocas escuelas del mundo, y aún menos sistemas escolares, enseñan danza a diario, como sí hacen con las matemáticas, como materia de su plan de estudios. Sin embargo, sabemos que muchos estudiantes solo se sienten interesados cuando utilizan su cuerpo. Así, Gillian Lynne me contó que una vez que descubrió el baile le fue mucho mejor en todas las asignaturas. Era una de esas personas que tenían que «moverse para pensar». Desgraciadamente, la mayoría de los niños no tienen a nadie que desempeñe el papel que el psicólogo tuvo en la vida de Gillian, y más aún en la actualidad. Cuando un niño es demasiado nervioso e inquieto, le recetan algo y le piden que se tranquilice.

Además, los sistemas actuales fijan límites estrictos sobre cómo han de enseñar los profesores y cómo tienen que aprender los alumnos. La habilidad pedagógica es muy importante, pero también lo es aceptar otros modos de pensar. A las personas que piensan visualmente tal vez les encante determinado tema o asignatura, pero no se darán cuenta de ello si sus profesores solo se los presentan de forma no visual. Sin embargo, nuestros sistemas educativos animan cada vez más a que los profesores enseñen a los estudiantes con un estilo uniforme. Para apreciar las implicaciones de las historias epifánicas contadas aquí, es más, para que busquemos las nuestras, necesitamos reconsiderar radicalmente nuestro enfoque de la inteligencia.

Este planteamiento de la educación coarta asimismo una de las habilidades que necesitan más los jóvenes para abrirse paso en el cada vez más exigente mundo del siglo XXI: el pensamiento creativo. Nuestros sistemas educativos valoran mucho conocer la respuesta a una pregunta. Con programas como No Dejar Atrás a Ningún Niño (un programa estadounidense que busca incrementar el rendimiento de las escuelas públicas del país haciendo que alcancen determinados niveles de excelencia) y su insistencia en que los niños de todas partes de Estados Unidos estén cortados por el mismo patrón, estamos dando más importancia que nunca a la conformidad y a encontrar las respuestas «correctas».

Todos los niños empiezan el colegio con una imaginación brillante, una mente fértil y buena disposición a correr el riesgo de expresar lo que piensan. Cuando mi hijo tenía cuatro años, el centro de preescolar en el que estudiaba puso en escena una representación de la historia de la Natividad. Durante la función, hubo un momento maravilloso en el que tres pequeños salieron al escenario disfrazados de los Reyes Magos con sus regalos de oro, incienso y mirra. Creo que al segundo niño le faltó un poco de sangre fría y se salió del guión. El tercer niño tuvo que improvisar una frase que no había aprendido, o a la que no había prestado demasiada atención durante los ensayos, dado que solo tenía cuatro años. El primer niño dijo: «Te traigo oro». El segundo dijo: «Te traigo mirra».

El tercer niño dijo: «Frank envió esto».

¿Quién creéis que era Frank? ¿El decimotercer apóstol? ¿El libro perdido de Frank?

Lo que me encantó de la situación fue lo que ilustraba: que a los críos no les preocupa demasiado si se equivocan o no. Si no están demasiado seguros sobre qué hacer en una situación determinada, simplemente inventan algo a ver qué pasa. Con esto no pretendo decir que equivocarse sea lo mismo que ser creativo. A veces, equivocarse significa simplemente equivocarse. Pero si no estás preparado para equivocarte, nunca se te ocurrirá nada original.

Hay un defecto de base en la forma en que los políticos estadounidenses han interpretado la idea de «volver a los orígenes» para mejorar la calidad de los estándares educativos. Consideran que volver a los principios básicos es un modo de reforzar los criterios educativos de la época de la Revolución Industrial: la jerarquía de las materias. Parecen creer que si alimentan a nuestros hijos con un menú único en todo el Estado de lectura, escritura y aritmética, seremos más competitivos frente al resto del mundo y estaremos más preparados con vistas al futuro.

Lo desastrosamente erróneo de este planteamiento es que infravalora gravemente la capacidad humana. Damos una importancia enorme a los exámenes estandarizados, recortamos la financiación de aquellos programas que consideramos «secundarios», y luego nos preguntamos por qué nuestros hijos parecen poco imaginativos y faltos de inspiración. De este modo, nuestro actual sistema educativo agota sistemáticamente la creatividad de los niños.

La mayoría de los estudiantes nunca llegan a explorar todas sus capacidades e intereses. Aquellos cuya mente funciona de forma diferente —y son muchos, puede que incluso la mayoría— pueden sentirse totalmente ajenos a la cultura educacional. Por eso a muchas de las personas que han triunfado en la vida no les fue bien en el colegio. Se supone que la educación es el sistema que debe desarrollar nuestras habilidades naturales y capacitarnos para que nos abramos paso en la vida. En lugar de eso, está refrenando las habilidades y los talentos naturales de demasiados estudiantes y minando su motivación para aprender. Hay algo muy irónico en todo esto.

La razón por la que muchos sistemas escolares han tomado esta dirección es que al parecer los políticos creen que es fundamental para el crecimiento económico y la competitividad, así como para que los estudiantes consigan un empleo. Pero el hecho es que en el siglo XXI los empleos y la competitividad dependen totalmente de esas cualidades que los sistemas escolares se están viendo obligados a reducir y que este libro preconiza. Todas las empresas afirman que necesitan personas creativas y capaces de pensar por sí mismas, pero esta afirmación no se refiere solo al mundo empresarial. Significa que buscan gente cuya vida tenga un objetivo y un significado dentro y fuera del trabajo.

La idea de volver a los orígenes no está mal en sí misma. Yo también creo que es necesario que nuestros niños vuelvan a los orígenes. Sin embargo, si de verdad vamos a hacerlo, debemos recorrer todo el camino de vuelta. Tenemos que reconsiderar la naturaleza básica de la habilidad humana y los objetivos fundamentales de la educación actual.

Hubo un tiempo en el que reinaba la máquina de vapor. Era potente, eficaz y mucho más eficiente que el sistema de propulsión que se utilizaba hasta entonces. Pero con el tiempo dejó de responder a las nuevas necesidades de la gente y el motor de combustión interna se ofreció como nuevo paradigma. En muchos sentidos, nuestro actual sistema educativo es como la máquina de vapor, y resulta que se está quedando sin vapor bastante pronto.

Pero los problemas que desvela el envejecimiento del sistema educativo no terminan cuando dejamos el colegio, sino que se reproducen en las instituciones públicas y en las empresas, y el ciclo se repite una y otra vez. Como sabe cualquier persona del mundo empresarial, es muy fácil que te «encasillen» pronto en tu profesión. Cuando esto pasa, es extremadamente difícil sacar el mejor partido de tus otros y quizá más auténticos talentos. Si el mundo empresarial ve en ti un financiero, te será difícil encontrar un empleo en la parte creativa del negocio. Esto puede arreglarse si tanto nosotros como las instituciones en que nos desenvolvemos pensamos y actuamos de manera diferente. De hecho, es fundamental que lo hagamos.

El ritmo del cambio

Los niños que comiencen este año el colegio se jubilarán en 2070. Nadie tiene ni idea de cómo será el mundo dentro de diez años, y mucho menos en 2070. Hay dos impulsores principales del cambio: la tecnología y la demografía.

La tecnología, en especial la tecnología digital, está progresando a tal ritmo que la mayoría de las personas no alcanzan a comprenderla. Asimismo, está contribuyendo a abrir lo que algunos expertos consideran la mayor brecha generacional desde el rock and roll. Los que tenemos más de treinta años nacimos antes de que comenzara realmente la revolución digital. Hemos

aprendido a utilizar la tecnología digital —ordenadores portátiles, cámaras, ayudas personales digitales, internet— siendo adultos, y ha sido algo así como aprender una lengua extranjera. La
mayoría nos desenvolvemos bien, y algunos incluso son expertos.
Escribimos e-mails y utilizamos el PowerPoint, navegamos por
internet y sentimos que estamos a la vanguardia. Pero comparados con la mayoría de las personas de menos de treinta años, y
desde luego con los que tienen menos de veinte, somos meros aficionados. Las personas de esa edad nacieron después de que comenzara la revolución digital. Aprendieron a hablar en digital
como lengua materna.

Cuando mi hijo James hacía los deberes del colegio, solía tener cinco o seis ventanas abiertas en el ordenador, el Instant Mes-
senger parpadeaba continuamente, su teléfono móvil sonaba a
cada momento, y él descargaba música y miraba la televisión por
encima del hombro. No sé si hacía los deberes, pero, hasta donde yo alcanzaba a ver, estaba dirigiendo un imperio, así que no
me preocupaba demasiado.

Pero los niños más pequeños están creciendo rodeados de una
tecnología aún más avanzada y ya están superando a los adolescentes de su generación. Y esta revolución no ha terminado. De
hecho, apenas acaba de empezar.

Algunas personas apuntan que en un futuro muy cercano la
capacidad de los ordenadores portátiles será igual a la del cerebro
humano. ¿Cómo te sentirás cuando des una instrucción a tu ordenador y este te pregunte si sabes lo que estás haciendo? Tal vez
dentro de poco veamos la unión entre los sistemas de información y el conocimiento humano. Piensa en el impacto que las tecnologías digitales, relativamente simples, han tenido, en los úl-

timos veinte años, en el trabajo que hacemos y en cómo lo hacemos —y en su impacto en las economías nacionales—, y ahora
imagina los cambios que están por venir. No te preocupes si no
puedes predecirlos: nadie puede.

Añade a esto el impacto del crecimiento demográfico. La población mundial se ha multiplicado por dos en los últimos treinta años, de tres a seis mil millones de personas. Puede que hacia
mediados de siglo se llegue a los nueve mil millones. Estas personas utilizarán tecnologías que todavía tienen que inventarse, de
maneras que no podemos llegar a imaginar y en trabajos que aún
no existen.

Estas fuerzas impulsoras culturales y tecnológicas están produciendo una revolución en las economías mundiales y acrecen-
tando la diversidad y complejidad en nuestra vida diaria, en especial la de los jóvenes. El hecho es que estamos viviendo una
época de cambio global sin precedentes. Podemos identificar las
tendencias con vistas al futuro, pero hacer predicciones exactas es
prácticamente imposible.

Para mí, uno de los libros formativos de los años setenta fue
*El shock del futuro,** de Alvin Toffler. En este libro, Toffler analiza los impactos de los cambios sociales y tecnológicos. Uno de los
inesperados placeres y privilegios de vivir en Los Ángeles es que
mi mujer y yo hayamos podido hacernos amigos de Alvin y su
mujer, Heidi. Durante una cena con ellos, les preguntamos si
compartían nuestra opinión de que no hay precedentes históri-
cos para los rápidos cambios que se están produciendo en el
mundo. Ambos se mostraron de acuerdo en que ningún otro pe-

---

* Edición en castellano, Plaza y Janés, Barcelona, 1999.

ríodo en la historia de la humanidad podía compararse en grado, velocidad y complejidad global con los cambios y desafíos a los que nos enfrentamos.

¿Quién podría haber sospechado, a finales de los años noventa, cuál sería el clima político del mundo diez años más tarde, el impacto primordial que tendría internet, hasta qué punto se globalizaría el comercio, las diversas y espectaculares formas que utilizarían nuestros hijos para comunicarse? Puede que alguno de nosotros hubiese llegado a predecir una o incluso dos de estas cosas. Pero ¿todas? Muy pocos tienen esa capacidad. Sin embargo, estos cambios han modificado nuestra manera de comportarnos.

Y los cambios se están acelerando.

Y no podemos decir cuánto.

Lo que sabemos es que ciertas tendencias indican que el mundo cambiará de un modo atrayente y perturbador. China, Rusia, India, Brasil y algunos otros países tendrán un papel predominante en la economía mundial. Sabemos que la población continuará creciendo en progresión acelerada. Sabemos que la tecnología abrirá nuevos horizontes, y que ese desarrollo se manifestará en nuestras casas y en nuestras oficinas a una velocidad sorprendente.

Esta combinación de las cosas que sabemos —que cada vez hay más países y más gente que participa en el juego, y que la tecnología está cambiándolo mientras hablamos— nos lleva a una conclusión ineludible: no podemos saber cómo será el futuro.

El único modo de prepararse para él es sacar el máximo provecho de nosotros mismos, en la convicción de que al hacerlo seremos todo lo flexibles y productivos que podamos llegar a ser. Muchas de las personas con las que te encontrarás en este libro no siguieron sus inclinaciones solo por la promesa de tener una nómina. Se dedicaron a ellas porque no podían imaginarse haciendo otra cosa. Encontraron aquello para lo que estaban hechos e invirtieron un tiempo y un esfuerzo considerables para dominar los cambios en estas profesiones. Si mañana el mundo se volviera del revés, descubrirían la forma de utilizar sus habilidades para acomodarse a estos cambios. Encontrarían el modo de seguir haciendo aquellas cosas que les llevan a estar en su Elemento porque tienen una comprensión orgánica de cómo adaptar sus aptitudes a un nuevo entorno.

Muchas personas dejan a un lado su vocación y se dedican a cosas que no les interesan en aras de la seguridad económica. Sin embargo, el hecho es que el trabajo que aceptaste debido a que «paga las facturas» podría trasladar su sede a otro país en la próxima década. Si no has aprendido a pensar de forma creativa y a explorar tu verdadera capacidad, ¿qué harás entonces?

Mejor dicho, ¿qué harán nuestros hijos si continuamos preparándolos para la vida siguiendo los modelos antiguos de educación? Es muy probable que nuestros hijos tengan múltiples profesiones —no solo múltiples trabajos— a lo largo de su vida laboral. Está claro que muchos de ellos tendrán empleos que todavía no podemos llegar a imaginar. Así pues, ¿no es obligación nuestra animarlos a explorar tantos caminos como les sea posible para que descubran sus verdaderas capacidades e inclinaciones?

Ya que lo único que sabemos del futuro es que será diferente, sería inteligente por nuestra parte que hiciéramos eso mismo. Si vamos a afrontar esos desafíos, debemos pensar de manera muy

distinta acerca de los recursos humanos y sobre cómo desarro-
llarlos.

Necesitamos abrazar el Elemento.

¿Qué es el Elemento?

El Elemento es el punto de encuentro entre las aptitudes naturales y las inclinaciones personales. Descubrirás que las personas
que has conocido en este capítulo y la mayoría de las personas de
las páginas siguientes tienen en común que hacen lo que les gusta y al hacerlo se sienten realmente ellos mismos: les parece que
el tiempo transcurre de manera diferente y se sienten más vivos,
más centrados y llenos de vida que en cualquier otro momento.

El hecho de estar en su Elemento los lleva más allá de las experiencias comunes de disfrute y felicidad. No estamos hablando
simplemente de la risa, de los buenos momentos, de puestas de
sol y fiestas. Cuando las personas están en su Elemento establecen contacto con algo fundamental para su sentido de la identidad, sus objetivos y su bienestar. Experimentan una revelación,
perciben quiénes son realmente y qué deben hacer con su vida.
Esta es la razón por la que muchas de las personas de este libro
describen el encuentro de su Elemento como una epifanía.

¿Cómo encontraremos el Elemento dentro de nosotros mismos y en los demás? No existe una fórmula rígida. El Elemento
es distinto en cada persona. Esa es la cuestión. Y no estamos li-
mitados a un solo Elemento. Algunas personas sienten la misma
inclinación por una o más actividades y todas se les dan igual de
bien. Otras tienen una sola vocación y una habilidad que les sa-

tisface mucho más que cualquier otra cosa. En esto no hay normas. Pero hay, por así decirlo, aspectos del Elemento que proporcionan un marco para reflexionar y saber qué buscar y qué hacer.

El Elemento tiene dos características principales, y hay dos condiciones para estar en él. Las características son: *capacidad* y *vocación*. Las condiciones son: *actitud* y *oportunidad*. La secuencia es más o menos así: lo entiendo; me encanta; lo quiero; ¿dónde está?

Lo entiendo

Capacidad es la facilidad natural para hacer una cosa; es una percepción intuitiva o una comprensión de qué es algo, cómo funciona y cómo utilizarlo. Gillian Lynne tenía una gracia natural para el baile; Matt Groening, para contar historias, y Paul Samuelson, para la economía y las matemáticas. Nuestras capacidades son muy personales. Pueden servir para actividades generales, como las matemáticas, la música, el deporte, la poesía o la teoría política. También pueden ser muy específicas: no la música en general, sino el jazz o el rap. No los instrumentos de viento en general, sino la flauta. No la ciencia, sino la bioquímica. No el atletismo, sino el salto de longitud.

A lo largo de este libro encontrarás a personas con una profunda comprensión natural sobre todo tipo de cosas. No son buenas en todo, sino en algo en particular. Paul Samuelson es por naturaleza bueno en matemáticas. Otros no lo son.

Resulta que yo soy de los últimos. En el colegio nunca fui demasiado bueno en matemáticas, y estuve encantado de dejarlas

atrás al terminar la escuela. Cuando tuve a mis hijos, las matemáticas se alzaron de nuevo como ese monstruo de las películas
que pensabas que había muerto. Uno de los peligros de ser padre
es que tienes que ayudar a tus hijos a hacer los deberes. Puedes
engañarlos durante un tiempo, pero en lo más profundo de tu
alma sabes que el momento de la verdad está cerca.

Mi hija Kate creía que yo lo sabía todo hasta que tuvo doce
años. Y a mí me encantaba fomentar que lo creyera. Cuando era
pequeña, me pedía ayuda si se quedaba atascada con un problema de inglés o de matemáticas. Yo, con una sonrisa confiada, le-
vantaba la vista de lo que estuviese haciendo, le rodeaba los hombros con un brazo y decía algo así como: «Bien, veamos qué
tenemos aquí»; fingía compartir su dificultad para que ella no se
sintiera mal por el hecho de no haberlo entendido. Entonces ella
me miraba con adoración mientras yo pasaba rápidamente y sin
esfuerzo, como un dios de las matemáticas, por la tabla de mul-
tiplicar del cuatro y por una simple resta.

Un día, cuando Kate tenía catorce años, llegó a casa con una
hoja llena de ecuaciones de segundo grado y sentí el conocido su-
dor frío. Al llegar a este punto, recurrí el método de «aprender
descubriendo». Dije: «Kate, no tiene ningún sentido que te diga
la solución. No es así como se aprende. Tienes que resolverlas tú
sola. Estaré fuera tomando un gin-tonic. Y por cierto, tampoco
tiene ningún sentido que me muestres las soluciones cuando hayas terminado. Para eso están los profesores».

A la semana siguiente me trajo a casa una tira cómica que había encontrado en una revista. Me dijo: «Esto es para ti». La tira
mostraba a un padre ayudando a hacer los deberes a su hija. En
la primera viñeta, el hombre se inclinaba sobre el hombro de la

niña y decía: «¿Qué tienes que hacer?». La chica contestaba: «Tengo que buscar el mínimo común denominador». El padre preguntaba: «¿Todavía lo están buscando? Ya estaban haciéndolo cuando yo iba al colegio». Sé cómo se sentía.

Sin embargo, para algunas personas las matemáticas son tan bellas y atractivas como la poesía y la música lo son para otras. Encontrar y desarrollar nuestras fuerzas creativas es parte fundamental para llegar a ser quienes realmente somos. No sabremos lo que podemos llegar a ser hasta que no sepamos lo que somos capaces de hacer.

Me encanta

Estar en tu Elemento no es solo una cuestión de capacidad natural. Conozco a muchas personas que por naturaleza son muy buenas en algo pero que no sienten que ese algo sea la vocación de su vida. Para estar en tu Elemento necesitas algo más: apasionarte. Las personas que están en su Elemento encuentran gran deleite y placer en lo que hacen.

Mi hermano Ian es músico. Toca la batería, el piano y el bajo. Años atrás formaba parte de un grupo de música de Liverpool en el que tocaba un teclista de gran talento llamado Charles. Después de uno de los conciertos le dije a Charles que me parecía que esa noche había tocado especialmente bien. Luego le dije que me encantaría ser capaz de tocar los teclados así. «No, no es cierto», me respondió. Sorprendido, insistí en que de verdad me encantaría. «No —dijo—, lo que quieres decir es que te gusta la idea de tocar los teclados. Si te encantase, lo estarías haciendo.» Me explicó que para tocar tan bien como lo había hecho, practicaba unas tres o cuatro horas diarias, aparte de las actuaciones. Lo hacía desde que tenía siete años.

De repente, tocar los teclados tan bien como lo hacía Charles ya no me pareció tan atractivo. Le pregunté cómo conseguía mantener ese nivel de disciplina. Me dijo: «Porque me encanta». No podía imaginarse haciendo ninguna otra cosa.

Lo quiero

Actitud es la perspectiva personal que tenemos de nosotros mismos y de nuestras circunstancias: el ángulo desde el que miramos las cosas, nuestra disposición; es un punto de vista emocional. Muchas cosas afectan a nuestras actitudes, entre ellas nuestro carácter, nuestro espíritu, nuestra autoestima, las percepciones de los que nos rodean y las expectativas que tienen puestas en nosotros. Un indicativo interesante de nuestra actitud básica es el papel que consideramos que desempeña la suerte en nuestra vida.

A menudo las personas que aman lo que hacen se describen a sí mismas como afortunadas. Las personas que creen que no han logrado el éxito en su vida a menudo dicen que han tenido mala suerte. Los accidentes y lo aleatorio tienen su parte en la vida de todo el mundo. Pero tener suerte o no depende de algo más que la mera casualidad. Con frecuencia, las personas que han triunfado comparten actitudes parecidas, como la perseverancia, la confianza en sí mismos, el optimismo, la ambición y el sentimiento de frustración. La forma de percibir nuestras circunstancias, así como la de crear y aceptar las oportunidades depende en gran medida de lo que esperamos de nosotros mismos.

¿Dónde está?

Si no se dan las oportunidades adecuadas es posible que nunca llegues a saber cuáles son tus aptitudes o hasta dónde podrían llevarte. No hay muchos jinetes de potros salvajes en la Antártida, ni muchos buscadores de perlas en el Sahara. Las aptitudes no llegan a hacerse patentes a menos que tengamos la oportunidad de utilizarlas. La consecuencia, desde luego, es que puede que nunca descubramos nuestro verdadero Elemento. Depende mucho de las oportunidades que tenemos, de las que creamos, de si las aprovechamos y de cómo lo hacemos.

A menudo, estar en tu Elemento significa relacionarte con otras personas que compartan las mismas aficiones y tengan el sentido común de comprometerse. En la práctica, esto significa tratar de encontrar oportunidades que te permitan explorar tu aptitud en campos diferentes.

No es extraño que necesitemos que otras personas nos ayuden a reconocer nuestros verdaderos talentos. Con frecuencia ayudamos a los demás a descubrir los suyos.

En este libro exploraremos con detalle los principales componentes del Elemento. Analizaremos las particularidades de personas que han encontrado su parte del Elemento, nos fijaremos en las circunstancias y en las condiciones que llevan a las personas a acercarse a él, e identificaremos los obstáculos que hacen que sea más difícil hallarlo. Conoceremos a personas que han encontrado su propio camino, otras que están preparando el terreno, organizaciones que enseñan el camino e instituciones que van en la dirección equivocada.

Mi aspiración con este libro es deslindar conceptos que tal vez hayas intuido e inspirarte para que encuentres el Elemento y para que ayudes a otras personas a encontrarlo. Lo que espero que encuentres aquí es una nueva forma de considerar tu potencial y el de aquellos que te rodean.

Pensar de forma diferente

Mick Fleetwood es uno de los baterías de rock más famosos y consumados del mundo. Su grupo, Fleetwood Mac, ha vendido decenas de millones de discos y los críticos de rock consideran que sus álbumes *Fleetwood Mac* y *Rumours* son obras maestras. A pesar de eso, cuando Mick Fleetwood estaba en el colegio, todo indicaba que no era demasiado inteligente, al menos según los criterios que nosotros convencionalmente aceptamos.

—Yo era un desastre en lo que se refiere a los trabajos de clase, y nadie sabía por qué —me contó—. En el colegio tenía problemas de aprendizaje, y todavía los tengo. Era totalmente incapaz de entender las matemáticas. Incapaz. Ahora mismo pasaría grandes apuros si tuviese que recitar el abecedario hacia atrás. Tendría suerte si lograse hacerlo rápidamente hacia delante sin equivocarme. Si alguien me preguntase: «¿Qué letra va antes de esta?», me darían sudores.

Estuvo en un internado en Inglaterra y la experiencia le resultó profundamente frustrante. «Tenía grandes amigos, pero no era feliz. Me sentía excluido. Sufría. No sabía qué quería llegar a

ser porque era un completo fracaso en cualquier cosa estricta-
mente teórica, y no tenía ningún otro punto de referencia.»

Afortunadamente para Mick (y para cualquiera que más tarde comprara sus álbumes o fuese a sus conciertos), provenía de
una familia capaz de ver más allá de los límites de lo que enseñaban y evaluaban en las escuelas. Su padre era piloto de combate
de la Royal Air Force (RAF) británica, pero cuando dejó el servicio decidió dedicarse a su verdadera pasión, la escritura. Para
cumplir su sueño, se instaló con su familia en una barcaza en el
río Támesis, en Kent, donde vivieron tres años. La hermana de
Mick, Sally, se trasladó a Londres para hacerse escultora, y su hermana Susan hizo carrera en el teatro. Dentro de la familia Fleetwood todos entendían que el esplendor del éxito podía llegar de
formas diferentes y que no ser muy bueno en matemáticas, o incapaz de recitar el abecedario hacia atrás, difícilmente condenaba
a nadie a llevar una vida insignificante.

Y Mick podía tocar la batería. «Probablemente tocar el piano
sea un indicio mucho más impresionante de que ahí pueda haber
creatividad —me dijo—. Yo lo único que quería era darle palizas
a la batería o a los cojines de las sillas. Eso no parece demasiado
creativo. Es casi como "Bueno, cualquiera puede hacer eso. No
hace falta ser muy listo". Pero comencé a tocar la batería y aquello me cambió la vida.»

El momento epifánico de Mick —el punto en el que «tocar
la batería» se convirtió en la ambición que conformaría su vida—
llegó cuando siendo un chaval visitó a su hermana en Londres y
fue a «un sitio pequeño en Chelsea en el que actuaba un pianista. Había gente tocando lo que, ahora lo sé, era música de Miles
Davis y fumando Gitanes. Los observé y comencé a ver el princi-

pio de ese otro mundo; la atmósfera me absorbió. Me sentí cómodo y libre. Ese era mi sueño. De vuelta al colegio, me aferré a esas imágenes para salir de aquel mundo. Ni siquiera sabía si podría tocar con otra gente, pero aquella visión me permitía escapar de la pesadilla de la puñetera vida escolar. Yo le ponía mucho empeño en mi interior, pero a la vez era increíblemente infeliz porque todo en el colegio me indicaba que era un inútil según la norma».

El rendimiento de Mick en el colegio confundía a sus profesores. Sabían que era brillante, pero sus notas indicaban lo contrario. Y si las notas decían lo contrario, poco podían hacer. La experiencia resultó muy frustrante para el chico que soñaba con tocar la batería. Finalmente, al llegar a la adolescencia decidió que ya había tenido suficiente. «Un día salí del colegio y me senté en el suelo debajo de un árbol enorme. No soy una persona religiosa, pero con lágrimas en los ojos le dije a Dios que no quería seguir más tiempo en ese lugar. Quería vivir en Londres y tocar en un club de jazz. Era algo completamente ingenuo y ridículo, pero me hice a mí mismo la firme promesa de ser batería.»

Los padres de Mick entendieron que la escuela no era el lugar adecuado para alguien con el tipo de inteligencia de Mick. A los dieciséis años les dijo que quería dejar el colegio y ellos, en lugar de insistir en que siguiera adelante hasta su graduación, le metieron en un tren rumbo a Londres con una batería y le dejaron que persiguiera sus sueños.

Lo que vino después fue una serie de «oportunidades» que tal vez nunca habrían llegado si Mick se hubiese quedado en el colegio. Un día, mientras practicaba con la batería en el garaje, el vecino de Mick, un teclista llamado Peter Bardens, llamó a su puerta. Mick pensó que Bardens iba a pedirle que dejara de armar tanto ruido, pero en lugar de eso le invitó a tocar con él en un concierto que iba a dar en un club juvenil local. Esto llevó a Mick al corazón de la escena musical londinense a principios de los años sesenta. «De niño nunca me sentía realizado, pero entonces empecé a recibir señales de que estaba bien ser quien era y hacer lo que estaba haciendo.»

Su amigo Peter Green le propuso como batería sustituto de los Bluesbreakers de John Mayall, un grupo del que en diferentes momentos formaron parte Eric Clapton; Jack Bruce, de Cream, y Mick Taylor, de los Rolling Stones. Más tarde, junto con Green y otro ex alumno de los Bluesbrakers, John McVie, formó Fleetwood Mac. El resto es la historia de álbumes multiplatinos y de estadios con las entradas agotadas. Pero incluso siendo uno de los baterías más famosos del mundo, el análisis que Mick hace de su talento natural sigue llevando la marca de sus experiencias en el colegio: «Mi estilo carece de estructura matemática. Me quedaría completamente paralizado si alguien me preguntase: "¿Sabes lo que es un compás 4/8?". Los músicos con los que trabajo saben que en realidad soy como un niño. Si me dicen: "Ya sabes, en el estribillo, en el segundo compás…", yo respondo: "No lo sé", porque no veo la diferencia entre un estribillo y una estrofa. Los reconoceré si tocas la canción porque entonces podré escuchar la letra».

Para Mick Fleetwood, alejarse del colegio y de los exámenes, que solo juzgaban una variedad muy limitada de tipos de inteligencia, fue el camino hacia el éxito. «Mis padres vieron que sin duda la luz que iluminaba a esta pequeña y divertida criatura no eran los estudios.» Esto sucedió porque entendió de forma innata que tenía grandes aptitudes para algo que la nota de un examen nunca habría reflejado. Ocurrió porque eligió no aceptar que era «inútil según la norma».

Darlo todo por hecho

Uno de los principios clave del Elemento es que tenemos que cuestionar aquello que damos por sentado acerca de nuestras habilidades y de las habilidades de otra gente. No es tan fácil como parece. Parte del problema a la hora de identificar las cosas que damos por sentado es que no sabemos cuáles son, precisamente porque las damos por hecho. Se convierten en suposiciones que no cuestionamos, en parte del tejido de nuestro razonamiento. No las cuestionamos porque las vemos como fundamentales, como parte integral de nuestra vida. Como el aire. Como la gravedad. Como la televisiva Oprah Winfrey.

Un buen ejemplo de algo que mucha gente da por sentado sin darse cuenta es el número de sentidos que tenemos. A veces, cuando hablo en público, propongo a la audiencia un sencillo ejercicio para ilustrar este punto. Les pregunto cuántos sentidos creen que tienen. La mayoría de la gente contestará que cinco: gusto, tacto, olfato, vista y oído. Algunos dirán que hay un sexto sentido: la intuición. Es raro que alguien proponga alguno más.

Sin embargo, hay una gran diferencia entre los primeros cinco sentidos y el último. Los primeros están relacionados con un determinado órgano: la nariz con el olfato, los ojos con la vista, las orejas con el oído, etc. Si uno de esos órganos sufre algún tipo de lesión, ese sentido quedará deteriorado. No está claro qué hace la intuición. Es un tipo de sentido alucinante que al parecer está más presente en las mujeres. Así, la mayoría de la gente con la que he hablado a lo largo de los años presupone que tenemos cinco sentidos «fuertes» y uno «alucinante».

La antropóloga Kathryn Linn Geurts explica en un libro fascinante, titulado *Culture and the Senses*, su trabajo con el pueblo Anlo-Ewe del sudeste de Ghana. Debo decir que siento cierta debilidad por los grupos étnicos marginados de la actualidad. Parece como si los antropólogos siempre estuviesen acechándolos, como si su unidad familiar media comprendiera tres hijos y un antropólogo que se sienta con ellos y les pregunta qué están desayunando. Aun así, el estudio de Geurts fue revelador.

Una de las cosas que aprendió sobre los Anlo-Ewe es que no piensan acerca de los sentidos como lo hacemos nosotros. En primer lugar, nunca se les había ocurrido contarlos. El concepto en sí mismo les parecía irrelevante. Además, cuando Geurts enumeró los cinco sentidos que nosotros damos por seguros, ellos le preguntaron acerca del *otro*. El principal. No se referían a un sentido «alucinante». Ni a un sentido secundario que hubiera sobrevivido entre los Anlo-Ewe pero que nosotros hubiésemos perdido. Se referían a un sentido que todos tenemos y que es fundamental para desenvolvernos en el mundo: el sentido del equilibrio.

Los fluidos y los huesos de nuestro oído interno median en el sentido del equilibrio. Basta que pienses en el impacto que tu vida sufriría si tu sentido del equilibrio se dañara —debido a una enfermedad o al alcohol— para que te hagas una idea de lo importante que es en nuestra existencia diaria. A pesar de todo, casi nadie lo incluye en la lista de los sentidos. No es que la mayoría carezca del sentido del equilibrio, sino que se ha acostumbrado tanto a la idea de que tenemos cinco sentidos (y puede que uno alucinante) que ha dejado de pensar en ello. Se ha convertido en una cuestión de sentido común. Simplemente se da por sentado.

Uno de los enemigos de la creatividad y la innovación, en particular en relación con nuestro propio crecimiento, es el sentido común. El dramaturgo Bertolt Brecht dijo que cuando algo nos parece lo más evidente del mundo no hacemos ningún esfuerzo por entenderlo.

Si no supusiste de inmediato que el otro sentido era el del equilibrio, no te lleves un mal rato. El hecho es que la mayoría de la gente con la que hablo tampoco lo adivina. Aun así, este sentido es, como mínimo, tan importante como los cinco que damos por sabidos. Y no es el único que olvidamos tomar en consideración.

Los psicólogos están en buena parte de acuerdo en que además de los cinco sentidos que todos conocemos hay cuatro más. El primero es nuestro sentido de la temperatura (termocepción). Se trata de un sentido diferente al del tacto. No necesitamos tocar algo para sentir frío o calor. Este sentido es fundamental, pues los seres humanos solo podemos sobrevivir dentro de una banda de temperatura relativamente estrecha. Esta es una de las razones por la que llevamos ropa. Una de ellas.

Otro es el sentido del dolor (nocicepción). En general, hoy día los científicos están de acuerdo en que se trata de un sistema sensorial diferente al del tacto o al de la temperatura. También parece haber sistemas separados que registran si el dolor se origina en el interior o en el exterior de nuestro cuerpo. El siguiente es el sentido vestibular (equilibriocepción), que incluye nuestro sentido del equilibrio y la aceleración. Y por último está el sentido kinestésico (propriocepción), que nos proporciona información acerca de dónde están nuestras extremidades y el resto de nuestro cuerpo en el espacio y en relación con los demás. Este sentido es fundamental para levantarnos, caminar y regresar de nuevo al punto inical. El sentido de la intuición no parece dar la talla para la mayoría de los psicólogos. Volveré a ello más tarde.

Todos ellos contribuyen a la sensación que tenemos de formar parte del mundo y a nuestra habilidad para desenvolvernos en él. Incluso en determinadas personas hay ciertas variaciones anómalas: algunas experimentan un fenómeno conocido como sinestesia, en el que sus sentidos parecen entremezclarse o superponerse; puede que vean sonidos y escuchen colores. Se trata de anomalías que parecen poner en cuestión aún más la concepción ordinaria que tenemos de los cinco sentidos. Pero ilustran lo profundamente que nuestros sentidos, por muchos que tengamos y sin importar cómo funcionan, afectan a nuestra comprensión del mundo y de nosotros mismos. No obstante, muchos de nosotros no los conocemos o nunca hemos pensado en ellos.

No todos damos por hecho nuestro sentido del equilibrio o cualquier otro sentido. Pensemos, por ejemplo, en Bart. Cuando era un bebé, en Morton Grove, Illinois, Bart no era especialmente activo. Pero aproximadamente a los seis años comenzó a hacer algo fuera de lo común: podía caminar sobre las manos casi tan bien como con los pies. No era una habilidad lo que se dice elegante, pero le procuró muchas sonrisas, carcajadas y aprobación por parte de su familia. Siempre que iban visitas a su casa, y en las fiestas familiares, la gente incitaba a Bart para que realizara su peculiar ejercicio. Sin que se lo pidieran dos veces —al fin y al cabo disfrutaba tanto haciéndolo como de la atención que le prestaban— se echaba sobre las manos, lanzaba las piernas al aire y se balanceaba con orgullo de un sitio a otro cabeza abajo. Más adelante, llegó a entrenarse para conseguir subir y bajar escaleras sobre las manos.

Claro, que esto no tenía demasiada aplicación práctica. Después de todo, la habilidad para caminar sobre las manos no le ayudaría a sacar mejores notas en los exámenes ni era algo que pudiese comercializar de alguna forma. Sin embargo, hizo maravillas en cuanto a su popularidad: es divertido estar cerca de una persona que puede subir escaleras cabeza abajo.

Un día, cuando Bart tenía diez años, su profesor de educación física de primaria le llevó, contando con la aprobación de su madre, a un gimnasio. Cuando Bart entró y vio lo que allí había, puso unos ojos como platos. Nunca había visto nada tan maravilloso. Había cuerdas, barras paralelas, trapecios, escaleras, trampolines, vallas: todo tipo de cosas sobre las que poder subirse, hacer cabriolas y columpiarse. Era como visitar el taller de Santa Claus y Disneyland al mismo tiempo. También era el lugar ideal para él. En aquel momento su vida dio un giro de ciento ochenta grados. De repente, sus habilidades innatas servían para algo más que divertirse y entretener a los demás.

Ocho años más tarde, tras incontables horas de saltar, estirarse y elevarse, Bart Conner pisó la colchoneta del pabellón de gimnasia de los Juegos Olímpicos de Montreal para representar a Estados Unidos. Siguió adelante hasta convertirse en el gimnasta estadounidense más condecorado de todos los tiempos y el primero en ganar medallas en todos los niveles de las competiciones

nacionales e internacionales. Ha sido campeón de Estados Unidos, campeón nacional universitario, campeón de los Juegos Pa-
namericanos, campeón mundial, ganador de la Copa del Mundo
y campeón olímpico. Fue miembro de los equipos olímpicos de
1976, 1980 y 1984. En una actuación legendaria en los Juegos
de Los Ángeles de 1984, Bart reapareció después de una lesión de
rotura de bíceps y acabó ganando dos medallas de oro. En 1991
fue admitido en el Salón de la Fama del deporte olímpico estadounidense, y en 1996 en el Salón de la Fama de la gimnasia internacional.

En la actualidad, Conner contribuye a que otras personas de-
sarrollen su pasión por la gimnasia. Junto a su mujer, la campeo-
na olímpica Nadia Comaneci, es dueño de una boyante escuela
de gimnasia. También poseen la revista *International Gymnast* y
una productora de televisión.

Gimnastas como Bart Conner y Nadia Comaneci tienen una
profunda percepción de las posibilidades de su cuerpo; sus logros
demuestran cuán limitadas son nuestras ideas comunes acerca de
la habilidad humana. Si observas a atletas, bailarines, músicos y
otros artistas en plena actuación, verás que mientras trabajan están pensando de una manera extraordinaria. Cuando practican,
todo su cuerpo desarrolla y memoriza los movimientos a los que
están dando forma. Durante el proceso, confían en lo que algunas personas llaman el «músculo de la memoria». Por lo general,
cuando actúan se mueven demasiado rápido y de manera demasiado compleja como para confiar en los usuales procesos conscientes de pensamiento y toma de decisiones. Sus movimientos
se basan en las profundas reservas de sentimiento e intuición, de
reflejo físico y coordinación que utiliza todo el cerebro y no solo

las partes frontales asociadas al pensamiento racional. Si lo hicieran, sus carreras no despegarían y ellos tampoco.

De este modo, los atletas y todo tipo de intérpretes ayudan a que nos cuestionemos algo más acerca de las capacidades humanas que demasiada gente da por supuesto y que también se entienden mal: las ideas que tenemos acerca de la inteligencia.

¿Cómo eres de inteligente?

Otra cosa que hago cuando hablo a grupos de gente es pedirles que evalúen su inteligencia en una escala del uno al diez, siendo diez el máximo. Normalmente, una o dos personas se califican con un diez. Cuando estas levantan la mano, les aconsejo que se marchen a casa; tienen cosas más importantes que hacer que escucharme.

Aparte de esto, obtendré unos cuantos nueves y una gran concentración de ochos. Invariablemente, sin embargo, la mayor parte del público se califica con un siete o un seis. Las respuestas disminuyen a partir de ahí, aunque admito que nunca he terminado la encuesta. Me detengo en el dos, prefiero que cualquiera que crea tener una inteligencia de uno no tenga que pasar la vergüenza de confesarlo en público. ¿Por qué siempre obtengo una curva acampanada? Creo que se debe a que hemos llegado a dar por sentadas ciertas ideas acerca de lo que es la inteligencia.

Lo interesante es que la mayoría de la gente levanta la mano y se evalúa de acuerdo a la pregunta formulada. No parece que la pregunta les plantee ningún problema y están encantados de posicionarse en algún lugar de la escala. Solo unos pocos la han puesto en cuestión y me han preguntado qué entiendo yo por inteligencia. Creo que eso es lo que debería hacer todo el mundo. Estoy convencido de que dar por sabida la definición de inteligencia es una de las razones principales por la que muchas personas infravaloran sus verdaderas habilidades intelectuales y fracasan a la hora de encontrar su Elemento.

La opinión general dice algo así: todos nacemos con cierta cantidad fija de inteligencia. Es una particularidad, como tener los ojos verdes o azules, o tener las extremidades largas o cortas. La inteligencia se manifiesta en ciertas actividades, especialmente en las matemáticas y en la manera de utilizar las palabras. Es posible medir cuánta inteligencia tenemos mediante cuestionarios de lápiz y papel, y expresarlo con dígitos. Ya está.

Espero que, dicho de un modo tan contundente, esta descripción de la inteligencia suene tan discutible como en realidad es. Pero en esencia esta descripción aparece en gran parte de la cultura occidental y buena parte de la oriental. Se encuentra en el centro de nuestros sistemas educativos y sostiene buena parte de la multimillonaria industria que se dedica a la preparación y elaboración de exámenes y que vive de la educación pública en todas las partes del mundo. Se encuentra en el centro de la noción de habilidad académica, domina los exámenes de acceso a la universidad, sostiene la jerarquía de asignaturas en la educación y representa la base del concepto de coeficiente intelectual.

Esta manera de pensar acerca de la inteligencia tiene una larga historia en la cultura occidental y se remonta, como mínimo, a los días de los grandes filósofos griegos, Aristóteles y Platón. Su más reciente florecimiento tuvo lugar durante el gran período de adelantos intelectuales de los siglos XVII y XVIII que conocemos como la Ilustración. Los filósofos y eruditos aspiraban a establecer las bases del conocimiento humano y a acabar con las supersticiones y mitologías acerca de la existencia humana que creían que habían eclipsado la mente de las generaciones anteriores.

Uno de los pilares de este nuevo movimiento era la firme convicción de la importancia de la lógica y del razonamiento crítico. Los filósofos sostenían que no debíamos aceptar como conocimiento nada que no pudiese probarse mediante el razonamiento lógico, sobre todo con palabras y pruebas matemáticas. El problema estaba en dónde empezar este proceso sin dar por sentado nada que tal vez fuese cuestionable lógicamente. La famosa deducción del filósofo René Descartes decía que la única cosa que se podía dar por segura era la propia existencia; de lo contrario, no podríamos tener estos pensamientos. Su tesis era: «Pienso, luego existo».

El otro pilar de la Ilustración era la creciente convicción de la importancia de los datos como apoyo a las ideas científicas —pruebas que podían observarse mediante los sentidos humanos— en lugar de la superstición o de las habladurías. Estos dos pilares, la razón y las pruebas, se convirtieron en la base de una revolución intelectual que transformó la perspectiva y los logros del mundo occidental. Condujo al desarrollo del método científico y a una avalancha de conocimientos profundos y de clasificación de ideas, objetos y fenómenos que han incrementado el alcance del conocimiento humano hasta las profundidades de la tierra y los extremos más alejados del universo conocido. También llevó a espectaculares avances en la tecnología práctica, los cuales dieron lugar a la Revolución Industrial y al dominio supremo de estas formas de pensamiento en la erudición, la política, el comercio y la educación.

La influencia de la lógica y de las pruebas se extendió más allá de las ciencias «duras». Configuraron asimismo las teorías normativas de las ciencias humanas, incluidas la psicología, la sociología, la antropología y la medicina. A medida que la educación pública fue desarrollándose durante los siglos XIX y XX, se basó también en estas recientes ideas predominantes sobre el conocimiento y la inteligencia. Según se extendía la educación a toda la sociedad para cumplir con las crecientes exigencias de la Revolución Industrial, también surgió la necesidad de crear formas rápidas y fáciles de selección y valoración. La nueva ciencia de la psicología estaba disponible, con nuevas teorías acerca de cómo se podía examinar y medir la inteligencia. En la mayoría de los casos, se definió la inteligencia desde el punto de vista del razonamiento verbal y matemático. Estos procesos también se utilizaron para cuantificar los resultados. La idea más significativa en medio de todo esto fue la del coeficiente intelectual (CI).

Así es como acabamos pensando en la verdadera inteligencia en términos propios del análisis lógico: creyendo que las formas racionalistas de pensamiento eran superiores a los sentimientos y a la emoción, y que las ideas que en realidad cuentan son las que pueden comunicarse con palabras o mediante expresiones matemáticas. Además, creímos que podíamos cuantificar la inteligencia y confiar en los tests del coeficiente intelectual o en pruebas estandarizadas, como el SAT,* para identificar quién es verdaderamente inteligente y digno de un trato destacado.

---

* En Estados Unidos corresponde a las siglas de Scholastic Aptitude Test, una prueba de aptitud que se hace normalmente en el último año de la enseñanza secundaria y que es necesario aprobar para entrar en la mayoría de las universidades.

Irónicamente, Alfred Binet, uno de los creadores del test del coeficiente intelectual, pretendía que el test sirviera precisamente para todo lo contrario. De hecho, en un principio lo diseñó (por encargo del gobierno francés) para identificar a niños con necesidades especiales, para que pudiesen recibir una educación adecuada. No lo proyectó para identificar grados de inteligencia o «valores mentales». De hecho, Binet afirmó que la escala que había creado «no permitía la medición de la inteligencia porque las características intelectuales no son idénticas y por consiguiente no pueden medirse tal como se mide una superficie».

Tampoco pretendió insinuar que una persona no podía llegar a ser más inteligente con el paso del tiempo. «Algunos pensadores recientes —dijo— [han afirmado] que la inteligencia que tiene cada persona es una cantidad fija, una cantidad que no puede aumentar. Debemos protestar y reaccionar contra este brutal pesimismo; debemos intentar demostrar que no se fundamenta en nada.»

Aun así, los pedagogos estadounidenses y los psicólogos llevaron los resultados de los tests del coeficiente intelectual —y continúan llevándolos— a un extremo absurdo. En 1916, Lewis Terman, de la Universidad de Stanford, publicó una revisión del test del coeficiente intelectual de Binet. Conocido como el Test Stanford-Binet, hoy día en su quinta versión, es la base de los tests del coeficiente intelectual modernos. Sin embargo, es interesante resaltar que Terman tenía una visión tristemente radical de las capacidades humanas. Estas son sus palabras, del libro *The Measurement of Intelligence*:* «Entre los hombres de la clase tra-

---

* Trad. cast., *Medida de la inteligencia*, Espasa, Madrid, 1944.

bajadora y las criadas, hay miles de ellos que son débiles mentales. Son los siervos que "cortan la leña y sacan el agua para la casa" (Josué, 9,23). Con todo, en lo concerniente a la inteligencia, los tests han dicho la verdad... Por mucha instrucción escolar que reciban, nunca se convertirán en votantes inteligentes ni cualificados, en el verdadero sentido de la palabra».

Terman tuvo un papel activo en una de las etapas más oscuras de la educación estadounidense y del orden público; tal vez no hayas oído hablar de ello porque la mayoría de los historiadores prefieren no mencionarlo, como tampoco hablarían de una tía loca o de un desafortunado incidente relacionado con la bebida en sus años universitarios. El movimiento eugenésico buscó descalificar a sectores enteros de la población sosteniendo que rasgos como la criminalidad y la pobreza eran hereditarios, y que era posible identificarlos mediante pruebas de inteligencia. Quizá la afirmación más horrible del movimiento era la idea de que todos los grupos étnicos, incluidos los europeos del sur, los judíos, los africanos y los latinos, entraban en estas categorías. Terman escribió:

> El hecho de que nos encontremos tan a menudo a este tipo entre los indios, los mexicanos y los negros anuncia de forma bastante drástica que la cuestión de las diferencias raciales en lo referente a las características mentales tendrá que volver a estudiarse y mediante métodos experimentales. Deberá separarse a los niños de estos grupos en clases especiales y tendrá que dárseles una enseñanza concreta y práctica. No pueden ser maestros en nada, pero a menudo se puede hacer de ellos obreros eficientes, capaces de cuidar de sí mismos. Hoy día no hay ninguna posibilidad de convencer a

la sociedad de que no debería permitirse que se reprodujeran, pero desde un punto de vista eugenésico constituyen un grave problema debido a su extraordinariamente prolífica reproducción.

En realidad, el movimiento logró ejercer presión a favor de las leyes de esterilización involuntaria en treinta estados estadounidenses. Esto significaba que el estado podía castrar a las personas que estuviesen por debajo de un determinado coeficiente intelectual sin que contara su opinión. El hecho de que al final todos los estados revocaran las leyes es un triunfo del sentido común y la compasión; pero que dichas leyes existieran es una demostración aterradora de lo peligrosamente limitado que es cualquier test estándar a la hora de calcular la inteligencia y la capacidad de aportar algo a la sociedad.

Los tests de coeficiente intelectual pueden llegar a ser cuestión de vida o muerte. Un criminal que haya cometido un delito capital no está sujeto a la pena de muerte si su coeficiente intelectual está por debajo de setenta. Sin embargo, con regularidad, el resultado final de los coeficientes intelectuales aumenta en el curso de una generación (hasta veinticinco puntos), lo que obliga a revisar la escala cada quince o veinte años para mantener una puntuación media de cien. Por tanto, cualquiera que cometa un delito capital tiene mayor probabilidad de ser ejecutado en el principio de un ciclo que al final. Esto es darle una importancia terrible a un único test.

Las personas también pueden mejorar su puntuación mediante el estudio y la práctica. Hace poco leí el caso de un preso que estaba en el corredor de la muerte, pero al que solo habían condenado a cadena perpetua (no fue la persona que apretó el gatillo, aunque había estado implicado en un robo en el que murió una persona) y que llevaba diez años en la cárcel. Durante su condena realizó varios cursos. Cuando se le volvió a hacer el test, su coeficiente intelectual había aumentado más de diez puntos, lo que significaba que podía ser ejecutado.

Por supuesto, la mayoría de nosotros nunca nos encontraremos en una situación en la que decidan esterilizarnos o ponernos una inyección letal a causa de nuestro coeficiente intelectual. Pero considerar estos extremos nos permite formular algunas preguntas importantes, a saber: ¿qué son estos números? ¿Qué dicen realmente de nuestra inteligencia? La respuesta es que los números indican en gran medida la habilidad de una persona para hacer un test de cierto tipo de razonamiento matemático y verbal. Dicho de otro modo, miden cierto tipo de inteligencia, no toda la inteligencia. Y, como antes se indicó, la base continúa cambiando para adaptarse a las mejoras del conjunto de la población con el paso del tiempo.

Nuestra fascinación por el coeficiente intelectual se deriva de nuestra fascinación y dependencia por los exámenes estandarizados de nuestras escuelas. Los profesores pasan gran parte del año escolar preparando a sus estudiantes para los exámenes estatales que lo determinarán todo, desde la colocación de los alumnos en clase durante el curso siguiente hasta la financiación que recibirá el colegio. Desde luego, estos exámenes no consideran las habilidades especiales del niño ni sus necesidades (y tampoco las de la escuela), pero tienen un tremendo poder de influir en el destino académico del alumno.

El examen estándar que en la actualidad tiene mayor impacto en el futuro académico de un niño en Estados Unidos es el SAT. Curiosamente, Carl Brigham, el inventor del SAT, también era eugenista. Concibió el test para las fuerzas armadas, aunque hay que decir a su favor que cinco años después lo repudió y renegó al mismo tiempo de los eugenistas. Sin embargo, a esas alturas Harvard y otras escuelas de la Ivy League* ya habían empezado a utilizarlo para evaluar a los solicitantes. La mayoría de las universidades estadounidenses hace casi siete décadas que lo utilizan (o uno parecido, el ACT) como parte fundamental de sus procesos de selección, aunque algunos centros están empezando a depender menos de ellos.

El SAT es en muchos sentidos el parámetro para ver qué es lo que no funciona en los tests estandarizados: solo mide cierto tipo de inteligencia; lo hace de manera totalmente impersonal; trata de hacer suposiciones generales sobre el potencial universitario de un enorme y variado grupo de adolescentes como si fuera apropiado para todo el mundo y obliga a los alumnos de secundaria a pasar cientos de horas preparándose a expensas del estudio escolar o de otras actividades. John Katzman, fundador de *Princeton Review*, realiza esta crítica mordaz: «Lo que hace que el SAT sea malo es que no tiene nada que ver con lo que los chicos aprenden en el instituto. Por consiguiente, crea una especie de sombra sobre el plan de estudios que no favorece ni a los objetivos de los educadores ni a los de los estudiantes… Nos han vendido el SAT como si fuera una poción milagrosa; medía la inteligencia, verificaba el GPA —nota media— de los institutos y predecía las cali-

---

* Grupo de universidades más antiguas y respetadas de Estados Unidos, situadas en el noroeste del país. Son: Harvard, Yale, Columbia University, Cornell University, Dartmouth College, Brown University, Princeton University y University of Pennsylvania. *(N. del T.)*

ficaciones de la universidad. Pero la verdad es que nunca ha conseguido lograr las dos primeras y no ha hecho un trabajo particularmente bueno en la tercera».

Sin embargo, los estudiantes a los que no se les dan bien los exámenes, o que no son especialmente buenos en el tipo de razonamiento que evalúa el SAT, pueden llegar a ver comprometido su futuro universitario porque hemos aceptado que la inteligencia viene acompañada de un número. Se trata de una idea tiránica y se extiende mucho más allá del mundo académico. ¿Te acuerdas de la curva acampanada de la que hablábamos antes? Aparece cada vez que le pregunto a alguien lo inteligente que cree ser porque hemos acabado definiendo la inteligencia con un margen demasiado estrecho. Creemos saber la respuesta a la pregunta: «¿Cómo eres de inteligente?». Sin embargo, la verdadera respuesta es que la pregunta está mal planteada.

¿De qué modo eres inteligente?

La pregunta correcta es esta. La diferencia con la anterior es abismal. El «cómo» indica que hay una forma limitada de medir la inteligencia y que el valor de la inteligencia de todas las personas se puede reducir a una cifra o a algún tipo de cociente. El «de qué modo» apunta una verdad que no reconocemos como deberíamos: que hay diferentes maneras de expresar la inteligencia y que ninguna escala puede medirlas.

La naturaleza de la inteligencia siempre ha sido un tema controvertido, especialmente entre los muchos especialistas que se pasan la vida pensando en ella. Disienten acerca de qué es, quién la tiene y cuánta hay disponible por ahí. En un estudio que se realizó en Estados Unidos hace unos años, una serie de psicólogos intentaron definir la inteligencia escogiendo y comentando entre una lista de veinticinco atributos. Solo tres de ellos fueron mencionados por un 25 por ciento o más de los encuestados. Tal como lo expresó uno de los comentaristas: «Si pidiésemos a los especialistas que describiesen en qué se diferencian las setas comestibles de las venenosas y respondiesen de este modo, tal vez fuera prudente evitar la cuestión por completo».

Siempre ha habido críticas —en estos últimos años han aumentado en número y fuerza— a las definiciones de la inteligencia que solo se basan en el coeficiente intelectual. Una serie de teorías alternativas, a veces irreconciliables, sostienen que la inteligencia abarca mucho más que lo que los tests del coeficiente intelectual podrán llegar a evaluar nunca.

Howard Gardner, profesor de psicología de la Universidad de Harvard, ha sostenido, con gran éxito, que tenemos no una sino múltiples inteligencias. Estas incluyen inteligencia lingüística, musical, matemática, espacial, kinestésica, interpersonal (relaciones con los demás) e intrapersonal (conocimiento y comprensión de uno mismo). Afirma que estos tipos de inteligencia son más o menos independientes entre sí y que no hay una más importante que otra, aunque puede que algunas sean «dominantes» y otras «latentes». Mantiene que todos tenemos distintos puntos fuertes en diferentes inteligencias y que la educación debería tratarlas por igual para que todos los niños tuviesen la misma oportunidad de desarrollar sus habilidades individuales.

Robert Sternberg es profesor de psicología en la Universidad de Tufts y antiguo presidente de la American Psychological Association. Es, desde hace tiempo, crítico con los métodos tradicionales de las pruebas de inteligencia y el coeficiente intelectual. Sostiene que hay tres tipos de inteligencia: la inteligencia analítica, que consiste en la habilidad para solucionar problemas utilizando las aptitudes académicas y para realizar los tests convencionales del coeficiente intelectual; la inteligencia creativa, que sería la habilidad para enfrentarse a nuevas situaciones y encontrar soluciones originales, y la inteligencia práctica, la habilidad para enfrentarse a los problemas y desafíos de la vida diaria.

El psicólogo y autor de best sellers Daniel Goleman ha sostenido en sus libros que hay una inteligencia emocional y una inteligencia social, ambas fundamentales para llevarnos bien con nosotros mismos y con el mundo que nos rodea.

Robert Cooper, autor de *Aprenda a utilizar el otro 90 %,** mantiene que no deberíamos entender la inteligencia como algo que ocurre solo en el cerebro que tenemos dentro del cráneo. Habla del cerebro del «corazón» y del cerebro del «intestino». Siempre que tenemos una experiencia directa, dice, esta no va directamente al cerebro que se halla en el interior de nuestra cabeza. Se dirige primero a las redes neurológicas del tracto intestinal y del corazón. Describe la primera de ellas, el sistema nervioso entérico, como un «segundo cerebro», dentro de los intestinos, que es «independiente pero que también está interconectado con el cerebro del cráneo». Sostiene que esta es la razón por la que a menudo nuestra primera reacción ante un acontecimiento es una «reacción intestinal». Seamos o no conscientes de ello, dice, nuestras reacciones intestinales configuran todo lo que hacemos.

---

* Edición en castellano, Booket, Barcelona, 2008.

Otros psicólogos y personas que realizan pruebas de inteligencia se preocupan por este tipo de ideas. Dicen que no hay pruebas cuantificables que demuestren su existencia. Puede ser, pero nuestra experiencia cotidiana evidencia que la inteligencia humana es diversa y polifacética. Basta observar la extraordinaria riqueza y complejidad de la cultura humana y sus logros. Formular todo esto en una sola teoría sobre la inteligencia —con tres, cuatro, cinco o incluso ocho categorías distintas— es problema de los teóricos.

Por ahora, la prueba de una verdad básica de la habilidad humana está por todas partes: «pensamos» sobre nuestras experiencias en todas las formas posibles. También está claro que todos tenemos fuerzas y aptitudes naturales diferentes.

Ya mencioné que no tengo una habilidad especial para las matemáticas. En realidad, no tengo ninguna. Alexis Lemaire, en cambio, sí la tiene. Lemaire es un estudiante francés que está realizando su doctorado sobre inteligencia artificial. En 2007 reivindicó el récord mundial por calcular mentalmente la raíz treceava de un número aleatorio de doscientas cifras. Lo hizo en 72,4 segundos. En el caso de que, como yo, no estés seguro de lo que esto quiere decir, déjame que te lo explique. Alexis se sentó delante de un ordenador que había generado aleatoriamente un número de doscientas cifras y lo mostraba en la pantalla. El número llenaba más de diecisiete líneas. Era un número muy grande. Lo que Alexis tenía que hacer era calcular en su cabeza la raíz treceava de ese número (esto es, el número que multiplicado por sí mismo trece veces daría el número exacto de doscientos dígitos de la pantalla). Clavó los ojos en la pantalla, sin hablar, y entonces anunció correctamente que la respuesta era: 2.397.207.667.966,701. Recuerda que lo hizo en 72,4 segundos. Mentalmente.

Lemaire realizó esta hazaña en el Hall of Science de Nueva York. Llevaba años trabajando en este reto, y su mejor marca hasta entonces habían sido unos lentos 77 segundos. Después contó a la prensa: «El primer dígito es muy fácil, el último dígito es muy fácil, pero los números de en medio son dificilísimos. Utilizo un sistema de inteligencia artificial que aplico a mi propio cerebro en lugar de a un ordenador. Creo que la mayoría de la gente puede hacerlo, pero también es verdad que mi mente funciona a gran velocidad. A veces mi cerebro funciona muy, muy rápido… Con el fin de mejorar mis habilidades utilizo un proceso para que mi cerebro funcione como un ordenador. Es como ejecutar un programa en mi cabeza que controle el cerebro».

Y añadía: «A veces, cuando hago multiplicaciones, mi cerebro funciona tan rápido que tengo que medicarme. Creo que cualquiera que tenga un cerebro más lento también puede hacer este tipo de multiplicaciones, pero tal vez sea más fácil para mí porque mi cerebro es más rápido». Lemaire practica las matemáticas con regularidad. Para poder pensar más rápido, hace ejercicio, no toma ni cafeína ni alcohol y evita las comidas con alto contenido en azúcares o grasa. Su experiencia con las matemáticas es tan intensa que de vez en cuando tiene que tomarse un respiro para que su cerebro descanse. De lo contrario, cree que existe el peligro de que demasiadas matemáticas puedan ser nocivas para su salud y su corazón.

Yo también he creído siempre que demasiadas matemáticas pueden ser perjudiciales para mi salud y mi corazón, pero por razones muy distintas. De modo sorprendente, al igual que a mí, a

Lemaire las matemáticas no se le dieron especialmente bien en el colegio, aunque las comparaciones entre ambos acaben ahí. No era el mejor en matemáticas de su clase y fundamentalmente aprendió él solo con libros.

Sin embargo, tenía un talento natural para los números que descubrió cuando tenía unos once años y que ha educado y desarrollado poniéndose a prueba continuamente y creando complejas técnicas para explotarlo. Pero la base de todos estos logros se encuentra en una habilidad única y personal combinada con una gran pasión y mucho compromiso. Alexis Lemaire está claramente en su Elemento cuando escarba en números enormes para desenterrar sus raíces.

Los tres rasgos que caracterizan la inteligencia humana

La inteligencia humana parece tener por lo menos tres rasgos principales. El primero es que es extraordinariamente heterogénea. Está claro que no se limita a la habilidad de hacer razonamientos verbales y matemáticos. Estas habilidades son importantes, pero simplemente son *una de las formas* en las que se expresa la inteligencia.

Gordon Parks fue un legendario fotógrafo que captó la experiencia de los negros estadounidenses como pocos habían hecho hasta entonces. Fue el primer productor y director negro de una gran película de Hollywood. Ayudó a fundar la revista *Essence*, de la que fue editor jefe durante tres años. Fue poeta, novelista y memorialista de gran talento. También fue un dotado compositor que creó su propia notación musical para escribir sus obras.

Y no recibió instrucción profesional en nada de todo eso.

De hecho, Gordon Parks apenas fue a la escuela secundaria. Su madre murió cuando él tenía quince años, y poco después acabó en la calle; no pudo graduarse. La educación que recibió fue desalentadora; a menudo contaba que uno de sus profesores les había dicho a los estudiantes que para ellos la universidad sería una pérdida de tiempo porque estaban destinados a convertirse en porteros y en empleadas domésticas.

A pesar de todo, Parks utilizó su inteligencia de una forma que pocos podrían igualar. Aprendió solo a tocar el piano, lo que le ayudó a ganar algún dinero para salir adelante hacia el final de su adolescencia. Unos años más tarde, compró una cámara fotográfica en una casa de empeños y aprendió a hacer fotografías. Lo que aprendió sobre el mundo del cine y la escritura le vino en gran parte de la observación, un intenso nivel de curiosidad intelectual y una sensibilidad excepcional para ver en el interior de la vida de otras personas.

«Simplemente perseveré y seguí adelante —dijo en una entrevista en la Smithsonian Institution—, con la firme voluntad de empezar en el mundo de la fotografía. Me di cuenta de que me gustaba y me entregué a fondo. Mi mujer de entonces estaba más o menos en contra, y mi suegra, igual que todas las suegras, totalmente en contra. Me gasté una pasta y me compré algunas cámaras. Eso fue poco más o menos lo que pasó. Tenía un interés tremendo y simplemente continué trabajando y llamando a las puertas, buscando estímulos donde pudiese encontrarlos.»

En una entrevista para la PBS dijo: «Yo percibo que mi vida es en cierto modo como un sueño inconexo... Me han pasado cosas increíbles. Es tan contradictorio... Pero lo que sé es que fue un esfuerzo constante, un sentimiento constante de que no debía fracasar».

La contribución de Parks a la cultura estadounidense es considerable: sus vehementes fotografías, y en especial *American Gothic*, que yuxtapone a una mujer negra sosteniendo una fregona y una escoba sobre la bandera estadounidense; su genial obra cinematográfica, que incluye el gran éxito comercial *Shaft*, que introdujo un héroe de acción negro en Hollywood; su singular obra en prosa; su inigualable producción musical.

No sé si Gordon Parks pasó alguna vez un examen académico estándar o un examen para acceder a la universidad. Al no haber pasado por la educación preuniversitaria tradicional, es bastante probable que si lo hubiese hecho no habría sacado una nota especialmente alta. Curiosamente, aunque no acabó la educación secundaria, acumuló cuarenta doctorados honorarios: dedicó uno de ellos al profesor que se había mostrado tan despectivo cuando estaba en el instituto. Sin embargo, en cualquier definición razonable de la palabra «inteligencia», Gordon Parks era extraordinariamente inteligente, un ser humano excepcional con una extraña habilidad para aprender y dominar con maestría complicadas y variadas formas de arte.

Solo puedo suponer que Parks se consideraba a sí mismo una persona inteligente. Sin embargo, si era como otras muchas personas a las que he conocido durante mis viajes, el no haber seguido una educación normal podría haberle llevado a evaluarse a sí mismo muy por debajo de lo que hubiera debido, a pesar de sus numerosos y obvios talentos.

Como muestran las historias de Gordon Parks, Mick Fleetwood y Bart Conner, la inteligencia puede dejarse ver en cosas que poco o nada tienen que ver con los números o las palabras. Pensamos el mundo en todos los ámbitos en que lo experimentamos, incluyendo las distintas maneras en que utilizamos nuestros sentidos (no importa cuántos sean). Pensamos en sonidos. Pensamos en movimiento. Pensamos visualmente. Durante mucho tiempo trabajé para el Royal Ballet de Gran Bretaña; acabé viendo la danza como una forma muy eficaz de expresar ideas y observé que los bailarines utilizan múltiples formas de inteligencia —kinestésica, rítmica, musical y matemática— para hacerlo. Si la inteligencia matemática y verbal fueran las únicas, el ballet no existiría. Tampoco la pintura abstracta, ni el hip-hop, ni el diseño, ni la arquitectura, ni las cajas de autoservicio de los supermercados.

La diversidad de inteligencias es uno de los fundamentos básicos del Elemento. Si no aceptas que piensas el mundo de muchas maneras diferentes, estarás limitando inexorablemente tus posibilidades de encontrar a la persona que se supone que tienes que ser.

Una de las personas que representa esta maravillosa diversidad es R. Buckminster Fuller, más conocido por su diseño de la bóveda geodésica y la acuñación del término «estación espacial tierra». Sin duda, sus mayores logros proceden del campo de la ingeniería (que por supuesto requiere del uso de la inteligencia matemática, visual e interpersonal), pero además fue un escritor atípico y brillante, un filósofo que desafió los conceptos de una generación, un ferviente ecologista años antes de que surgiera un verdadero movimiento ecologista, y un profesor universitario provocador y enriquecedor. Todo esto lo hizo al margen de la educación oficial (fue el primero de cuatro generaciones de su familia que no se graduó en Harvard) y lanzándose a experimentar el mundo para aprovechar al máximo sus posibles formas de inteligencia. Se alistó en la marina, fundó una empresa de suministros para la construcción y trabajó de mecánico en una fábrica textil y de operario en una planta de empaquetado de carne. Al parecer, Fuller no vio ningún límite en su habilidad para utilizar todas las formas de inteligencia disponibles para él.

El segundo rasgo de la inteligencia es que es muy dinámica. El cerebro humano es muy interactivo. Cada vez que actuamos, utilizamos múltiples partes del cerebro. De hecho, la utilización dinámica del cerebro —al favorecer nuevas conexiones entre las cosas— da lugar a verdaderos progresos.

Albert Einstein, por ejemplo, sacó gran provecho de la dinámica de la inteligencia. La destreza de Einstein como científico y matemático es un mito. Sin embargo, Einstein estudió todas las formas de expresión; creía que podía sacar partido de cualquier cosa que surgiera ante su mente de muy diversos modos. Por ejemplo, entrevistó a poetas para aprender más sobre el papel de la intuición y la imaginación.

En su biografía de Einstein, Walter Isaacson dice: «Cuando era estudiante, a Einstein nunca se le dio bien el aprendizaje por memorización. Más tarde, como teórico, el éxito no le vino de la fuerza bruta del poder de sus procesos mentales, sino de su creatividad e imaginación. Podía construir complejas ecuaciones, pero además, y más importante, sabía que las matemáticas eran el lenguaje que la naturaleza utiliza para describir maravillas».

A menudo, Einstein recurría al violín en busca de ayuda cuando su trabajo le planteaba algún reto. Un amigo de Einstein le contó a Isaacson: «Solía tocar el violín en la cocina a altas horas de la noche, improvisaba melodías mientras reflexionaba sobre complicados problemas. Entonces, de repente y mientras tocaba, anunciaba entusiasmado: "¡Lo tengo!". Como si, por inspiración, la solución al problema le hubiera llegado en medio de la música».

Lo que Einstein parecía entender es que el desarrollo intelectual y la creatividad llegan a través de la comprensión de la naturaleza dinámica de la inteligencia. El crecimiento se produce a través de la analogía: ver cómo se relacionan las cosas en vez de ver solo lo diferentes que pueden llegar a ser. Con certeza, las historias epifánicas de este libro muestran que muchos de los momentos en que las cosas se esclarecen de repente ocurren cuando se han percibido nuevas conexiones entre hechos, ideas y circunstancias.

El tercer rasgo característico de la inteligencia es que es totalmente peculiar. La inteligencia de cada persona es tan singular como una huella dactilar. Puede que haya siete, diez o cien formas distintas de inteligencia, pero cada uno de nosotros las utiliza de forma diferente. Mi perfil de habilidades consiste en una combinación de inteligencias dominantes y latentes distinta de las de los otros, las cuales tienen un perfil totalmente distinto. Los gemelos utilizan su inteligencia de forma diferente el uno del otro, tal como hacen, por supuesto, personas que se encuentran en lugares opuestos del planeta.

Esto nos lleva de nuevo a la pregunta que hice antes: ¿de qué modo eres inteligente? Saber que la inteligencia es diversa, dinámica y peculiar permite abordar la cuestión de una manera distinta. Este es uno de los componentes fundamentales del Elemento. Pues cuando eliminas las ideas preconcebidas sobre la inteligencia, puedes empezar a percibir tus diferentes formas de inteligencia. Nadie es solo una simple puntuación intelectual o una escala lineal. Dos personas con las mismas calificaciones no harán las mismas cosas, ni compartirán los mismos intereses, ni alcanzarán los mismos logros en la vida. El nuevo paradigma del Elemento tiene que ver con permitirnos acceder a todas las formas en que se experimenta el mundo y descubrir dónde se encuentran los verdaderos puntos fuertes de cada uno.

Simplemente, no los des por sentado.

3
Más allá de la imaginación

Faith Ringgold es una aclamada artista, conocida por sus edredones pintados en los que cuenta historias. Ha expuesto en los principales museos de todo el mundo y su obra forma parte de las colecciones permanentes del Museo Guggenheim, del Metropolitan Museum of Art y del Museo de Arte Moderno de Nueva York. Además, es una laureada escritora: recibió el Caldecott Honor por su primer libro, *Tar Beach*. También ha compuesto y grabado canciones.

La vida de Faith rebosa creatividad. Curiosamente, sin embargo, una enfermedad, que la mantuvo apartada de la escuela, fue la que le llevó por este camino. Cuando tenía dos años le diagnosticaron asma; debido a ello, comenzó tarde su educación académica. Durante nuestra entrevista me contó que creía que haberse mantenido lejos del colegio a causa del asma había sido algo positivo en su desarrollo como persona, «porque, ¿sabes?, no estaba por ahí para que me adoctrinaran. No andaba por ahí para que me moldearan como creo que moldean a tantos niños en una sociedad reglamentada como es, y supongo que en cierto modo tiene que ser, la escuela. Porque cuando tienes a un montón de personas en un mismo espacio, debes conseguir que se muevan de cierta forma para que la cosa funcione. Simplemente, nunca tuve que soportar la reglamentación. Me perdí preescolar y primer grado. Comencé a ir al colegio en segundo. Pero todos los años solía faltar como mínimo, no sé, puede que dos o tres semanas debido al asma. Y te aseguro que no me importaba perderme aquellas clases».

Su madre se esforzó para que avanzara al mismo ritmo que las clases que se estaba perdiendo en el colegio. Y cuando no estudiaban, podían explorar el amplio mundo de las artes del Harlem de los años treinta: «Mi madre me llevó a ver todos los grandes espectáculos del momento. Duke Ellington, Billie Holliday, Billy Eckstine: aquellos viejos cantantes y directores de orquesta, aquella gente que era tan maravillosa. Así que esas eran las personas que yo consideraba altamente creativas. Era tan evidente que hacían de sus cuerpos obras de arte… Todos vivíamos en el mismo barrio. Era fácil tropezarse con ellos: estaban allí, ¿sabes? Su arte y su buena disposición para entregarse a su público y a sus espectadores me inspiraban profundamente. Me hizo comprender el aspecto comunicativo de ser artista.

»Nunca me vi obligada a ser como los otros niños. No vestía como ellos. No me parecía a ellos. En mi familia tampoco esperaban eso de mí. De modo que para mí fue natural hacer algo que se consideraba un poco extraño. Mi madre era diseñadora de modas. Era una artista, aunque ella jamás se habría definido así. Me ayudó mucho, aunque siempre insistió en que no sabía si dedicar la vida al arte sería bueno».

Cuando Faith comenzó por fin a ir al colegio a tiempo completo, encontró la emoción y el estímulo necesarios en las clases de arte: «En la escuela primaria hacíamos arte desde el principio. Una experiencia de primera. Magnífica. Recuerdo con claridad que mis profesores se emocionaban con algunas de las cosas que había hecho y que yo, por cierto, no podía evitar preguntarme: "¿Por qué creerán que es tan bueno?", pero nunca dije nada. Una vez, en el instituto, la profesora nos propuso un experimento: pintar lo que viésemos en nuestra mente sin mirar con los ojos. Haríamos unas flores. Cuando vi lo que me había salido, me dije: "¡Oh, Dios mío!, no quiero que vea esto, es realmente horrible". Pero ella lo puso en alto y dijo: "Es maravilloso. Mirad esto". Ahora sé por qué le gustó. Rebosaba libertad, que es lo mismo que a mí me gusta ahora cuando veo a los niños haciendo arte. Es expresivo; es fascinante. Es la clase de magia que tienen los niños; para ellos, en el arte no hay nada demasiado extraño ni diferente. Lo aceptan; lo entienden; les encanta. Entran en un museo, miran alrededor y no se sienten amenazados. En cambio los adultos sí. Creen que hay mensajes que no acaban de entender, que deberían decir o hacer algo ante una obra de arte. Los niños simplemente las aceptan porque, de una u otra forma, han nacido así. Y siguen siendo así hasta que empiezan a ser críticos consigo mismos. Aunque puede que eso ocurra porque nosotros empezamos a criticarlos. Yo intento no hacerlo, pero el mundo los criticará, ya sabes, los juzgará: esto no parece un árbol, esto no se parece a un hombre. Cuando los niños son pequeños no hacen caso de este tipo de cosas. Solo están… manifestándose ante tus ojos. "Esta es mi mamá y este es mi papá y fuimos a casa y cortamos un árbol" y esto y lo otro y lo de más allá; te cuentan toda una historia sobre el dibujo, lo reconocen y creen que es maravilloso. Y yo también, porque carecen totalmente de restricciones en este tipo de cosas.

»Creo que los niños tienen la misma habilidad para la música. Sus débiles voces son como pequeños timbres que hacen sonar. Una vez fui a un colegio donde llevé a cabo una sesión de cuarenta minutos con cada clase, desde los niños de la guardería hasta los de sexto. Hice una sesión de arte en la que primero tenían que leer de un libro un ratito y luego yo les mostraba algunas de mis diapositivas y les enseñaba a cantar mi canción "Anyone Can Fly". La seguían enseguida, tanto los más pequeños, como los de preescolar, los de primero, segundo, tercero y cuarto. Al llegar a quinto te topas con dificultades. Sus débiles voces ya no suenan como campanillas; sienten vergüenza, ¿sabes?, y algunos de ellos que todavía pueden cantar, no lo harán».

Por suerte, Faith nunca se sintió así de reprimida. Le encantó explorar su creatividad desde una edad muy temprana, y consiguió mantener esa chispa durante la edad adulta: «Creo que supe que quería ser artista desde que empecé a estudiar arte en la universidad, en 1948. No sabía qué camino tomaría, cómo ocurriría o cómo lo lograría, pero sabía que esa era mi meta. Mi sueño era ser artista, de las que se ganan la vida haciendo fotografías. Cada día de tu vida puedes crear algo maravilloso, así que cada día será igual de maravilloso porque ese día, mientras pintas o creas lo que estés creando, descubres algo nuevo, encuentras nuevas formas de hacerlo».

La promesa de la creatividad

Ya mencioné que me gusta preguntar a las personas del público lo inteligentes que creen ser. También suelo pedirles que evalúen su creatividad. Al igual que con la inteligencia, utilizo una escala del 1 al 10, siendo 10 el máximo. Y, como con la inteligencia, la mayoría de la gente se otorga una puntuación media. Entre aproximadamente mil personas, menos de veinte se evaluaron con un 10 en creatividad. Unas pocas más alzaron las manos para el 9 y el 8. En el otro extremo siempre hay unos pocos que se califican con un 2 o un 1. Creo que la mayoría de las personas se equivocan al valorarse de esta forma, lo mismo que con la inteligencia.

Pero el interés de este ejercicio se revela al preguntar cuántas personas evaluaron con una puntuación distinta su inteligencia y su creatividad. Normalmente, entre dos tercios y tres cuartas partes del público levanta la mano al llegar a este punto. ¿Por qué sucede esto? Creo que se debe a que la mayoría de las personas creen que la inteligencia y la creatividad son cosas totalmente diferentes: que podemos ser muy inteligentes y no ser muy creativos, o muy creativos pero no muy inteligentes.

Para mí, esto indica que existe un problema fundamental. Gran parte del trabajo que realizo con algunas organizaciones consiste en demostrar que la inteligencia y la creatividad van de la mano. Estoy convencido de que no se puede ser creativo y no actuar inteligentemente. Del mismo modo, la forma más elevada de inteligencia consiste en pensar de manera creativa. Al buscar el Elemento, es fundamental entender la verdadera naturaleza de la creatividad y tener una clara comprensión de la relación que guarda con la inteligencia.

Según mi propia experiencia, la mayoría de la gente tiene una visión muy limitada de la inteligencia y tiende a pensar en ella sobre todo desde el punto de vista de la capacidad académica. Esta es la razón de que muchas personas que son listas en otros ámbitos acaben creyendo que no lo son en absoluto.

También hay mitos en torno a la creatividad. Uno de ellos es que solo la gente especial es creativa. Esto no es cierto. Todo el mundo nace con tremendas capacidades creativas; la cuestión está en desarrollarlas. La creatividad es muy parecida a la capacidad para leer y escribir. Damos por sentado que casi todo el mundo puede aprender a leer y a escribir. Si una persona no sabe hacerlo, no supones que es porque sea incapaz de ello, sino simplemente porque no ha aprendido. Con la creatividad pasa lo mismo: a menudo, cuando la gente dice que no es creativa se debe a que no sabe lo que implica o cómo funciona la creatividad en la práctica.

Otro mito es que la creatividad tiene que ver con actividades especiales. Que trata de «campos de acción creativos» como las artes, el diseño o la publicidad que, a menudo, implican un alto grado de creatividad; pero también lo exigen la ciencia, las matemáticas, la ingeniería, dirigir un negocio, ser un atleta y empezar o dejar una relación. El hecho es que se puede ser creativo en cualquier cosa: cualquier cosa que requiera inteligencia.

El tercer mito consiste en creer que las personas o son creativas o no lo son. Este mito sugiere que la creatividad, como el coeficiente intelectual, es un rasgo supuestamente fijo, como el color de los ojos, y que no se puede hacer demasiado por cambiarlo. Pero la verdad es que resulta muy factible volverse más creativo en el trabajo y en la vida. El paso esencial, y el primero, que hay que dar es entender la estrecha relación entre la creatividad y la inteligencia. Este es uno de los caminos más seguros para encontrar el Elemento, y comporta tomar perspectiva para examinar una de las características fundamentales de todo ser humano: nuestro inigualable poder de imaginación.

Todo está en la imaginación

Tal como planteamos en el capítulo anterior, tendemos a infravalorar el alcance de nuestros sentidos y de nuestra inteligencia. Y con la imaginación hacemos lo mismo. De hecho, si bien aceptamos plenamente los datos de nuestros sentidos, somos muy reticentes a aceptar los de nuestra imaginación. Incluso criticamos las percepciones de ciertas personas diciendo que tienen una «imaginación desbocada» o que lo que creen es «cosa de su imaginación». La gente se enorgullece de tener «los pies en la tierra», de ser «realista» y «sensata», y se burla de aquellos que «están en las nubes». Sin embargo, mucho más que cualquier otra facultad, la imaginación es lo que distingue a los seres humanos de cualquier otra especie del planeta.

La imaginación sustenta todo logro singularmente humano. La imaginación nos llevó de las cavernas a las ciudades, de las asociaciones estudiantiles a los clubes de golf, de la carroña a la cocina y de la superstición a la ciencia. La relación entre la imaginación y la «realidad» es complicada y profunda. Y esta relación tiene un papel importante en la búsqueda del Elemento.

Si te centras en las cuestiones actuales de carácter material que te rodean, estoy seguro de que por regla general das por hecho que lo que percibes es lo que realmente hay. Por eso podemos conducir por carreteras muy transitadas, encontrar lo que buscamos en una tienda y despertarnos en compañía de la persona apropiada. Sabemos que en determinadas circunstancias —enfermedad, delirio o consumo excesivo de estupefacientes, por ejemplo— esta presunción puede ser errónea. Pero vayamos un poco más lejos.

También sabemos que podemos salir sin dificultad de nuestro ámbito sensorial e inmediato y evocar imágenes mentales de otros lugares y otras épocas. Si te pido que pienses en tus mejores amigos del colegio, en tu comida preferida o en la persona más pesada que conoces, lo harás sin necesidad de tenerlo delante. Este proceso de «ver en nuestra mente» es el acto fundamental de la imaginación. Así que mi definición inicial de la imaginación es «el poder de evocar cosas que no están presentes en nuestros sentidos».

Tu reacción a esta definición puede ser: «¡No me digas!». Sería una reacción apropiada, pero la siguiente observación ayuda: la imaginación es quizá la capacidad que más damos por supuesta. Esto es algo deplorable porque la imaginación tiene una importancia vital en nuestra vida. Mediante la imaginación podemos darnos una vuelta por el pasado, contemplar el presente y prever el futuro. También podemos hacer algo de una trascendencia única y profunda.

Podemos crear.

Por medio de la imaginación, no solo evocamos cosas que hemos experimentado en el pasado, sino también cosas que nunca hemos experimentado. Podemos hacer conjeturas, hipótesis, podemos especular y podemos suponer. En suma, podemos ser *imaginativos*. En cierto sentido, en cuanto podemos liberar nuestra mente del inmediato aquí y ahora somos libres. Libres para volver a visitar el pasado, libres para transformar el presente y libres para prever los futuros posibles. La imaginación es la base de todo lo que es singular y característicamente humano. Es la base del lenguaje, de las artes, de las ciencias, de los sistemas filosóficos y de toda la inmensa complejidad de la cultura humana. Puedo ilustrar esta facultad con un ejemplo de proporciones cósmicas.

¿Importa el tamaño?

¿Cuál es la finalidad de la vida? Esta es otra buena pregunta. A otras especies no parece importarles demasiado, pero es algo que importa mucho a los seres humanos. El filósofo británico Bertrand Russell planteó esta cuestión de forma simple y brillante. Está dividida en tres partes y merece la pena leerla dos veces: «¿Es el hombre lo que le parece al astrónomo, un minúsculo conjunto de carbono y agua que se agita en un pequeño e insignificante planeta? ¿O es lo que le parece a Hamlet? ¿O es acaso las dos cosas a la vez?».

Habrá que perdonar aquí el lenguaje machista. Russell escribió esto hace mucho tiempo, no sabía que más adelante la gente podría no verlo con buenos ojos. Las tres preguntas de Russell captan algunos de los misterios fundamentales de la filosofía occidental, aunque no necesariamente de la oriental. ¿Es la vida, en esencia, casual y carente de sentido? ¿O es profunda y misteriosa como lo creía el gran héroe trágico shakesperiano? Volveré a Hamlet enseguida. Veamos primero la idea de que habitamos en un planeta pequeño e insignificante.

Desde hace años, el telescopio Hubble ha estado emitiendo a la Tierra miles de imágenes deslumbrantes de galaxias lejanas, enanas blancas, agujeros negros, nebulosas y púlsares.

Todos hemos visto documentales espectaculares sobre los detalles de viajar por el espacio, enmarcados en estadísticas incomprensibles sobre miles de millones de años luz y distancias infinitas. Hoy en día, la mayoría de nosotros comprendemos que el universo es gigantesco. También comprendemos que la Tierra es relativamente pequeña.

Pero ¿cómo de pequeña?

Es muy difícil hacerse una idea clara del tamaño de la Tierra porque con los planetas, como con cualquier otra cosa, el tamaño es relativo. Dadas las inmensas distancias entre nosotros y los demás cuerpos celestes, cuesta tener una base a partir de la cual poder comparar.

Me alegró mucho dar con una serie de imágenes que me ayudaron a hacerme una idea del tamaño relativo de la Tierra. Alguien tuvo

la brillante idea de sacar del cosmos a la Tierra y a otros planetas y colocarlos el uno al lado del otro para compararlos. De este modo podemos percibir la escala de las cosas, y es francamente sorprendente. Eso es lo que nos muestra la imagen de la página anterior.

En ella está la Tierra, con algunos de nuestros vecinos más próximos. Aquí tenemos bastante buen aspecto, especialmente respecto a Marte y Mercurio. Diría que nunca nos había preocupado menos que ahora que nos invadiera una horda de marcianos. «¡Adelante!», diría yo. Plutón, por cierto, ya no es un planeta, y en esta fotografía podemos ver por qué. ¿En qué estábamos pensando? Si apenas es un peñasco.

Retrocedamos un poco. De repente, el panorama parece bastante menos alentador. Abajo podemos ver la Tierra con algunos de los integrantes más grandes del sistema solar.

Ahora, comparada con Urano y Neptuno, y desde luego en compañía de Saturno y Júpiter, la Tierra parece un poco menos impresionante. Al llegar a este punto, Plutón se convierte en una vergüenza cósmica. A pesar de todo, nosotros seguimos ahí; me refiero a que por lo menos se nos ve.

Sin embargo, ya sabemos que debemos tener en cuenta más cosas. Por ejemplo, que la Tierra es pequeña cuando la comparamos con el Sol, pero ¿cómo de pequeña? Véase debajo:

A esta escala, la Tierra tiene el tamaño de una pepita de uva, y mejor haremos en no decir nada de Plutón. Pero por muy grande que sea el Sol, no es el gigante cósmico que aquí parece.

Si nos retiramos un poquito más, la imagen cambia totalmente, incluso para los adoradores del Sol.

A esta escala, la Tierra simplemente ha desaparecido y el Sol apenas tiene el tamaño de un garbanzo. Pero hasta ahora solo nos hemos comparado con objetos que son relativamente pequeños y cercanos en términos cósmicos.

Echa un vistazo a la estrella Arturo mientras retrocedemos una vez más para abarcar Betelgeuse y Antares.

A esta escala, el Sol es como un grano de arena y Arturo es una cereza. Antares, por cierto, es la decimoquinta estrella más brillante del firmamento. Está a más de mil años luz. Los astrónomos dirían que *solo* está a mil años luz. Un año luz, como recordarás, es la distancia recorrida por un rayo de luz en un año.

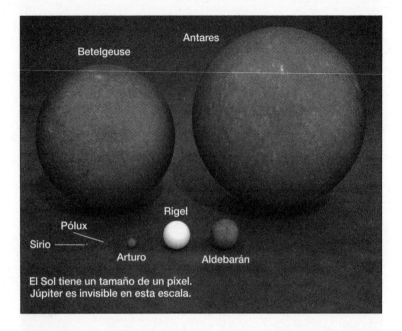

Betelgeuse

Antares

Sirio

Pólux

Arturo

Rigel

Aldebarán

El Sol tiene un tamaño de un píxel.
Júpiter es invisible en esta escala.

Eso es lejos. Así que mil años luz suena impresionante, sobre todo si eres Plutón. Pero en términos galácticos no es tanto en realidad. Compáralo con la imagen de la página siguiente, procedente del telescopio Hubble.

Se trata de una imagen de la Gran Nube de Magallanes, una de las galaxias más próximas a la Vía Láctea, un vecino cercano en el orden del universo. Los científicos estiman que las Nubes de Magallanes están aproximadamente a 170.000 años luz. Es casi imposible imaginar el tamaño de la Tierra a esta escala. Es inimaginable, lastimosa e indetectablemente pequeña.

Y sin embargo…

Podemos sacar varias conclusiones alentadoras de esto. Una
es un poco de perspectiva. Lo que quiero decir, de verdad, es que
cualquier cosa que te preocupase cuando te levantaste esta mañana, olvídala. ¿Qué importancia puede tener dentro del gran orden del universo? Haz las paces y sigue adelante.

La segunda es que a primera vista estas imágenes apuntan que la respuesta a la primera pregunta de Russell podría ser que sí: parece que estemos pegados a la superficie de un planeta extraordinariamente pequeño e insignificante. Pero en realidad la cosa no acaba ahí. Por muy pequeños e insignificantes que seamos, somos los únicos entre las especies conocidas de la Tierra —y de cualquier otra parte, que sepamos— capaces de hacer algo extraordinario: podemos concebir nuestra insignificancia.

Alguien, utilizando el poder de la imaginación, hizo las imágenes que acabo de enseñarte. Utilizando este mismo poder, puedo escribir sobre ellas y publicarlas, y tú lograrás entenderlas. El hecho es que como especie también creamos el Hamlet del que habla Russell, así como la *Misa en re* de Mozart, la Mezquita Azul, la capilla Sixtina, el blues, el rock and roll, el hip-hop, la teoría de la relatividad, la mecánica cuántica, el industrialismo, *Los Simpsons*, la tecnología digital, el telescopio Hubble y toda la cornucopia de deslumbrantes logros y aspiraciones humanas.

No quiero decir que otras especies de la Tierra no tengan ningún tipo de habilidad imaginativa. Pero desde luego ninguna se acerca a la manifestación de las complejas habilidades que fluyen de la imaginación humana. Otras especies se comunican, pero no tienen ordenadores portátiles. Cantan, pero no componen musicales. Pueden ser ágiles, pero no se les ocurrió crear el Cirque du Soleil. Pueden parecer inquietas, pero no publican teorías sobre el sentido de la vida ni pasan la tarde bebiendo Jack Daniel's ni escuchando a Miles Davis. Y no se reúnen alrededor de una charca para meditar sobre las imágenes del telescopio Hubble y tratar de descifrar lo que estas puedan significar para ellas y para las demás hienas.

¿Por qué se dan estas diferencias abismales entre los humanos y otras especies de nuestro pequeño planeta? Mi respuesta general es la imaginación. Pero de lo que en realidad se trata es de la mucho más compleja evolución del cerebro humano y del dinamismo de su funcionamiento. La dinámica de la inteligencia humana es la base de la descomunal creatividad de la mente. Y nuestra capacidad creativa nos permite reconsiderar nuestra vida y nuestras circunstancias. Y encontrar nuestro camino para llegar al Elemento.

El poder de la creatividad

La imaginación y la creatividad no son la misma cosa. La creatividad lleva los mecanismos de la imaginación a otro plano. Mi definición de creatividad es: «El proceso de tener ideas originales que tengan valor». La imaginación puede ser totalmente interior. Se puede ser imaginativo durante todo el día sin que nadie se dé cuenta. Pero nunca dirías que una persona es creativa si nunca ha hecho nada. Para ser creativo tienes que hacer algo. Eso implica poner a trabajar a tu imaginación para realizar algo nuevo, para conseguir nuevas soluciones a problemas, e incluso para plantear nuevos problemas o cuestiones.

Se podría decir que la creatividad es imaginación aplicada.

Se puede ser creativo en cualquier cosa que suponga utilizar la inteligencia. Se puede ser creativo en la música, en la danza, en el teatro, en las matemáticas, en los negocios, en nuestras relaciones con otra gente. Las personas son creativas de maneras tan singulares porque la inteligencia humana es extraordinariamente heterogénea. Déjame que te ponga dos ejemplos muy diferentes.

En 1988, el ex Beatle George Harrison estaba a punto de publicar un álbum en solitario. En él figuraba una canción titulada «This is Love» que tanto Harrison como su compañía discográfica creían que podía ser un gran éxito musical. En aquellos días, anteriores a las descargas de música por internet, el artista solía acompañar la publicación de un single con una cara B —una canción que no aparecía en el álbum del que se extraía el single— como valor añadido para los consumidores. El problema en este caso fue que Harrison no tenía ninguna grabación que pudiese utilizar como cara B. Por entonces, Bob Dylan, Roy Orbison, Tom Petty y Jeff Lynne estaban con él en Los Ángeles, donde Harrison vivía en esa época.

Mientras Harrison proyectaba las líneas generales de la canción que tenía que grabar, se dio cuenta de que Lynne estaba trabajando con Orbison. Enseguida, Harrison les pidió a Dylan y a Petty que se unieran al grupo para cantar los coros de la canción. En un marco fortuito, con la mínima presión asociada a la grabación de una cara B, estas cinco leyendas del rock crearon «Handle with Care», una de las canciones más memorables de la carrera de George Harrison tras los Beatles.

Cuando unos días más tarde, Harrison le enseñó la canción a Mo Ostin, presidente de Warner Brothers Records, y a Lenny Waronker, jefe de A&R, los dos se quedaron pasmados. La canción no solo era demasiado buena para utilizarla como una humilde cara B, sino que la colaboración había generado un sonido fácil y brillante que pedía a gritos una plataforma mayor. Ostin y Waronker preguntaron a Harrison si el grupo que había creado «Handle with Care» podría producir un álbum entero. A Harrison la idea le pareció fascinante y la propuso a sus amigos.

Tuvieron que solucionar varios detalles logísticos. En un par de semanas, Dylan saldría de gira y estaría fuera durante mucho tiempo, y juntar después a todo el mundo iba a ser complicado. Los cinco decidieron que harían todo lo que pudiesen durante el tiempo que les quedaba antes de la marcha de Dylan. Utilizaron el estudio de un amigo y sentaron las bases de las canciones que compondrían todo el álbum. No tuvieron meses para pulir las letras de las canciones, para hacer docenas de tomas de reserva, ni para preocuparse sobre la parte de una guitarra. En lugar de eso, confiaron en algo mucho más innato: la chispa creadora generada por la combinación de cinco voces musicales singulares.

Todos colaboraron en las canciones. Todos donaron armonías vocales, líneas de guitarra y arreglos. Se nutrieron los unos de los otros, se picaron entre sí y, sobre todo, se lo pasaron en grande. El resultado fue una grabación informal —las canciones parecían inventadas sobre la marcha— y, sin lugar a dudas, clásica. Para adecuarse a la tranquila naturaleza del proyecto, decidieron quitar importancia a su condición de estrellas y llamar a su improvisada banda los Traveling Wilburys. El álbum acabó vendiendo cinco millones de copias y dio lugar a múltiples éxitos musicales, incluida «Handle with Care». La revista *Rolling Stone* nombró *The Traveling Wilburys* uno de los «100 mejores álbumes de todos los tiempos». Creo que este es un buen ejemplo del proceso creativo en el trabajo.

He aquí otro ejemplo, procedente de otro ámbito: a principios de los años sesenta, un estudiante desconocido de la Universidad de Cornell lanzó un plato al aire en el restaurante de la universidad. No sabemos lo que le pasó al estudiante ni al plato después de eso. Puede que el estudiante recogiera el plato con una sonrisa, o puede que el plato se hiciera pedazos contra el suelo. De cualquier modo, este no sería un hecho extraordinario si no llega a ser porque había alguien excepcional mirando.

Richard Feynman era un físico estadounidense y uno de los genios indiscutibles del siglo xx. Se hizo famoso por su trabajo innovador en varios campos, entre ellos la electrodinámica cuántica y la nanotecnología. También fue uno de los científicos más pintorescos y admirados de su generación: malabarista, pintor, bromista y espléndido músico de jazz apasionado por los bongós. En 1965 ganó el premio Nobel de Física. Feynman dijo que en parte aquello se debía al plato volante: «Aquella tarde, mientras estaba almorzando, un chico lanzó un plato al aire en la cafetería. El plato tenía un medallón azul, el símbolo de la Universidad de Cornell; mientras subía y luego caía, me pareció que el medallón azul giraba a más velocidad que la oscilación del plato; no pude evitar preguntarme por la relación entre los dos. Solo estaba especulando y no le di mayor importancia, pero después me entretuve con las ecuaciones del movimiento giratorio y descubrí que si la oscilación era pequeña, el medallón giraba con dos veces más rapidez que el movimiento oscilatorio».

Feynman anotó algunas ideas en una servilleta y, después del almuerzo, continuó su jornada en la universidad. Tiempo después, volvió a echar un vistazo a la servilleta y continuó jugando con las ideas que había esbozado en ella: «Comencé a jugar con esta rotación, lo que me llevó a un problema parecido al de la rotación de un electrón según la ecuación de Dirac, y esto simplemente volvió a llevarme a la electrodinámica cuántica, que era el problema en que había estado trabajando. Esta vez continué jugando relajadamente, como había hecho al principio, y fue exactamente igual que quitarle el corcho a una botella: todo salió a raudales y en muy poco tiempo solucioné aquellas cosas por las que luego gané el premio Nobel».

Aparte del hecho de que ambos giran, ¿qué tienen en común grabar discos y el movimiento de los electrones que pueda ayudarnos a entender la naturaleza de la creatividad?

Resulta que mucho.

Dinámica creativa

La creatividad es el mejor ejemplo de la naturaleza dinámica de la inteligencia, y puede requerir todas las áreas de nuestra mente y de nuestro ser.

Permíteme que empiece con una distinción preliminar. Dije antes que mucha gente cree que no es creativa porque no sabe lo que esto implica. Esto es cierto en dos sentidos. El primero es que hay algunas habilidades y técnicas generales del pensamiento creativo que todo el mundo puede aprender y poner en práctica en casi cualquier situación. Estas técnicas pueden ayudar a generar nuevas ideas, a clasificar las que son útiles y las que lo son menos, y a eliminar obstáculos para hacerse una nueva idea de las cosas, especialmente en grupos. Diría que son las habilidades de la creatividad universal, y diré algo más sobre ellas en el capítulo que dedico a la educación. Lo que quiero analizar en este capítulo es la creatividad personal, que en ciertos aspectos es muy diferente.

Faith Ringgold, los Traveling Wilburys, Richard Feynman y muchas de las otras personas de este libro son todas muy creativas de una forma personal e inimitable. Trabajan en diferentes áreas, y sus intereses y aptitudes individuales los guían. Han encontrado el trabajo que les encanta hacer, y han descubierto en ellos un talento especial para llevarlo a cabo. Están en su Elemento y esto impulsa su creatividad personal. En este punto, entender cómo funciona la creatividad en general puede ser instructivo.

La creatividad va un paso más allá que la imaginación, porque exige que hagas algo en vez de estar tumbado pensando en ello. Es un proceso enfocado a la práctica en el intento de hacer algo innovador. Puede ser una canción, una teoría, un vestido, un cuento, un barco o una nueva salsa para los espaguetis. A pesar de todo, tienen algunos rasgos comunes.

El primero de ellos es que se trata de un proceso. A veces las nuevas ideas se les ocurren a personas muy formadas y no precisan un trabajo excesivo. Sin embargo, a menudo el proceso creativo comienza con un presentimiento —como Feynman al observar el bamboleo del plato, o la idea inicial de George Harrison para componer una canción— que requiere un desarrollo adicional. Este recorrido puede tener diferentes etapas y giros inesperados; puede recurrir a diferentes tipos de habilidades y conocimientos, y acabar en algún punto totalmente impredecible cuando se comenzó a trabajar. A la larga, Richard Feynman ganó el premio Nobel, pero no se lo dieron por la servilleta en la que había escrito garabatos durante el almuerzo.

La creatividad implica varios procesos diferentes relacionados entre sí. En primer lugar hay que producir nuevas ideas, imaginar diferentes posibilidades, considerar opciones alternativas. Esto puede suponer jugar con las notas de un instrumento, hacer algunos bocetos rápidos, anotar algunos pensamientos, mover objetos, o moverse uno mismo, dentro de un espacio. El proceso creativo también supone desarrollar estas ideas juzgando cuáles son más efectivas o parecen tener más calidad. Ambos procesos —producir y evaluar ideas— son necesarios tanto si se está componiendo una canción, pintando un cuadro, desarrollando una teoría matemática, tomando fotografías para un proyecto, escribiendo un libro o diseñando ropa. Además, no se producen en una secuencia predecible. Más bien interactúan los unos con los otros. Por ejemplo, puede que un esfuerzo creativo implique tener muchas ideas y al principio eso retrase la evaluación. Pero en conjunto el trabajo creativo consiste en un delicado equilibrio entre producir ideas, analizarlas y perfeccionarlas.

Puesto que se trata de hacer cosas, el trabajo creativo siempre implica la utilización de alguna clase de medio para desarrollar las ideas. El medio puede ser cualquier cosa. Los Wilburys utilizaron las voces y las guitarras. Richard Feynman utilizó las matemáticas. El medio de Faith Ringgold fueron los cuadros y los tejidos (y a veces las palabras y la música).

A menudo, el trabajo creativo también implica conectar con varias habilidades que tengas para hacer algo original. Sir Ridley Scott es un laureado director con películas tan taquilleras como *Gladiator*, *Blade Runner*, *Alien* y *Telma y Louise*. Sus películas tienen algo que las distingue de las de otros directores de cine. El origen de ese algo es su formación artística. «Debido a mis conocimientos de bellas artes —me contó—, tengo ideas muy específicas a la hora de hacer cine. Siempre me han dicho que tengo buen ojo. Nunca he pensado a qué se refieren, pero a menudo me acusan de ser demasiado preciosista o de que mis películas son demasiado hermosas, o demasiado esto o demasiado lo otro. Poco a poco he ido dándome cuenta de que esto es una ventaja. Mi primera película, *Los duelistas*, la criticaron por demasiado bella. Un crítico se quejó del "empleo excesivo de filtros". En realidad no utilicé ninguno. Los "filtros" fueron cincuenta y nueve días de lluvia. Creo que de lo que se quedó prendado fue del aspecto del paisaje francés. Es posible que los mejores fotógrafos del período napoleónico fueran los pintores. Así que me fijé en los cuadros que los pintores rusos hicieron sobre Napoleón y que representaron la desastrosa expedición a Rusia. Muchos de los mejores paisajes del siglo XIX que tratan este tema son clara y simplemente fotográficos. Tomé de ellos absolutamente todo y lo puse en la película.»

Normalmente, las personas que utilizan la creatividad en el trabajo tienen algo en común: aman el medio en el que trabajan.

Los músicos adoran las melodías que componen, los escritores natos aman las palabras, a los bailarines les encanta el movimiento, los matemáticos aman los números, los empresarios adoran cerrar negocios, los grandes profesores aman la enseñanza. Por esta razón, las personas que fundamentalmente aman lo que hacen no piensan en ello como si fuera un trabajo en el sentido habitual de la palabra. Lo hacen porque quieren y porque al hacerlo están en su Elemento.

Por eso Feynman dice que trabajaba en las ecuaciones del movimiento «solo por diversión». Y esa es la razón por la que habla de «jugar» con las ideas de «manera distendida». Los Wilburys crearon algunas de sus mejores composiciones cuando simplemente estaban probando y pasando un buen rato juntos haciendo música. El factor diversión no es imprescindible para el trabajo creativo: hay muchos ejemplos de pioneros creativos que no se permitieron muchas risas. Pero a veces, cuando nos divertimos jugando con las ideas y reímos, estamos más abiertos a nuevos pensamientos. A lo largo de cualquier trabajo creativo pueden darse frustraciones, problemas y callejones sin salida. Conozco a personas admirablemente creativas a las que algunas partes del proceso se les hacen difíciles y muy desesperantes. Pero siempre hay un momento de verdadero placer, así como un profundo sentimiento de satisfacción cuando sabes que has acertado.

Muchas de las personas de las que hablo en este libro creen que fueron muy afortunadas al encontrar aquello que les encanta hacer. Para algunas, fue amor a primera vista. Por eso llaman epifanía al reconocimiento de su Elemento. Encontrar el medio que estimula tu imaginación, con el que te encanta jugar y trabajar, es un paso importante para liberar tu energía creativa. La historia está llena de ejemplos de personas que no descubrieron sus verdaderas habilidades creativas hasta que toparon con el medio a través del cual podían pensar mejor. Por propia experiencia sé que una de las razones principales por las que tantas personas creen que no son creativas es porque no han encontrado su medio. Más adelante abordaremos otras razones, entre ellas el concepto de suerte. Pero primero observemos con mayor atención por qué es tan importante el medio que utilizamos para el trabajo creativo que hacemos.

Diferentes medios nos ayudan a pensar de maneras distintas.

Un gran amigo mío, el diseñador Nick Egan, nos regaló hace poco a mi mujer, Terry, y a mí dos cuadros que había pintado para nosotros. A Nick le habían impresionado significativamente un par de cosas que yo había dicho en unas conferencias. La primera era: «Nunca harás nada original si no estás preparado para equivocarte». La segunda era: «Una buena educación depende de una buena enseñanza». Creo que las dos son ciertas, y esa es la razón por la que no dejo de repetirlas. Nick reflexionó acerca de estas ideas y de cómo se habían aplicado a su propia vida, durante su maduración y trabajo como artista en Londres. Decidió pintar unos cuadros en torno a ellas y dedicó a la tarea varias semanas casi a tiempo completo.

Cada uno de los cuadros que pintó para nosotros representa una de esas afirmaciones y es, en cierto modo, una improvisación visual sobre ellas. Ambas son imágenes sorprendentes con una energía casi primaria. Uno de los cuadros es casi todo negro y tiene palabras garabateadas y rascadas sobre la pintura en la mitad del lienzo, como un grafiti. El otro es casi todo blanco y las palabras están escritas como lo hubiera hecho un niño, con pintura negra que gotea a lo largo del fondo. Uno de ellos muestra una cara parecida a una caricatura que está entre una pintura rupestre y el dibujo de un niño.

A primera vista, los cuadros parecen apresurados y caóticos, pero un examen atento del lienzo revela, capa tras capa, otras imágenes por debajo, construidas cuidadosamente y cubiertas en parte por la pintura. Esto los da verdadera profundidad, al estar además surcados por intrincadas texturas de colores y pinceladas que se vuelven más vibrantes cuando se miran. La complejidad de las obras produce una sensación de dinamismo y apremiante energía.

Aunque fueron mis palabras las que le inspiraron, yo nunca podría haber pintado esos cuadros. Nick es diseñador y artista visual. Tiene un talento natural y siente auténtica pasión por el trabajo visual: sensibilidad para las líneas, los colores, las formas y las texturas, así como para combinarlas y dar forma a nuevas experiencias creativas. Desarrolla sus ideas mediante la pintura, la tiza, el pastel, los grabados, el cine, el procesamiento de imágenes y otros muchos materiales y medios visuales. La base material que emplea en cada proyecto afecta a las ideas que tiene y a la forma de trabajar sobre ellas. Se diría que para él la creatividad es como una conversación entre lo que se intenta descifrar y el medio que se está utilizando. Los cuadros que finalmente nos regaló Nick eran distintos de los del principio. Su aspecto había evolucionado mientras trabajaba en ellos, y lo que quería expresar acabó aclarándose a medida que las pinturas fueron tomando forma.

La creatividad con medios diferentes es un asombroso ejemplo de la diversidad de la inteligencia y de las formas de pensar. Richard Feynman tenía una gran imaginación visual. Pero él no pretendía pintar un cuadro sobre los electrones; intentaba desarrollar una teoría científica acerca de cómo actuaban. Para hacerlo, tuvo que utilizar las matemáticas. Reflexionaba sobre los electrones, pero lo hacía matemáticamente. Sin las matemáticas nunca podría haber pensado en ellos como lo hizo. Los Wilburys reflexionaban acerca del amor y las relaciones personales, la vida y la muerte y cosas por el estilo, pero no pretendían escribir un libro de psicología. Reflexionaban sobre estos conceptos mediante la música. Tenían ideas musicales, y música es lo que hicieron.

Entender el papel que desempeña el medio que utilizamos para realizar el trabajo creativo es importante por otra razón. Para desarrollar nuestras habilidades creativas es necesario que desarrollemos también nuestras habilidades prácticas en el medio que utilicemos. Es imprescindible que desarrollemos estas aptitudes de forma adecuada. Conozco a muchas personas que han perdido el interés por las matemáticas de por vida porque nadie los ayudó a ver las posibilidades creativas de esa materia: como ya sabes, yo soy una de esas personas. Los profesores siempre me presentaron las matemáticas como una serie interminable de rompecabezas cuyas soluciones ya sabía otra persona, y las únicas opciones eran acertar o errar. No fue así como Richard Feynman abordó las matemáticas.

Asimismo, conozco a muchas personas que de niños habían pasado interminables horas practicando las escalas del piano o de la guitarra y que no quieren volver a ver un instrumento nunca más, debido a que el proceso era aburrido y repetitivo. Muchas personas han decidido que simplemente no son buenas en matemáticas o en música, pero es bastante probable que sus profesores les enseñaran mal o en un mal momento. Tal vez deberían volver a intentarlo. Tal vez yo debería…

Abrir la mente

El pensamiento creativo implica mucho más que los tipos de pensamiento lógico y lineal dominantes en la forma occidental de considerar la inteligencia y en especial la educación. Los lóbulos frontales del cerebro están implicados en alguna de las habilidades del razonamiento superior. El hemisferio izquierdo es la zona asociada al pensamiento lógico y analítico. Pero por regla general en el pensamiento creativo está implicado mucho más cerebro que las pequeñas partes de la zona delantera izquierda.

Ser creativo consiste en hacer nuevas conexiones, de modo que podamos ver las cosas desde nuevos puntos de vista y desde diferentes perspectivas. En el pensamiento lógico y lineal nos movemos de una idea a otra mediante una serie de normas y convenciones. Permitimos algunos movimientos y rechazamos otros porque son ilógicos. Si A + B = C, podemos averiguar a qué es igual C + B. Los tests convencionales de coeficiente intelectual ponen a prueba este tipo de razonamiento. Las reglas del pensamiento lógico o lineal no siempre indican el camino del pensamiento creativo. Al contrario.

A menudo, una percepción creativa llega de forma no lineal. El pensamiento creativo depende en gran medida de lo que a veces se llama pensamiento divergente o lateral, en especial al pensar en metáforas o ver analogías. Esto era lo que estaba haciendo Richard Feynman cuando vio una conexión entre la oscilación del plato y el giro de los electrones. La idea que tuvo George Harrison para la canción «Handle with Care» se le ocurrió cuando vio la etiqueta de un cajón de embalaje.

No quiero decir que la creatividad sea lo opuesto al pensamiento lógico. Las reglas de la lógica permiten crear e improvisar enormemente. Y lo mismo vale para todas las actividades que estén sujetas a unas reglas. Pensemos en la creatividad que se da en el ajedrez y en diferentes tipos de deportes, en la poesía, la danza y la música, en los que hay reglas estrictas y convenciones. La lógica puede ser muy importante en diferentes etapas del proceso creativo según el tipo de trabajo que estemos llevando a cabo, en particular cuando valoramos nuevas ideas y cómo se acomodan dentro de teorías existentes o las cuestionan. Aun así, el pensamiento creativo va más allá del pensamiento lógico y lineal e implica a todas las áreas de nuestra mente y nuestro cuerpo.

En la actualidad existe un amplio consenso sobre que las dos mitades del cerebro cumplen funciones diferentes. El hemisferio izquierdo está implicado en el razonamiento lógico y secuencial: el lenguaje verbal, el pensamiento matemático, etc. El hemisferio derecho tiene que ver con el reconocimiento de figuras, de caras, con la percepción visual, la orientación y el espacio, y el movimiento. Con todo, estos compartimientos del cerebro difícilmente funcionan de forma aislada el uno del otro. Si se observan imágenes del cerebro en funcionamiento, se verá que es sumamente interactivo. Como pasa en el resto de nuestro cuerpo, todas estas funciones están relacionadas entre sí.

Las piernas tienen un papel principal cuando corremos, pero con una sola pierna es bastante difícil hacerlo. De la misma forma, cuando tocamos o escuchamos música participan muchas partes diferentes del cerebro, desde la corteza cerebral, desarrollada más recientemente, a la más primitiva, denominada «cerebro reptil». Ambas tienen que trabajar de común acuerdo, por así decirlo, con el resto de nuestro cuerpo, incluido el resto de nuestro cerebro. Desde luego, todos tenemos puntos fuertes y débiles en las diferentes funciones y capacidades de nuestro cerebro. Pero, como los músculos de los brazos y las piernas, estas capacidades serán mayores o menores según las ejercitemos juntas o por separado.

Por cierto, algunas investigaciones recientes apuntan que el cerebro de las mujeres puede ser más interactivo que el de los hombres. El jurado aún no ha dado su veredicto, pero cuando leía sobre esto me acordaba de una vieja cuestión de la filosofía occidental que a menudo los profesores universitarios plantean a los alumnos de primero para debatir. Trata de la relación de nuestros sentidos con nuestro conocimiento del mundo. La esencia de la pregunta es si podemos saber si algo es verdadero aunque no dispongamos de ninguna prueba directa de ello a través de los sentidos. El ejemplo más común es el siguiente: «Si un árbol cae en un bosque y no hay nadie cerca que lo oiga caer, ¿hace ruido?». He dado cursos de filosofía en los que los estudiantes y yo podíamos debatir acaloradamente sobre este tipo de cuestiones durante muchas semanas. La respuesta, creo, es: «Claro que hace ruido, no seáis ridículos». Pero yo era profesor titular, así que no había ninguna necesidad de precipitarse. Un viaje reciente a San Francisco me recordó estos debates. Vagaba por un mercadillo cuando vi a una persona que llevaba una camiseta en la que ponía: «Si un hombre expresa su opinión en un bosque y no hay ninguna mujer que le esté escuchando, ¿seguirá equivocado?». Probablemente.

No importa qué diferencias de género puedan darse en el pensamiento cotidiano; la creatividad siempre será un proceso dinámico que puede utilizar distintas formas de pensamiento al mismo tiempo. El baile es un proceso físico y kinestésico. La música es una forma de arte basada en los sonidos. Pero muchos bailarines y músicos utilizan las matemáticas en su formación y actividad creadora, del mismo modo que, a menudo, los científicos y los matemáticos piensan visualmente para imaginar y probar sus ideas.

La creatividad también utiliza mucho más que nuestro cerebro. Tocar instrumentos, crear imágenes, construir objetos, interpretar un baile y hacer cualquier tipo de cosas son procesos intensamente físicos, por mucho que estén orientados por los sentimientos, la intuición y la hábil coordinación de las manos y los ojos, del cuerpo y de la mente. En muchas ocasiones —en el baile, en una canción, en una actuación— no se utiliza ningún medio externo. Nosotros somos el medio de nuestro trabajo creativo.

El trabajo creativo también llega hasta lo más profundo de nuestra mente intuitiva e inconsciente y de nuestro corazón y nuestros sentimientos. ¿Has olvidado alguna vez el nombre de alguien? ¿O el nombre de algún lugar que hayas visitado? Con frecuencia, por mucho que se intente, es imposible recordarlo, y cuanto más se piensa en ello, más escurridizo se vuelve. Por regla general, lo mejor que se puede hacer es dejar de intentarlo y «relegarlo al subconsciente». Es probable que más tarde, cuando menos lo esperamos, nos venga el nombre a la cabeza. La razón es que en nuestra mente hay mucho más que procesos intencionados del pensamiento consciente. Bajo la ruidosa superficie de nuestra mente, hay profundas reservas de memoria y asociación, de sentimientos y percepciones que procesan y registran nuestras experiencias vitales más allá de nuestro conocimiento consciente. Así que algunas veces la creatividad es un esfuerzo consciente. Otras, tenemos que dejar fermentar nuestras ideas durante algún tiempo y confiar en la reflexión inconsciente más profunda de nuestra mente, sobre la que tenemos menor control. A veces, cuando lo hacemos, aquello que hemos estado buscando viene rápidamente a nosotros; es como «quitarle el corcho a una botella».

Reunirse

Aunque la naturaleza dinámica del pensamiento creativo se puede apreciar en la obra de una persona, resulta más evidente cuando se observa el trabajo de magníficos grupos creativos como los Traveling Wilburys. Si el grupo triunfó no fue porque todos pensaban de la misma forma, sino porque todos eran muy diferentes. Tenían talentos diversos, intereses dispares y sonidos distintos. Pero encontraron la forma de trabajar juntos porque las diferencias eran un estímulo para crear algo que nunca se les hubiera ocurrido individualmente. En este sentido, la creatividad no solo se obtiene a partir de nuestros recursos personales sino también del mundo más amplio de las ideas y los valores de otras personas. Y aquí es donde el argumento para desarrollar nuestros poderes creativos da un paso adelante.

Volvamos al *Hamlet* de Shakespeare. En esta obra, el príncipe de Dinamarca está perturbado por furiosos sentimientos debido a la muerte de su padre y a la traición de su madre y su tío. A lo largo de toda la obra, se debate con sus sentimientos acerca de la vida y la muerte, la lealtad y la traición y su propio significado en la inmensidad del universo. Lucha por saber qué debería pensar y sentir sobre los acontecimientos que están abrumando su espíritu. Al principio de la obra, da la bienvenida a Rosencrantz y Guildenstern, dos visitantes de la corte danesa. Los saluda con estas palabras:

> Mis muy queridos amigos. ¿Cómo estáis, Guildenstern? ¿Y vos, Rosencrantz? Mis buenos camaradas, ¿estáis bien? ¿Cómo os va?
> ¿Qué habéis hecho contra Fortuna que así os envía a esta cárcel?*

---

* Trad. cast., Cátedra, Madrid, 1997.

La cuestión sorprende a Guildenstern. Le pregunta a Hamlet qué quiere decir con «cárcel». Hamlet responde: «Dinamarca es una prisión». Rosencrantz ríe y dice que si eso es cierto, entonces todo el mundo es una cárcel. Hamlet contesta: «¡Y tanto! Y en él hay celdas, mazmorras y calabozos, siendo Dinamarca el peor de todos ellos». Rosencrantz le replica: «No lo creemos así, mi señor». La respuesta de Hamlet es profunda: «No lo será para vosotros. Nada hay, a menos que así se piense, que sea bueno o malo… Para mí es una cárcel».

El poder de la creatividad humana es evidente en todas partes: en la tecnología que utilizamos, en los edificios en los que habitamos, en la ropa que llevamos y en las películas que vemos. Pero el alcance de la creatividad es mucho más grande. No solo afecta a lo que aportamos al mundo, sino también a lo que hacemos con él: no solo lo que hacemos, sino también lo que pensamos y sentimos acerca de él.

Que se sepa, a diferencia del resto de las especies, nosotros no solo estamos en el mundo. Pasamos gran parte de nuestro tiempo hablando y pensando acerca de lo que sucede e intentando entender qué significa. Podemos hacerlo debido al asombroso poder de la imaginación, que sostiene nuestra capacidad de pensar en palabras y números, en imágenes y gestos, así como en utilizar todo ello para desarrollar teorías y artefactos, junto a todas las complejas ideas y valores que configuran las diversas perspectivas sobre la vida humana. No solo vemos el mundo tal como es; lo interpretamos mediante las ideas y creencias que han dado forma a nuestras culturas y a nuestro punto de vista personal. Todo ello se interpone entre nosotros y nuestra cruda experiencia del mundo, actuando como un filtro sobre lo que percibimos y cómo pensamos.

La idea que tenemos acerca de nosotros mismos y del mundo hace que seamos quienes somos y lo que podemos llegar a ser. Esto es lo que quiere decir Hamlet cuando señala que «Nada hay que sea bueno o malo, a menos que así se piense». La buena nueva es que siempre podemos intentar pensar de otro modo. Si nosotros formamos nuestra visión del mundo, también podemos recrearla tomando una perspectiva distinta para reconfigurar nuestra situación. En el siglo XVI, Hamlet dijo que pensaba metafóricamente acerca de Dinamarca como una prisión. En el siglo XVII, Richard Lovelace escribió un poema para su amada, Althea. Tomando la posición contraria, Lovelace dijo que para él una prisión sería un lugar de autonomía y libertad con tal de que pudiera pensar en Althea. Así es como acaba el poema:

> *Los muros de piedra no hacen una prisión,*
> *ni los barrotes de hierro una jaula;*
> *mentes inocentes y calmas toman*
> *aquello por un ermitaño;*
> *si yo tengo libertad en mi amor,*
> *y dentro de mi alma soy libre,*
> *solo los ángeles se elevan de tal modo;*
> *disfruta de tal libertad.*

William James, que vivió en el siglo XIX, se convirtió en uno de los pensadores fundadores de la psicología moderna. Por entonces se entendía cada vez más que nuestras ideas y formas de pensar podían recluirnos o liberarnos. James lo expuso de la siguiente manera: «El mayor descubrimiento de mi generación es que los seres humanos pueden alterar su vida modificando su disposición de ánimo… Si cambias tu forma de pensar, puedes cambiar tu vida».

Este es el auténtico poder de la creatividad y la verdadera promesa de estar en el Elemento.

4

En la zona

Ewa Laurance es la jugadora de billar *pool* más famosa de todo el planeta. Conocida como Striking Viking, se la considera la número uno del mundo, ganó el campeonato europeo y el US National, ha aparecido en la portada del *New York Times Magazine*, se han publicado artículos sobre ella en *People*, *Sports Illustrated*, *Forbes* y muchas otras publicaciones, aparece con regularidad en la televisión y es comentarista en ESPN.

Creció en Suecia, donde descubrió el juego mientras seguía la pista a su hermano mayor: «Mi mejor amiga, Nina, y yo siempre estábamos perdiendo el tiempo, tanto como lo puedan llegar a hacer dos amigas íntimas. Un día, cuando tenía catorce años, las dos seguimos a mi hermano y a su amigo hasta una bolera a la que solían ir a jugar y decidimos echar un vistazo. Estuvimos un rato y entonces comenzamos a aburrirnos profundamente. Descubrimos que se habían ido a un sitio llamado sala de billar. Nunca había oído hablar del billar. Los seguimos y recuerdo que en cuanto puse el pie allí sentí algo especial. El conjunto me encantó: la sala a oscuras, las lámparas sobre cada una de las mesas y el ruido de las bolas. En el acto pensé que era sencillamente fascinante.

»Allí había una colectividad en la que todos conocían esa cosa llamada billar, y me atrapó al instante. Nos sentíamos intimidadas y llenas de curiosidad, pero nos limitamos a sentarnos y observar. Todo desaparece cuando te sientas a observar cómo la gente juega al billar, o cuando eres tú quien juega. En el billar es fácil que esto ocurra porque cada mesa es un escenario distinto. Así que todo lo que estaba a mi alrededor desapareció y eso fue todo lo que vi. Observaba a esos jugadores que sabían exactamente lo que estaban haciendo. Me di cuenta de que el billar no podía limitarse simplemente a hacer que las bolas chocaran y a esperar a que alguna de ellas se colara dentro. Hubo un tipo que metió una bola tras otra, metió sesenta, setenta, ochenta bolas seguidas, y entendí que cada vez que movía la bola blanca de lugar pensaba en el siguiente tiro. Y fue su conocimiento y destreza lo que de verdad me dejó asombrada: la parte del billar que se parece al ajedrez, la de anticipar tres, cuatro jugadas y encima tener que hacerlas».

A partir de ese momento epifánico, Ewa supo que quería dedicar su vida al billar. Por fortuna, sus padres la apoyaron permitiéndole jugar de seis a diez horas diarias en una sala de billar de la localidad; hacía los deberes entre tiro y tiro. «La gente de allí sabía que me tomaba el juego en serio, por lo que me dejaban tranquila. Pero también nos divertíamos muchísimo. Cuando encuentras un lugar en el que a todo el mundo le gusta lo mismo que a ti te lo pasas en grande. Así que aquellos tipos raros y yo (todos jugábamos juntos al billar) pasamos a ser como una gran familia.»

En 1980, a los dieciséis años de edad, Ewa ganó el campeonato sueco. A los diecisiete ganó el primer Campeonato de Europa Femenino. Esto le reportó una invitación a Nueva York para que representara a Europa en el Campeonato Mundial. «Me pasé todo aquel verano practicando. La sala de billar no abría hasta las cinco de la tarde, así que por la mañana cogía el autobús hasta la parte de la ciudad donde vivía el dueño, recogía las llaves de la sala de billar, tomaba el autobús de vuelta a la ciudad y entraba en la sala. Hice eso durante todo el verano, y jugaba diez, doce horas al día. Luego fui al torneo en Nueva York y no gané; quedé en séptima posición. Me sentí muy decepcionada por no haberlo hecho mejor, pero al mismo tiempo pensé: "Uau, ¡soy la séptima del mundo!".»

Aunque a sus padres no les gustaba que estuviera tan lejos de casa, Ewa decidió quedarse en Nueva York para continuar dedicándose al billar; sabía que en Estados Unidos tendría la oportunidad de jugar con regularidad contra los mejores del mundo. Además de anotarse victorias, se convirtió en la portavoz de las mujeres jugadoras de billar. Su talento, su pasión y su bellísimo aspecto hicieron de ella una estrella en los medios de comunicación y ayudó a que el medio que amaba alcanzara nuevos niveles de popularidad.

La fama y las recompensas financieras acompañaron a Ewa Laurance en su ascenso a la cima. Pero para ella, lo mejor siguió siendo el juego: «Casi no te das cuenta de lo que pasa a tu alrededor. Es realmente el sentimiento más singular del mundo. Es como estar dentro de un túnel, pero en el que no ves nada más. Solo ves lo que estás haciendo. El tiempo pasa, y si alguien te pregunta cuánto tiempo llevas jugando, tú dices que veinte minutos cuando en realidad llevas nueve horas. No sé, nunca me ha pasado nada parecido, aunque me apasionan muchas otras cosas. Para mí, la sensación de jugar al billar es única.

»Parte de la belleza del billar es lo mucho que puedes aprender. Es una negociación interminable. La forma en que las bolas se distribuyen nunca es la misma, por lo que siempre hay algo que hace que sigas interesada. Me encanta la física y la geometría del juego: aprender y entender los ángulos y descubrir lo fuerte que tienes que darle a una bola para cambiar el ángulo y hacer que la bola blanca vaya donde tú quieres. Y aprender cuáles son los límites y las posibilidades. Ser capaz de controlar la bola blanca para que se mueva 6,4 centímetros en vez de 7,5 es una sensación increíble. Así que en lugar de luchar contra los elementos logras descifrar la manera de trabajar con ellos.

»Ni la geometría ni la física me interesaban lo más mínimo en el colegio, y tampoco se me daban bien. Por alguna razón, cuando juego las veo claramente. Miro la mesa y veo literalmente líneas y diagramas por todas partes. Veo: "Voy a poner la 1 aquí, la 2 por acá, la 3 irá allá abajo, voy a tener que darle tres veces a la banda para la 4, la 6 va aquí abajo, ningún problema, tengo 7, 8, 9, estoy fuera". Las veo todas alineadas. Y entonces, si le das un poquito mal a una bola, de repente, inesperadamente, te aparece un nuevo diagrama en la cabeza. Tienes que resolver el problema porque no estás donde querías estar. Te has desviado quince centímetros, así que ahora tienes que reformularlo todo.

»La geometría no me atraía en el colegio. Tal vez habría sido distinto si hubiese tenido un profesor diferente, alguien que simplemente me hubiera dicho: "Ewa, piensa en ello de este modo" o "Míralo de esta forma y lo entenderás". O podrían haber llevado a toda la clase a una sala de billar y decir: "¡Mirad esto!". Pero era una asignatura tan aburrida... ¿Sabes?, hasta me costaba mantener los ojos abiertos en clase. Pero ahora, cuando le doy clases a alguien, intento hacerme una idea rápidamente de si tiene coordinación óculo-manual y si solo está interesado en el juego o también le interesa la geometría y la física que hay en él. ¿Tiene cierta inclinación por las matemáticas?».

Ewa lleva cerca de treinta años jugando profesionalmente al billar. A pesar de todo, sigue sintiendo la misma emoción: «Todavía, después de todos estos años, me pongo nerviosa incluso cuando hago una exhibición. La gente me dice: "Bueno, ya lo has hecho tantas veces…". Pero eso no importa; lo importante es vivir ese momento».

Jugar al billar sitúa a Ewa Laurance dentro de la zona. Y estar en la zona pone a Ewa Laurance cara a cara con su Elemento.

La zona

Estar en la zona es estar en lo más profundo del Elemento. Hacer lo que amamos puede implicar todo tipo de actividades imprescindibles para el Elemento pero que no son su esencia: cosas como estudiar, organizar, planificar, entrenar, etc. E incluso cuando estamos haciendo aquello que amamos, pueden darse frustraciones, decepciones y momentos en los que sencillamente no funciona o no cuaja. Pero cuando lo hace, transforma nuestra experiencia del Elemento. Nos volvemos decididos y entregados. Vivimos el momento. Nos perdemos en la experiencia y damos lo máximo de nosotros mismos. Nuestra respiración cambia, nuestra mente se funde con nuestro espíritu y sentimos cómo nos adentramos en el corazón del Elemento.

Aaron Sorkin es autor de dos piezas teatrales de Broadway,

Algunos hombres buenos y *The Farnsworth Invention*; de tres series de televisión: *Sports Night, El ala oeste de la Casa Blanca* y *Studio 60 on the Sunset Strip*, y de cinco películas, *Algunos hombres buenos, Malicia, El presidente* y *Miss Wade, La guerra de Charlie Wilson* y *Trial of the Chicago 7*, que se estrenará próximamente. Ha sido candidato a trece premios Emmy, ocho Globos de Oro y a un Oscar por la mejor película.

«Nunca me propuse ser escritor —me contó—, siempre me consideré un actor. Me gradué en interpretación. Me apasionaba tanto que cuando estaba en el instituto y sin blanca, solía coger el tren hasta la ciudad de Nueva York y esperaba a que hubiera asientos vacíos durante la segunda parte de cualquier obra de teatro para colarme a escondidas después del descanso...

»Escribir por diversión no fue algo a lo que fuera introducido. Siempre me pareció una lata. Una vez escribí una pieza corta para una fiesta en la universidad y mi profesor, Gerard Moses, me dijo: "Supongo que sabes que si quisieras podrías ganarte la vida con esto, ¿no?". Pero yo no tenía ni idea de qué hablaba. "¿Hacer qué?", pensé, y seguí adelante.

»Unos meses después de dejar el colegio, un amigo mío que iba a marcharse de la ciudad y que conservaba la antigua máquina de escribir de su abuelo, me pidió que se la guardara. Entonces le estaba pagando cincuenta dólares a la semana a un amigo para que me dejara dormir en el suelo de su minúsculo apartamento en el Upper East Side de Nueva York. Durante algún tiempo trabajé con una compañía de teatro para niños e hice alguna que otra incursión en el mundo de las telenovelas. Era 1984 y estaba haciendo mi ronda de audiciones.

»Un fin de semana, todos mis amigos se fueron de la ciudad.

Era uno de esos viernes por la noche en Nueva York en los que te parece que han invitado a todo el mundo a una fiesta menos a ti. No tenía dinero, la televisión no funcionaba y cuanto podía hacer era perder el tiempo con un papel y la máquina de escribir. Me senté y escribí desde las nueve de la noche hasta el mediodía siguiente. Me enamoré de aquello.

»Me di cuenta de que la causa de todos aquellos años de clases de interpretación y de viajes en tren para ir al teatro no eran las representaciones sino la obra en sí misma. Había sido un actor engreído, nunca he sido una persona tímida, pero jamás pensé en escribir hasta aquella noche.

»La primera obra que escribí no fue demasiado bien, pero comencé a tener éxito con *Hidden in this Picture*. Entonces mi hermana, que es abogada, me explicó un caso que había sucedido en la bahía de Guantánamo: unos marines que habían sido acusados de matar a un compañero. La historia me intrigó y me pasé el siguiente año y medio escribiendo la obra de teatro *Algunos hombres buenos*.

»Cuando se estaba representando en Broadway, me acordé de la conversación que había mantenido con Gerard y le llamé para preguntarle si era a eso a lo que se refería.»

Le pregunté a Aaron cómo se siente cuando está escribiendo. «Cuando la cosa va bien —dijo— me siento totalmente perdido en el proceso. Cuando va mal, busco desesperadamente la zona. Tengo linternas encendidas y la busco desesperadamente. No puedo hablar en nombre de otros autores, pero básicamente soy como un interruptor que se enciende y apaga de forma intermitente. Cuando siento que lo que estoy escribiendo es bueno, todo en mi vida es bueno, y aquellas cosas que no lo son parecen totalmente controlables. Si no va bien, Miss América podría estar de pie frente a mí en traje de baño concediéndome el premio Nobel y no me sentiría feliz.»

Hacer aquello que se ama no garantiza estar en la zona todo el tiempo. A veces uno no está de buen humor o es un mal momento y las ideas simplemente no fluyen. Algunas personas desarrollan rituales personales para alcanzar la zona. Estos no siempre sirven. Le pregunté a Aaron si tenía técnicas propias. Dijo que no las tenía y que le gustaría tenerlas. Pero lo que sí sabe es cuándo dejar de intentarlo.

«Cuando lo que estoy escribiendo no funciona, lo dejo a un lado y vuelvo a intentarlo al día siguiente o al otro. Algo que suelo hacer es pasear en coche y escuchar música. Intento encontrar algún lugar en el que no tenga que pensar demasiado a la hora de conducir, como una autopista, en el que uno no tenga que pararse en los semáforos en rojo, girar o algo por el estilo.

»Lo que no hago es ver películas de otra gente ni programas de televisión, ni leo sus obras de teatro por miedo a que sean muy buenas y o bien me hagan sentir peor o simplemente consigan que me incline a imitar lo que ellos estén haciendo.»

En el mejor de los casos, el proceso de escritura es para Aaron del todo absorbente. «Para mí, escribir es una actividad muy física. Interpreto todos los papeles, me levanto y me siento a mi escritorio, doy vueltas y más vueltas. De hecho, cuando todo va bien, acabo descubriendo que he estado dando vueltas alrededor de mi casa, situada delante del lugar en el que escribo. Dicho de otro modo, he estado escribiendo sin escribir. Entonces tengo que volver a la página en la que esté trabajando para asegurarme de que realmente escribo lo que acabo de hacer.»

Con toda probabilidad, a lo largo de tu vida has tenido momentos en los que te has «perdido» dentro de una experiencia, tal como le pasó a Aaron Sorkin cuando al fin conectó con la escritura. Empiezas a hacer algo que te encanta y pierdes de vista el resto del mundo. Pasan las horas, y parecen minutos. Durante ese tiempo, has estado «en la zona». Aquellos que han adoptado el Elemento se encuentran con regularidad en ese lugar. Con ello no pretendo decir que els parezca dichosa toda experiencia que suponga hacer aquello que aman, pero con regularidad tienen experiencias óptimas mientras lo hacen y saben que volverán a tenerlas.

Personas distintas encuentran la zona de distintos modos. Para algunos llega a través de una intensa actividad física: deportes muy exigentes físicamente, el riesgo, la competición y puede que la sensación de peligro. Es probable que para otros llegue a través de actividades que parecen físicamente pasivas: la escritura, la pintura, las matemáticas, la meditación y otras formas de contemplación intensa. Como dije antes, no tenemos un Elemento por persona, ni tampoco hay un solo sendero para cada uno de nosotros a través del cual llegar a la zona. Puede que tengamos diferentes experiencias de él a lo largo de nuestra vida. Sin embargo, se dan algunas características comunes al estar en ese lugar mágico.

¿Ya hemos llegado?

Una de las señales más significativas de que estamos en la zona es la sensación de libertad y autenticidad. Cuando hacemos algo que nos gusta y que se nos da bien, tenemos muchas más probabilidades de centrarnos en nuestra verdadera autoconciencia: ser quienes en realidad creemos ser. Cuando estamos en nuestro Elemento, sentimos que estamos haciendo lo que se supone que tenemos que estar haciendo y siendo lo que se supone que tenemos que ser.

También el tiempo se siente de forma distinta en la zona. Cuando se está conectado de esta manera con nuestros más profundos intereses y nuestra energía natural, el tiempo tiende a pasar más rápido, con mayor fluidez. Para Ewa Laurance, nueve horas pueden parecer veinte minutos. Sabemos que cuando tenemos que hacer cosas con las que no sentimos una fuerte conexión ocurre justamente lo contrario. Todos hemos tenido experiencias en las que veinte minutos pueden parecer nueve horas. En esos momentos, no estamos en la zona. De hecho, es probable que estemos muy lejos de ahí.

Este cambio en la percepción del tiempo (el bueno, no el malo) yo lo experimento con mayor frecuencia cuando trabajo con gente y en especial cuando doy una conferencia. Cuando me entrego a examinar y presentar ideas ante grupos de personas, el tiempo tiende a pasar más rápidamente, con mayor fluidez. Puedo estar en una sala con diez o veinte personas, o con cientos, y siempre ocurre lo mismo. Durante los primeros cinco o diez minutos, trato de sentir la energía de la estancia tanteando para atrapar la longitud de onda adecuada. Esos primeros minutos pueden pasar despacio. Pero luego, cuando hago la conexión, entro en una velocidad distinta. Cuando le tomo el pulso a la sala siento una energía diferente —y creo que ellos también— que me hace seguir adelante a un ritmo distinto y en un espacio diferente. Cuando esto ocurre, puedo mirar el reloj y comprobar que ha pasado una hora.

La otra característica común a aquellos que conocen esta experiencia es el desplazamiento hacia cierto tipo de «metaestado» donde las ideas aparecen más rápidamente, como si estuvieses conectado a una fuente que hace que sea significativamente más fácil lograr tu cometido. Cualquier cosa que estés realizando resulta sencilla porque unificas la energía con el proceso y con el esfuerzo que estás haciendo. Y sientes realmente que las ideas fluyen a través y fuera de ti, y que de alguna forma estás canalizándolas; estás siendo su instrumento en vez de obstruirlas o de empeñarte en alcanzarlas. El músico Eric Clapton lo describe como estar «en armonía con el tiempo. Es una sensación magnífica».

Este cambio puede verse y experimentarse en todo tipo de representaciones: actuando, en el baile, en los conciertos y en los deportes. De repente ves que la gente ha entrado en una fase diferente. Los ves relajados, ves que se están soltando y que se convierten en instrumentos de su propia expresión.

Jochen Rindt, el corredor del Grand Prix, dijo que cuando compites «pasas de todo lo demás y simplemente te concentras. Te olvidas del resto del mundo y te vuelves parte del coche y de la pista. Es una sensación muy especial. Estás completamente fuera de este mundo y totalmente en él. ¡No hay nada comparable!».

El aviador Wilbur Wright lo describía de esta forma: «Cuando sabes, después de los primeros minutos, que todo el mecanismo funciona a la perfección, la sensación es tan intensa y deliciosa que casi no se puede describir. Más que cualquier otra cosa, es una sensación de paz perfecta mezclada con una emoción que tensa todos tus nervios al máximo, si se puede concebir semejante combinación».

La célebre deportista Monica Seles dice: «Cuando juego mi mejor tenis me siento en la zona. —Pero apunta—: En cuanto piensas que estás en la zona, sales de ella».

El doctor Mihaly Csikszentmihalyi dedicó «décadas a la investigación sobre los aspectos positivos de la experiencia humana: la alegría, la creatividad, el proceso de total implicación con la vida, a lo que llamo fluir». En su famosa obra *Fluir: Una psicología de la felicidad,** el doctor Csikszentmihalyi escribe acerca del «estado mental en el que la conciencia está organizada en armonía, y [la gente] quiere continuar con lo que esté haciendo por su propio bien». Lo que el doctor Csikszentmihalyi llama «fluir» (muchos otros lo llaman «estar en la zona») «sucede cuando la energía psíquica —o atención— se centra en objetivos realistas y cuando las habilidades se corresponden con las oportunidades para la acción. La búsqueda de un objetivo trae orden al conocimiento porque exige concentrar toda la atención en la tarea inmediata y olvidar momentáneamente todo lo demás».

El doctor Csikszentmihalyi habla de los «elementos de disfrute», los componentes que encierra una experiencia óptima. Estos incluyen enfrentarse a un desafío que requiera de una habilidad concreta, sumergirse completamente en una actividad, objetivos claros y reacción, concentración en el cometido que le permita a uno olvidarse de todo lo demás, pérdida de la auto-

---

* Edición en castellano, Kairos, Barcelona, 1996.

conciencia y sensación de que el tiempo se «transforma» durante la experiencia. «El elemento clave de una experiencia óptima —dice en el libro— es que es un fin en sí misma. La actividad que nos consume se vuelve inherentemente gratificante incluso si en un principio se emprendió por otras razones.»

Es muy importante entender este punto. Estar en el Elemento y, en especial, estar en la zona, no quita energía: la da. Me gustaba observar cómo los políticos se pelean por ganar las elecciones, o cómo intentan mantenerse en el puesto después de ganarlas y se preguntan cómo continuar. Se los puede ver viajando por todo el mundo, bajo constante presión para que actúen, tomando decisiones cruciales en cada comparecencia, viviendo con un horario irregular y siendo el centro constante de la atención pública. Me preguntaba cómo no se caen al suelo de puro agotamiento. El hecho es que la mayor parte de lo que hacen les encanta, o no lo harían. Las mismas cosas que a mí me agotarían, a ellos les dan más marcha.

Las actividades que nos gustan nos llenan de energía incluso cuando estamos agotados físicamente. Las actividades que no nos gusta hacer nos agotan en unos minutos, incluso si las abordamos en buenas condiciones físicas. Esta es una de las claves del Elemento y una de las principales razones de por qué es vital que todas las personas lo encuentren. Cuando la gente se coloca en situaciones que la llevan a estar en la zona, conecta con una fuente de energía primaria. Está literalmente más viva debido a ello.

Estar en la zona es como si te enchufaran a un alimentador de corriente: mientras estás conectado, recibes más energía de la que gastas. La energía hace funcionar nuestra vida. No se trata de una simple cuestión de energía física que o se tiene o no se tiene, sino de nuestra energía mental o psíquica. La energía mental no es una sustancia fija. Sube y baja según la pasión y el compromiso que pongamos en lo que estemos haciendo en ese momento. El elemento diferenciador clave se encuentra en nuestra actitud y en nuestra sensación de resonancia con respecto a una actividad. Como dice la canción: «Podría haber bailado durante toda la noche».

Estar en el Elemento, tener esa experiencia de fluidez, es enriquecedor porque es una manera de unificar nuestras energías y de que nos sintamos profundamente conectados a nuestro sentido de identidad, algo que de forma curiosa acontece a través de una sensación relajante, de hallar perfectamente natural estar haciendo lo que se está haciendo. Es sentirse a gusto dentro de la propia piel, sentirse conectado a nuestros impulsos internos o a nuestra energía.

Estas experiencias culminantes están vinculadas a cambios fisiológicos del cuerpo: es posible que el cerebro libere endorfinas y el cuerpo, adrenalina. Puede haber un incremento de la actividad de las ondas alfa, cambios en nuestro metabolismo, en el ritmo de nuestra respiración o de los latidos del corazón. La naturaleza específica de estos cambios fisiológicos depende del tipo de actividad que nos haya llevado a la zona y de lo que se esté haciendo para seguir allí.

Cualquiera que sea la forma de llegar hasta ella, estar en la zona es una experiencia poderosa y transformadora. Tan convincente que puede llegar a ser adictiva, pero una adicción en muchos sentidos saludable.

Comunicar

Al conectar con nuestra energía nos abrimos más a la energía de otras personas. Cuanto más vivos nos sintamos, más podremos contribuir a la vida de los demás.

El poeta de hip-hop Black Ice aprendió desde muy pequeño que sus palabras podían poner de manifiesto sus emociones y las de los demás. «Mi madre solía hacerme escribir sobre absolutamente todo —le contó a un entrevistador—. Cuando me metía en problemas, cuando me sentía feliz o incluso cuando estaba asustado. Era un chico muy atolondrado. Cuando comenzaron a gustarme las chicas, solía escribirles cartas. Las mías eran mejores que las típicas de "sí, no, puede que sí". Descubrí la palabra hablada de adulto. Fui a un lugar en el que se leía poesía con la esperanza de conocer a alguna mujer. Era la noche de "micrófono abierto" y cuando una tía hizo el ridículo, el público la animó y le ofreció su apoyo. Estaba pasmado. Siendo una persona tan dinámica, me sorprendió comprobar todo lo que podía llegar a contar en aquel club en voz alta sobre, por ejemplo, el día a día de una peluquería. Era capaz de soltar lo que tenía dentro y la gente entendía de qué estaba hablando.»

Black Ice, de nacimiento Lamar Manson, pasó de aquellas actuaciones iniciales a escenarios cada vez mayores. Apareció durante cinco temporadas consecutivas en *Def Poetry Jam* de HBO, fue miembro destacado del elenco de *Def Poetry on Broadway*, ganador de un Tony Award; lanzó su primer álbum al mercado en uno de los principales sellos discográficos, y actuó delante de millones de personas en el concierto Live 8. Su mensaje es optimista y motivador, habla de la importancia de la familia y del poder de la juventud. En respaldo de sus letras, fundó el Hoodwatch Movement Organization para ayudar a que los chicos de los suburbios vayan por el buen camino y comprendan el alcance de su potencial. Los críticos elogian su trabajo y el público responde con pasión, y cuando lo ves sobre un escenario puedes sentir que está en la zona.

Para Black Ice, sin embargo, este acceso a la zona procede de su sentido del deber. «Mi vida ha sido tan significativa que tengo que escribir cosas que lleguen a la gente —dijo en otra entrevista—. Tengo un legado que defender. Crecí rodeado de grandes hombres. Mi padre, mis tíos y mi abuelo son mis héroes, y solo por ello hay algunas cosas que nunca podría llegar a decir. Nunca podría mirar a mi padre a la cara si supiera que mis canciones, que suenan en la radio, dicen tonterías.

»Mi voz es mi don. Carecería de sentido si no transmitiese nada. Es muy importante. Ahora puedo ver lo importante que es en la sociedad. A veces me desanimo, pero tengo la convicción de que puedo aportar algo. Somos quienes somos, pero quiero llegar hasta los chicos y que mi mensaje perdure en los oídos de los niños de siete y ocho años. Decirles: "Vas a ser algo… no hay ningún otro compromiso si tú no quieres; vas a ser algo".»

Este es otro de los secretos de estar en la zona: que cuando estás inspirado, tu trabajo puede inspirar a los demás. Estar en la zona te conecta con tu yo más natural. Y cuando estás en ese lugar, puedes contribuir en un nivel mucho mayor.

Una de las ideas que ya hemos tratado —y a la que volveremos más adelante (no tiene sentido utilizar una buena idea solo una vez)— es que la inteligencia es distinta en cada persona. Este es un punto especialmente importante que hay que reconocer al explorar el concepto de estar en la zona. Estar en la zona tiene mucho que ver con utilizar de forma óptima el tipo de inteligencia que tengas. Eso es a lo que se refiere Ewa Laurance cuando habla del billar y la geometría. Es con lo que conecta Monica Seles cuando su inteligencia física y su agudeza mental se convierten en una sola cosa, lo que Black Ice evoca cuando entreteje sus palabras nacidas tanto de una atenta observación como de un refinado oído para el ritmo.

Sé tú mismo

Cuando una persona se encuentra en la zona, se alinea de modo natural con una forma de pensar que funciona mejor para ella. Creo que esta es la razón por la que el tiempo parece tomar una nueva dimensión cuando se está en la zona. Procede de un nivel de desenvoltura que permite una total inmersión y que hace que sencillamente el tiempo no «se sienta» de la misma forma. Esta ausencia de esfuerzo está directamente relacionada con los estilos de pensamiento. Cuando las personas utilizan un estilo de pensamiento totalmente natural a ellas, todo sucede con mayor facilidad.

Puedo comprender la lógica de esto porque es evidente que personas diferentes piensan acerca de las mismas cosas de forma distinta. Hace unos años fui testigo, con mi hija Kate, de un ejemplo significativo. Kate se acerca al mundo visualmente. Es muy lista, desenvuelta y culta, pero pierde el interés muy rápido cuando le explican alguna cosa (de todo tipo, no solo aquellas que implican que tiene que limpiar su habitación). Poco después de nuestra llegada a Los Ángeles desde Inglaterra, su profesor de historia comenzó a explicar la parte sobre la guerra de Secesión. Al no ser estadounidense, Kate sabía muy poco acerca de este período de la historia del país, y sacó muy poco de la relación de fechas y acontecimientos por parte de su profesor. Esta aproximación —llenar la cabeza de los alumnos con una serie de datos de una lista— la interesó poco. Pero se acercaba el examen de la asignatura y no podía pasar del tema.

Como sabía que Kate tenía una inteligencia visual muy fuerte, le aconsejé que considerara la idea de crear un mapa mental. El mapeo mental, técnica creada por Tony Buzan, permite que una persona se haga una representación visual de un concepto o de cierta cantidad de información. Hay que situar el concepto principal en el centro del mapa y, con líneas, flechas y colores, conectar otras ideas a ese concepto. Tenía el presentimiento de que, con su tendencia a pensar visualmente, Kate sacaría partido de contemplar la guerra desde esa perspectiva.

Unos días después, Kate y yo salimos a almorzar y le pregunté si había tenido la posibilidad de probar a hacer un mapa mental. Resultó que había hecho mucho más que probarlo. Mediante esta técnica se había creado en su mente una representación tan intensa de la guerra de Secesión que se pasó los siguientes cuarenta minutos contándome los episodios principales y las consecuencias. Al contemplarlo desde esta perspectiva —que aprovechaba una de las formas primordiales en las que ella piensa—, Kate pudo entender la guerra de un modo que nunca le habrían proporcionado los datos de una lista. Al haberse hecho un mapa mental, podía ver con claridad las imágenes en su mente, como si las hubiese fotografiado.

Romper las barreras mentales

Se ha intentado varias veces clasificar los estilos de pensamiento, e incluso los tipos de personalidad, para así poder entender y organizar a la gente de manera más eficaz. Estas categorías pueden ser más o menos útiles si no perdemos de vista que solo son una forma de pensar las cosas y no las cosas mismas. Con frecuencia, estos sistemas de tipos de personalidad son especulativos y no muy fidedignos porque a menudo nuestra personalidad se niega a quedarse quieta y tiende a revolotear entre no importa qué casillas ideen los examinadores.

Cualquiera que alguna vez haya pasado la prueba Myers-Briggs conoce las diversas casillas que la componen. Parece que a los departamentos de recursos humanos les gusta utilizar el Myers-Briggs Type Indicator (MBTI) para «tipificar» a la gente. Más de dos millones y medio de personas se examinan del MBTI todos los años, y muchas de las cien principales compañías de la lista de *Fortune* lo utilizan. Fundamentalmente, se trata de una prueba de personalidad, aunque más sutil que las que suelen publicar algunas revistas. Las personas contestan a una serie de preguntas en cuatro categorías básicas (actitud hacia la energía, percepción, juicio y orientación ante los acontecimientos de la vida), y sus respuestas indican si son más una cosa u otra en cada una de estas categorías (por ejemplo, más extrovertidos o introvertidos). A partir de las cuatro categorías y de los dos sitios en los que la gente encaja en estas categorías, el test identifica dieciséis tipos de personalidad. El mensaje subyacente del test es que tú y cada una de los otros seis mil millones de personas del planeta encajáis en una de estas dieciséis casillas.

Esto plantea varios problemas. Uno es que ni la señora Briggs ni su hija, la señora Myers, tenían ninguna cualificación en el campo de las pruebas psicométricas cuando diseñaron el test. Otro es que a menudo los que lo hacen no se ajustan con nitidez a ninguna de las categorías cuando son sometidos al MBTI. Suelen estar simplemente un poco más hacia un lado de la línea que hacia el otro (un poco más extrovertido que introvertido, por ejemplo), en vez de ser claramente una cosa u otra. Lo más curioso, sin embargo, es que muchas de las personas que repiten el test acaban dentro de una casilla diferente. Según algunos estudios, esto sucede en al menos la mitad de los casos, lo que indica que, o un inmenso porcentaje de nuestra población tiene serios problemas de trastorno de la personalidad, o que el test no es un indicador fidedigno de «tipificación».

Yo creo que dieciséis tipos de personalidad es una estimación demasiado baja. Mi cálculo estaría más cerca de los seis mil millones (aunque tendría que revisar esta estimación en las futuras ediciones del libro, ya que la población sigue aumentando).

Otro de los tests es el Hermann Brain Dominance Instrument. Este test no me disgusta tanto porque habla de preferencias cognitivas en términos que creo que a la mayoría de las personas les parecerían aceptables. Al igual que el MBTI, el Hermann Brain Dominance Instrument (HBDI) es un instrumento de valoración a partir de las respuestas de los participantes a una batería de preguntas. No busca encasillar a las personas. En lugar de eso, intenta mostrarles cuál de los cuatro cuadrantes del cerebro utilizan con más frecuencia.

El cuadrante A (hemisferio cerebral izquierdo) guarda relación con el pensamiento analítico (acopio de datos, entender cómo funcionan las cosas, etc.). El cuadrante B (hemisferio izquierdo del sistema límbico) guarda relación con el pensamiento enfocado a la acción (organizar y seguir instrucciones, por ejemplo). El cuadrante C (hemisferio derecho del sistema límbico) está relacionado con el pensamiento social (expresar ideas, búsqueda del significado personal). El cuadrante D (hemisferio cerebral derecho) guarda relación con el pensamiento de futuro (visión de conjunto, pensar en metáforas).

El HBDI certifica que todo el mundo está capacitado para utilizar cada uno de estos estilos de pensamiento, pero intenta indicar cuál de ellos es el dominante en cada individuo. Al parecer su función estriba en que las personas tenemos más posibilidades de ser eficaces en el trabajo, en el juego, en cualquier actividad, si entendemos cómo abordar cada uno de estos cometidos. Aunque no me gusta clasificar a las personas, y cuatro modalidades me siguen pareciendo pocas, tengo la impresión de que esta es una aproximación más abierta que la de Myers-Briggs.

El riesgo de decir que hay un número determinado de tipos de personalidad, un número fijo de formas de pensamiento predominantes, es que cierra puertas en lugar de abrirlas. Para que el Elemento sea accesible a todo el mundo, tenemos que admitir que la inteligencia de cada persona es diferente de la inteligencia de cualquier otra persona del planeta, que todo el mundo tiene una forma única e incomparable de encontrar el Elemento.

Sacar conclusiones

A los dos años de edad, Terence Tao aprendió a leer por su cuenta viendo *Barrio Sésamo* e intentó enseñar a contar a otros niños utilizando los números de los edificios de apartamentos. En un plazo de un año hacía ecuaciones matemáticas de dos dígitos. Antes de su noveno cumpleaños, hizo el SAT-M (una versión específicamente matemática del SAT que se daba sobre todo a los candidatos a la universidad) y sacó un 99 sobre 100. Obtuvo el doctorado a los veinte años, y con treinta ganó una Fields Medal, considerada el premio Nobel de Matemáticas, y una beca Mac-Arthur.

El doctor Tao es extraordinariamente superdotado. Se ha ganado el mote de «el Mozart de las matemáticas», y las salas donde da sus conferencias —sobre matemáticas— se llenan de gente que tiene que quedarse incluso de pie. Su historial académico indica que podría haber tenido éxito en diferentes disciplinas, pero su verdadera vocación, su descubrimiento del Elemento, llegó por medio de las matemáticas cuando era un niño.

Así lo contaba en una entrevista: «Recuerdo que de niño me fascinaban los esquemas y los enigmas de las manipulaciones de los símbolos matemáticos. Creo que lo más importante para que te interesen las matemáticas es tener la habilidad y la libertad necesarias para jugar con ellas: ponerte pequeños desafíos, idear pequeños juegos, etc. Para mí fue muy importante tener buenos mentores porque me dio la oportunidad de intercambiar opiniones acerca de este tipo de entretenimientos matemáticos; el ámbito de una clase formal es, desde luego, el mejor para aprender la teoría y las aplicaciones, así como para comprender la materia en conjunto, pero no es un buen lugar para aprender a experimentar. Uno de los rasgos de carácter que puede ayudar es tener gran capacidad de concentración, y quizá ser un poco testarudo. Si decían algo en clase que solo entendía en parte, no me daba por satisfecho hasta que llegaba al fondo de la cuestión; me molestaba no entender a la perfección la explicación. Así que a menudo pasaba mucho tiempo con cosas muy simples hasta que podía entenderlas hacia delante y hacia atrás, y eso es de gran ayuda cuando luego uno progresa hacia partes más avanzadas de la materia».

En otra entrevista, el doctor Tao explicó: «No tengo ninguna habilidad mágica. Miro un problema y lo encuentro parecido a uno que ya he hecho antes; pienso que puede que la idea que me sirvió entonces tal vez me sirva con este. Si nada da resultado, pienso en algún pequeño truco que lo haga un poco más sencillo, pero eso no basta. Juego con el problema y después de un rato logro descifrar qué sucede. Si experimento lo suficiente, llego a una comprensión más profunda. No se trata de ser listo, ni siquiera rápido. Es como escalar un acantilado: ayuda que seas muy fuerte y rápido, y que tengas mucha cuerda, pero debes idear una buena ruta para poder subir. Calcular con rapidez y saber muchos datos es como ser un escalador fuerte, ágil y con buenas herramientas, pero aun así necesitas un plan (esa es la parte más difícil) y tienes que ver el conjunto».

Es probable que Terence Tao se encuentre a sí mismo en la zona con regularidad. Tiene mucha suerte porque, además de nacer con raras habilidades, llegó a su versión del Elemento cuando era muy, muy pequeño. Encontró el lugar en el que su inteligencia y su pasión se unían y nunca volvió la vista atrás.

Lo que podemos deducir de su devoción por las matemáticas y de la atracción magnética que ejercen en él, tiene resonancias para todos nosotros. Creo que es importante que descubriera su pasión a tan temprana edad y pudiera expresarla antes de que le quitaran los pañales (en realidad, no estoy seguro de que el doctor Tao todavía llevara pañales a los dos años de edad; supongo que también fue un genio a la hora de aprender a utilizar el retrete). Pudo ser lo que por naturaleza estaba inclinado a ser antes de que el mundo le pusiera ninguna limitación (más adelante hablaremos de estas restricciones). Nadie iba a decirle a Terence Tao que dejara las matemáticas porque ganaría más dinero siendo abogado. En ese sentido, él y otros como él tienen el camino despejado hacia el Elemento.

Pero también ellos proporcionan un camino, ya que nos muestran el valor de hacernos una pregunta de vital importancia: si pudiera hacer lo que quisiera —si no tuviera que preocuparme por ganarme la vida o por lo que los demás piensen de mí—, ¿qué me gustaría estar haciendo? Es probable que Terence Tao nunca tuviera que preguntarse qué iba a hacer con su vida. Posiblemente nunca utilizó el Myers-Briggs Type Indicator ni el Hermann Brain Dominance Instrument para determinar qué opciones profesionales eran más indicadas para él. Lo que tenemos que hacer es contemplar nuestro futuro, y el de nuestros hijos, nuestros colegas y nuestra comunidad con la misma simplicidad inocente que tienen los niños superdotados cuando sus talentos naturales aparecen por primera vez.

Se trata de mirar a los ojos a tu hijo, o a las personas que te importan, e intentar entender quiénes son de verdad, en vez de acercarte a ellas con una plantilla que indique quiénes pueden llegar a ser. Esto es lo que hizo el psicólogo con Gillian Lynne, y lo que hicieron los padres de Mick Fleetwood y de Ewa Laurance. Si pudieran hacer lo que quisieran, ¿qué harían? ¿En qué tipo de actividades tienden a implicarse por propia voluntad? ¿Qué clase de habilidades sugieren? ¿Qué es aquello que absorbe más su interés? ¿Qué tipo de cuestiones y de observaciones hacen?

Tenemos que entender qué es lo que los lleva a ellos y lo que nos lleva a nosotros a la zona.

Y necesitamos determinar qué implica esto en el resto de nuestra vida.

5

Encontrar tu tribu

Para la mayoría de la gente, conectar con otras personas que compartan la misma pasión y el mismo deseo de sacar el máximo partido de sí mismos es parte fundamental de encontrarse en su Elemento. Meg Ryan es la popular actriz conocida por su trabajo en películas como *Cuando Harry encontró a Sally* y *Algo para recordar*. Su carrera cinematográfica ha sido brillante durante más de un cuarto de siglo; aun así, cuando estaba en el colegio no imaginaba que fuera a dedicar su vida a esta profesión. De hecho, le aterrorizaba la idea de actuar e incluso de hablar en público. Me contó que durante las actuaciones en el colegio prefería estar entre el público en vez de en el escenario. Sin embargo, era buena estudiante y en octavo curso fue la encargada de leer el discurso el día de su graduación. Estaba muy emocionada por lo que había conseguido hasta que se dio cuenta de que tenía que hablar delante de todo el colegio.

Aunque practicó durante semanas, cuando se vio en el estrado se quedó inmóvil y aterrorizada. Por lo visto, su madre tuvo que subir a la tarima y conducirla hasta su asiento. Con todo, se convirtió en una de las actrices de comedia más brillantes de su generación. Y eso ocurrió, en parte, porque encontró su tribu.

Después de una excelente trayectoria escolar, Meg consiguió una beca para estudiar periodismo en la Universidad de Nueva York. Siempre le había encantado escribir y quería llegar a ser escritora; creía que esa era su verdadera pasión. Para ayudar a pagar la matrícula, encontró trabajo haciendo anuncios publicitarios esporádicamente. Esto llevó a que los productores la eligieran para interpretar un papel permanente en la telenovela *As the World Turns*, y a que Meg descubriera que ese mundo le encantaba. Así me lo contó: «El mundo de los actores me pareció fascinante. Estaba rodeada de gente divertidísima. El trabajo era como estar rodeada de una familia extensa y chiflada. Hacía jornadas de dieciséis horas, y comencé a sentirme cada vez más cómoda con la "rutina diaria". Me encantaba pasar el tiempo discutiendo por qué alguien haría determinadas cosas y examinando el comportamiento humano. Descubrí que tenía un montón de opiniones sobre lo que haría o no haría mi personaje. No sabía de dónde las sacaba, pero tenía cientos de ellas. Decía cosas como: "Muy bien, eso es lo que dice entre líneas. Así que, ¿por qué estoy hablando entre líneas?". Me encontré reescribiendo el papel y metiéndome de verdad en mi personaje y su mundo. Cada día recibíamos un guión nuevo y tenía que memorizar todas las frases. Exigía de ti una implicación absoluta y abrumadora. No había tiempo de pensar en nada más. Era una inmersión total».

Aun así, después de dejar *As the World Turns* y de licenciarse en la universidad, Meg no partió hacia Hollywood de inmediato. Creía que tenía que descubrir algo más sobre sí misma, y pasó algún tiempo en Europa; incluso llegó a considerar la idea de unirse al Cuerpo de Paz. Pero cuando le ofrecieron hacer una película en Los Ángeles y regresó al mundo del cine, volvió a descubrir que cuando hacía ese trabajo se encontraba en un lugar extraño: «Conocí a una profesora de interpretación estupenda que se llamaba Peggy Fury. Ella comenzó a explicarme los entresijos del mundo de la interpretación y de lo que significaba ser una artista. Sean Penn estaba en un curso superior al mío y también Angelica Houston, Michelle Pfeiffer y Nick Cage. Estaba rodeada de personas que trabajaban desde lo más profundo de su alma y a las que les interesaba la condición humana y la idea de dar vida a los textos. Todas estas cosas comenzaron a florecer en mi mente, en mi corazón y en mi alma. Así que alquilé un apartamento y me quedé en Los Ángeles. Mi agente de Nueva York me puso en contacto con un agente de Los Ángeles, y ahí fue cuando todo encajó.

»Desde entonces he intervenido en varias películas que me han enseñado muchas cosas y que me han ayudado a desarrollarme como ser humano. Cuando tomo la decisión de hacer una película tal vez es porque creo que es divertida o porque quiero trabajar con determinado actor, pero al final siempre acaba influyendo profundamente en mi vida. Si no es por el contenido, puede que sea porque he trabajado con un grupo determinado de gente. Mi evolución se debe a las distintas interpretaciones de cada una de las películas en que he participado».

Meg Ryan podría haber llegado a ser muchas cosas. Es una escritora realmente hábil. Tiene considerables talentos académicos, una amplia variedad de intereses y hay muchas cosas que le fascinan. Sin embargo, cuando está actuando, coincide con un grupo de personas que ve el mundo de la misma forma que ella, que le permiten sentirse muy cómoda, que confirman sus habilidades, que le inspiran y que sacan lo mejor de ella. Rodeada de actores, directores, cámaras, técnicos de iluminación y todas las demás personas que pueblan el mundo del cine, es cuando se encuentra cerca de su verdadero yo.

Formar parte de esa tribu le lleva a su Elemento.

Un lugar en el que hallarte a ti mismo

Los miembros de una tribu pueden ser colaboradores o competidores. Pueden compartir los mismos puntos de vista o tenerlos completamente diferentes. Lo que conecta a una tribu es un compromiso común con aquello para lo que sienten que han nacido. Esto puede ser extraordinariamente liberador, sobre todo si uno se ha dedicado a su pasión en solitario.

Don Lipski, uno de los escultores y artistas públicos más aclamados de Estados Unidos, siempre supo que tenía una vena artística. Tenía una energía creativa fuera de lo normal. «De niño —me contó— siempre estaba haciendo cosas. No pensaba en mí como en una persona creativa sino como en alguien con energía nerviosa. Tenía que estar haciendo garabatos y ensamblando cosas. No pensaba que aquello fuera una ventaja; en todo caso era una peculiaridad.» Esta «energía nerviosa» hizo que se sintiera distinto del resto de los chicos, y a veces incómodo. «Cuando eres niño —dijo—, lo que más quieres en el mundo, por encima de todas las cosas, es ser como los demás de tu edad. Así que, en vez de pensar que mi creatividad era algo especial, la veía como algo que hacía que me dejaran de lado.»

Durante la escuela primaria y los primeros años de secundaria, Lipski se movió en diferentes direcciones. En el colegio era brillante, pero los deberes le aburrían: «Me resultaba muy fácil. Acababa los deberes muy rápido y con el mínimo esfuerzo». Tenía talento para las matemáticas, así que su colegio le puso en un grupo acelerado, pero por lo demás sus profesores creían que no rendía al cien por cien de sus capacidades porque se limitaba a hacer lo justo para ir tirando. Pasaba más tiempo dibujando en los libros que pensando sobre qué escribir en ellos: «Cuando se suponía que tenía que estar haciendo los deberes, dibujaba o hacía pliegues en el papel. En vez de animarme, me regañaban».

Hubo un profesor que intentó estimular sus habilidades artísticas, pero Don no se tomaba el arte en serio. El profesor se llevó tal disgusto que «dejó de hablarme». Poco después ese profesor se fue y llegó al colegio otro profesor de arte. Traía consigo una revelación para Don: «En el departamento de escultura tenían montado un soldador muy rudimentario, y me enseñó a soldar. Para mí fue mágico coger piezas de acero y soldarlas. Era como si todo lo que había hecho hasta entonces en las clases de arte hubiese sido un juego de niños. Soldar acero y hacer esculturas de acero era como el verdadero arte de los adultos».

Descubrir la soldadura fue como encontrar el Santo Grial. Aun así, no estaba muy seguro de qué hacer con esa fascinación. No se veía como artista porque no era bueno dibujando. Tenía amigos que dibujaban bien. Mientras lo hacían, «yo jugaba con bloques o construía cosas con mi set de construcción. Nada de eso se parecía al verdadero arte. Los niños capaces de dibujar un caballo que se parecía a un caballo eran los que parecían verdaderos artistas».

Nunca pensó en ir a una escuela de arte, ni siquiera cuando empezó a exponer sus esculturas en el colegio. Cuando acabó la escuela secundaria, se matriculó en la Universidad de Wisconsin y se especializó en Administración de Empresas. Más tarde, pasó a la especialidad de Económicas y luego de Historia, pero se mantuvo alejado del departamento de arte aun cuando ninguna de las otras clases le motivaba demasiado.

En el último año se marcó un farol eligiendo dos asignaturas optativas para las que en realidad no estaba capacitado: ebanistería y cerámica. Le encantaron y sobresalió en las dos. Sobre todo, sintió casi por primera vez la verdadera euforia de trabajar como un artista profesional. En la clase de cerámica también encontró algo que había echado de menos durante toda su experiencia universitaria: un profesor que lo motivaba. «Era un tipo muy romántico y entusiasta. Convertía todo lo que hacía en una obra de arte. Hasta cuando untaba el pan con mantequilla ponía todo su empeño en ello. Me sirvió de modelo y me hizo creer que en realidad podría pasarme la vida haciendo cosas.»

Por primera vez, a Lipski le pareció que era posible y que valía la pena hacer carrera como artista. Decidió hacer un curso de posgrado en cerámica en el Cranbrook Art Institute, en Michigan. Entonces se topó con un obstáculo. Sus padres habían animado su trabajo creativo siempre y cuando este fuera una afición. Cuando solicitó su ingreso en Cranbrook, su padre, un hombre de negocios, le mandó llamar e intentó meterle en la cabeza algo de sensatez en cuestión de economía. Don estuvo de acuerdo; estudiar cerámica no era algo práctico, pero era lo que quería hacer. Su padre lo miró fijamente durante largo rato, comprendió que había tomado una decisión y se hizo a un lado. Cuando Don lle-

gó a Cranbrook, descubrió todo un mundo nuevo de gente y posibilidades: «Había tenido escaso contacto con estudiantes de arte
fuera de los pocos cursos que había seguido. Cranbrook es casi
una escuela totalmente dedicada a los estudios de posgrado. Es
probable que fuésemos unos doscientos estudiantes, y cerca de
ciento ochenta éramos de posgrado. Así que por primera vez en
mi vida me vi rodeado de gente muy seria, erudita y compro-
metida con la realización de sus obras de arte, lo que para mí fue
fantástico. Asistí a todas las críticas y análisis, no solo a las del departamento de cerámica, también a las del departamento de pintura, de escultura, de tejido, simplemente me empapé de cuanto
pude en todas partes. Pasé mucho tiempo visitando a otros estudiantes en sus estudios, absorbiendo lo que todo el mundo hacía.
Empecé a leer revistas de arte y a ir a museos, y por primera vez
me sumergí completamente en el mundo del arte».

Don encontró su tribu en Cranbrook, lo que le llevó por un
camino diferente.

Hallar la tribu correcta puede ser imprescindible para encontrar nuestro Elemento. Por otra parte, sentir en lo más profundo del alma que uno está con la tribu equivocada es probablemente un buen signo de que hay que buscar en alguna otra
parte.

Helen Pilcher hizo justamente eso. Dejó de ser científica y se
convirtió en una de las pocas cómicas de la ciencia. Cayó ahí después de dejar la ciencia. De hecho, dejarse caer ha sido el tema de
su vida profesional. Así lo explica ella: «Nadie me obligó a estudiar ciencias, más bien fue un paso en falso». Después del colegio
le ofrecieron una plaza en la universidad para estudiar psicología
y para «beber sidra y ver la televisión durante todo el día». Des-

pués de la universidad, «una apatía generalizada y la desgana de encontrar un trabajo de verdad» le llevó a hacer un máster de un año en neurociencia. Al llegar a este punto, Helen comenzó a sentir interés por la ciencia: «Hacíamos grandes experimentos, disecciones de cerebros, y teníamos que llevar unas gafas de seguridad ridículas y poco atractivas».

Picada por el gusanillo de la ciencia y poco más, continuó hasta terminar el doctorado. Aprendió algunas cosas prácticas de la ciencia, así como a «jugar al billar como una diva». Pero también aprendió algo más: la ciencia le gustaba, pero los científicos no eran su tribu. Según su propia experiencia, a la ciencia, a diferencia del billar, no se jugaba de forma superficial. «Aprendí que en la comunidad científica la veteranía es inversamente proporcional a las habilidades de comunicación pero estaba directamente relacionada con el grosor de los pantalones de pana.» También aprendió algo del oficio: «Aprendí a hacer que ratas desmemoriadas recordaran. "Hice" e injerté células madre modificadas genéticamente en cerebros de roedores desmemoriados que al poco tiempo de mi intromisión pasaban a desarrollar la capacidad cognitiva de un taxista londinense. Pero a la vez empecé a perder la concentración».

Más que nada, descubrió que el mundo científico, tal como ella lo experimentaba, no era la utopía de libre investigación que había esperado. Era un negocio: «La ciencia corporativa invierte dinero y horas de trabajo en investigación médica, pero se mueve por planes de negocio. Los experimentos cada vez están menos motivados por la curiosidad y más por el dinero. Me sentía decepcionada y arrinconada. Lo que yo quería era divulgar la ciencia. Quería escribir sobre ciencia. Quería salir».

Así que constituyó «un comité de escape formado por una sola mujer y comencé a cavar un túnel». Se matriculó en la Universidad de Birkbeck en Londres para obtener un diploma en comunicación científica, donde encontró «amigos con ideas afines». Le ofrecieron una beca de investigación en medios de comunicación «y me pasé dos maravillosos meses escribiendo y produciendo divertidas películas científicas para Einstein TV». Se armó de valor para vender por su cuenta sus artículos científicos a cualquiera que los quisiera: «Prostituía mi mercancía en la radio, la prensa e internet». Al final, dejó el laboratorio y se puso a trabajar en la Royal Society: «Mi papel consistía en encontrar formas de hacer que la ciencia volviese a ser emocionante... aunque esta no era la descripción oficial de mi puesto de trabajo».

Y entonces, de repente, recibió un e-mail en el que le ofrecían un espacio en horario estelar en el escenario del Festival de la Ciencia de Cheltenham para que representara una comedia sobre la ciencia. Tan pronto como dijo que sí le entró el pánico: «La ciencia, tal como la conocemos todos, es una cosa seria. No se puede hacer un chiste breve con la teoría de la relatividad de Einstein. Conseguí la ayuda de mi amiga, compañera, comediante y escritora Timandra Harkness, y varias cañas de cerveza más tarde nació The Comedy Research Project (CRP)».

Helen pasó a formar parte del circuito de la comedia londinense, y durante los siguientes cinco años «cultivaba células madre de día y espectadores de noche». El CRP se convirtió en un espectáculo en vivo en el que Timandra y Helen explicaban contando hacia atrás «las cinco mejores cosas de la ciencia». Gente del público «se encontraba formando parte de la fórmula del óxido nitroso, ofreciéndose voluntaria para atrapar a un científico que recreaba antiguos experimentos en vuelo y cantando junto a Elvis a los agujeros negros».

El CRP, dice Helen, se propone demostrar la hipótesis de que la ciencia puede ser divertida. «Tenemos una metodología muy sólida. A lo largo del espectáculo encerramos a una audiencia controlada en un espacio contiguo al de la representación, idéntico pero sin el apoyo de actores. Luego evaluamos si esta audiencia controlada se ha reído más o menos que el público expuesto a las bromas sobre la ciencia. Los datos preliminares recogidos en las funciones que hemos representado por todo el país son prometedores.»

Para Helen Pilcher, una vida en el seno del mundo científico le dio paso a una vida dedicada a escribir y a comunicar la ciencia. «Me dio miedo dejar el laboratorio —dice— pero no tanto como la perspectiva de quedarme en él. Mi consejo es que si estás pensando en dar este tipo de salto, lo mejor es que hagas como un lemming y saltes.»

Dominios y campos

Cuando hablo acerca de tribus, en realidad me estoy refiriendo a dos ideas muy distintas e importantes para cualquiera que ande buscando su Elemento. La primera es la idea de «dominio» y la segunda la idea de «campo». El dominio alude a los tipos de actividades y disciplinas a las que se dedica la gente: interpretación, música rock, negocios, ballet, física, rap, arquitectura, poesía, psicología, enseñanza, peluquería, alta costura, comedia, atletismo, billar, artes visuales, etc. El campo se refiere a las otras personas que se dedican a ello. El dominio que descubrió Meg Ryan fue la interpretación y en particular las telenovelas. El campo eran los otros actores con los que trabajaba, que amaban el oficio de actor tanto como ella y que sustentaron su creatividad. Más tarde pasó a otra parte del dominio, a la interpretación cinematográfica y, dentro de este, de la comedia a papeles más serios. También expandió su campo, especialmente cuando conoció a Peggy Fury y a los demás actores que asistían a las clases de interpretación.

Entender el dominio de Meg y la conexión con su campo ayuda a explicar cómo la tímida chica que no pudo dar un discurso de graduación se convirtió en una consumada actriz, célebre en el mundo entero. «Cuando estaba trabajando solo éramos un par de actores y yo en una habitación oscura con el equipo de cámaras. El público no me preocupaba porque no estaba allí. No hay público durante el trabajo diario, que se desarrolla en un escenario oscuro y seguro, donde se encuentran los cámaras y las otras personas con las que estés rodando alguna escena. La actividad era muy absorbente; aquella gente era tan estupenda que simplemente me dejaba llevar durante todo el proceso.»

La seguridad que obtuvo en sí misma a partir de esta experiencia fue lo suficientemente sólida como para hacer que prosperara dentro de su dominio y llevarla hasta nuevos campos de gente. Sin embargo, sigue sin gustarle hablar en público o conceder entrevistas para la televisión: «Lo hago si tengo que hacerlo. Simplemente, preferiría no tener que hacerlo. Es que yo no soy así. No me siento a gusto siendo el centro de atención».

Brian Ray es un magnífico guitarrista que ha trabajado con Smokey Robinson, Etta James y Peter Frampton y que ha estado de gira con los Rolling Stones y los Doobie Brothers. Llegó pronto a este dominio, que a la larga le condujo hasta el círculo íntimo de uno de sus héroes, que de niño nunca había soñado que llegaría a conocer.

Brian nació en 1955 en Glendale, California, el año en que Alan Freed acuñó el término *rock and roll*. Eran cuatro hermanos, entre ellos una media hermana, Jean, quince años mayor que Brian: «Jean solía llevarme a casa de una amiga suya; allí escuchaban a Rick Nelson, Elvis Presley y Jerry Lee Lewis mientras estudiaban con detalle las fotografías de aquellos tipos. La reacción de las chicas a esa clase de música que escuchaban por la radio y a esas fotografías tuvo un gran impacto en mí. Hubo una parte de mí que simplemente lo entendió, en ese momento y en ese lugar, a los tres años de edad. Mi padre tocaba el piano y teníamos un pequeño equipo de grabación. Había un micrófono con el que se grababa el disco, que luego se podía escuchar poniendo encima una aguja. Recuerdo haber grabado discos cuando tenía dos o tres años, sentado al piano junto a mi padre.

»Nada más terminar la escuela secundaria, mi hermana Jean comenzó a introducirse en el mundo de la música y se unió a una banda de folk llamada los New Christy Minstrels con la que se fue de gira por todo el país. Nos contaba historias y resplandecía de felicidad al explicarnos esa vida. Jean me hizo partícipe de su amor por la música y me llevó a clubes y a conciertos cuando solo tenía nueve o diez años. Veía y conocía a gente a la que yo admiraba.

»A mi hermano le regalaron una guitarra Gibson preciosa y unas clases para que aprendiera a tocarla. A él no le interesaba demasiado la música, y mientras él estaba ocupado en no prestar atención a las clases, yo lo estaba practicando con su guitarra. Más tarde, mi hermana Jean me regaló una guitarra de cinco dólares con cuerdas de nailon que había comprado en Tijuana. Simplemente, me puse a llorar. Mi pasión por la música era tan grande que se convirtió casi en una cruzada, pero no sabía que quería compartirla y propagarla. Formé mi primer grupo junto a unos amigos antes incluso de que supiera afinar la guitarra.

»Un domingo por la noche, cuando tenía diez u once años, oímos tocar a un nuevo grupo en *El show de Ed Sullivan*: los Beatles. Era un tipo de música tan diferente…, una mezcla del rhythm and blues afroamericano que tanto me gustaba con algún otro factor o elemento desconocido. ¡Eran marcianos! Eso lo cambió todo.

»Yo sabía que quería dedicarme a la música, pero aquello fue definitivo. Era lo más emocionante que había visto nunca. Hizo que formar parte de un grupo de música pareciese algo factible y apetecible, algo a lo que podría dedicarme para ganarme la vida.»

Durante los siguientes veinte años, Brian tocó con los músicos más destacados de su generación. Luego llegó la llamada que jamás había esperado recibir: la invitación a una audición para la nueva banda de Paul McCartney. Desde entonces, toca y va de gira con él: «Nunca, ni en mis sueños más locos, había imaginado que aquel pequeño rubiales sentado como un indio delante de la televisión en 1964 acabaría tocando con aquel tipo que cantaba "All My Lovin" y "I Saw Her Standing There" en *El show de Ed Sullivan*. ¿Sabes?, hay algo muy gratificante acerca de esta historia: esto, el simple hecho de formar parte de este mundo».

Las personas de este libro han encontrado su Elemento en dominios diferentes y con campos de gente distinta. Nadie está limitado a un solo dominio, y muchas personas se mueven en varios de ellos. A menudo, las ideas que suponen un gran avance acontecen cuando alguien conecta diferentes formas de pensamiento a veces a través de dominios diferentes. Mientras Pablo Picasso exploraba los límites de sus períodos rosa y azul, se quedó fascinado con las colecciones de arte africano del Musée d'Etnographie du Trocadéro en París. Eran obras de un estilo muy diferente del suyo, pero le dieron un nuevo impulso creativo. Incorporó influencias de las máscaras ceremoniales de la cultura dogon en su famoso cuadro *Las señoritas de Aviñón*, abriendo de este modo una nueva etapa en la historia del arte: el cubismo.

A medida que las culturas y las tecnologías evolucionan, emergen nuevos dominios que pueblan de profesionales nuevos campos, mientras los viejos dominios van desapareciendo. Las técnicas de animación por ordenador han dado lugar a un nuevo dominio de trabajo creativo en el cine, la televisión y la publicidad. Estos días, sin embargo, hay poca gente que se dedique a iluminar manuscritos.

Encontrar tu tribu puede tener efectos transformadores en tu sentido de la identidad y tus objetivos. Esto se debe a tres poderosas dinámicas tribales: ratificación, inspiración y lo que aquí llamaremos la «alquimia de la sinergia».

No estamos solos

La carrera de Debbie Allen en el mundo de la danza, la interpretación, la canción, la producción, la escritura y la dirección ha deslumbrado y emocionado a muchas personas. Su carrera subió vertiginosamente en 1980 con la exitosa serie de televisión *Fama*. Ha sido responsable del diseño de la ceremonia de entrega de los Premios de la Academia durante seis años consecutivos, y ella misma ha ganado muchos premios, incluido el Essence Award en 1992 y 1995. Es fundadora y directora de la Debbie Allen Dance Academy, que ofrece formación profesional tanto a jóvenes bailarines como a profesionales. Asimismo, proporciona oportunidades a nuevos coreógrafos y una introducción al baile a personas de todas las edades.

«Recuerdo que cuando era pequeña —me contó—, muy pequeña, a los cinco o seis años, me ponía un bañador rosa y brillante, me ataba una toalla alrededor del cuello, trepaba por un árbol y bailaba en el tejado de mi casa; actuaba para los pájaros y las nubes. De pequeña siempre estaba bailando; me inspiraban las bonitas fotografías de las bailarinas. Como era negra y vivía en Texas, nunca había visto una representación de baile, pero veía las películas musicales: Shirley Temple, Ruby Keeler, The Nicholas Brothers.

»Cuando el circo Ringling Bros pasó por mi ciudad y vi el espectáculo, el precioso vestuario de la gente y los bailarines volando por el aire con los pies en punta, ¡pensé que era fascinante! Me inspiraban tanto las películas… Margot Fonteyn y Rudolf Nureyev eran lo más increíble que había visto nunca.

»De niña no podía asistir a una escuela de danza seria porque la segregación racial era la norma. Conseguí una beca completa e ingresé en Debato Studio, donde daba diez clases de baile a la semana. Todavía recuerdo mi primer recital: llevaba una falda blanca brillante de raso, una chaqueta blanca, una blusa naranja y zapatos blancos de claqué y representaba un triángulo. ¡Cuando actuaba me sentía en la cima del mundo! De niña siempre iba vestida con un maillot. De hecho, cuando cumplí quince años, una de mis tías trajo a mi fiesta de cumpleaños una fotografía mía de cuando tenía cinco años vestida con un maillot. Supe muy pronto que yo era bailarina.

»La primera vez que vi a la compañía Alvin Ailey tenía diecisiete años. Entonces supe que me desharía de mis zapatillas de ballet, me calzaría unos zapatos de tacón, llevaría largas faldas blancas y bailaría aquel tipo de música. Me identifiqué tanto con ellos cuando salieron a escena… Fue glorioso.

»Un verano fui al festival de Spoleto, en Carolina del Sur, y de repente todo encajó dentro de mí. De pequeña tenía ideas que la segregación no aceptaba, así que la oportunidad de que Dudley Williams, que estaba allí, me diera clases fue increíble. Alvin Ailey estaba allí, la compañía de baile del festival dio algunas clases y yo simplemente brillé. Me querían en la compañía, pero Alvin pensó que era demasiado joven. Nunca me uní a ellos, pero supe que tenía que bailar y enseñar esa clase de baile.

»La academia nació de mi deseo de enseñar lo que sabía. Ofrece todo tipo de baile, desde flamenco, bailes africanos y modernos, hasta claqué y hip-hop. Tenemos profesores increíbles de todas partes del mundo. Todo niño tiene derecho a aprender a bailar. Es un lenguaje increíble. Creedme, estos no son el tipo de niños que acabarán metiéndose en problemas.»

Conectar con personas que comparten las mismas pasiones que tú te desmuestra que no estás solo, que hay otros como tú y que, aunque tal vez haya muchos que no entiendan tu pasión, hay otros que sí. No se trata de que te gusten las personas ni el trabajo que hacen. Es muy posible que no sea así. Lo importante es obtener la ratificación de la pasión que tenéis en común. Encontrar tu tribu comporta el lujo de las tertulias, de comentar ideas, de compartir y comparar técnicas, y de satisfacer los entusiasmos o antipatías por las mismas cosas. Establecer este tipo de relación fue un estímulo significativo para muchas de las personas que hasta el momento hemos conocido en este libro —de Matt Groening y Ewa Laurance, a Meg Ryan y Black Ice— y para muchas de las que encontrarás más adelante.

Estar rodeado de otros artistas en Cranbrook dio a Don Lipski un sentido más profundo de que lo que estaba haciendo tenía importancia y de que realmente valía la pena hacerlo. Dijo: «En el curso de posgrado comencé a tomarme por primera vez en serio los pequeños garabatos que había hecho. Si en la calle veía una goma elástica, la cogía y buscaba alguna cosa en la que envolverla o con la que pudiera combinarla. Este es el tipo de actividad que he hecho siempre, pero cuando estaba en Cranbrook me di cuenta de que aquello, en realidad, era escultura. Aunque modesta, era realmente una forma de hacer arte y no solo un pasatiempo».

Algunas personas se encuentran más en su Elemento cuando trabajan completamente solas. Suele sucederles a los matemáticos, los poetas, los pintores y a algunos atletas. Sin embargo, este tipo de gente también tiene la percepción tácita de un campo: el de los demás escritores, pintores, matemáticos, jugadores, que enriquecen el dominio y plantean nuevos retos y posibilidades.

El gran filósofo de la ciencia Michael Polanyi afirma que el libre y sincero intercambio de ideas es el pulso vital de la investigación científica. A los científicos les gusta trabajar sobre sus propias ideas e interrogantes, pero la ciencia también es una aventura cooperativa: «Los científicos, al elegir libremente los problemas y dedicarse a ellos a la luz de su propio juicio personal, en realidad están cooperando como miembros de una organización muy unida».

Polanyi argumenta con pasión en contra del control de la ciencia por parte del Estado porque puede acabar con la libre interacción de la que depende la auténtica ciencia: «Cualquier tentativa de organizar el grupo [...] bajo una sola autoridad eliminaría sus iniciativas independientes y por tanto reduciría su efectividad colectiva a la de la sola persona que los dirigiera desde el centro. Paralizaría su cooperación». En parte, esta presión sobre la ciencia hizo que Helen Pilcher abandonara el barco de las células madre para dedicarse a la comedia.

La interacción con el campo, en persona o mediante el trabajo, es tan vital para nuestro desarrollo como el tiempo que pasamos a solas con nuestros pensamientos. Como dijo el físico John Wheeler: «Si no intercambias cosas con la gente, estás fuera. Siempre digo que nadie puede llegar a ser alguien si no tiene a nadie alrededor». Con todo, los ritmos de la vida en comunidad varían en el Elemento como en la vida cotidiana. A veces quieres compañía; a veces no. El físico Freeman Dyson dice que cuando escribe cierra la puerta, pero que cuando de verdad está haciendo ciencia la deja abierta: «Hasta tal punto que agradeces que te interrumpan, porque solo consigues hacer algo interesante al interactuar con otras personas».

¿Cómo lo hacen?

Encontrar tu tribu ofrece algo más que ratificación e interacción, por muy importantes que sean estas cosas. Proporciona inspiración y provocación para elevar las expectativas de tus propios logros. En todos los dominios, los miembros de una comunidad entusiasta tienden a animarse unos a otros para explorar la verdadera magnitud de sus habilidades. A veces el estímulo no se origina a partir de una estrecha colaboración, sino a través de la influencia de otras personas del campo, ya sean contemporáneas o predecesoras, ya sea directamente relacionado con tu propio dominio o solo marginalmente. Como dijo Isaac Newton: «Si yo vi más allá fue porque me apoyé sobre los hombros de gigantes». Este no es solo un fenómeno de la ciencia.

Bob Dylan nació en Hibbing, Minnesota, en 1942. En su autobiografía, *Crónicas*,* habla de lo alejado que se sentía de la gente de allí, de su familia y de la cultura popular de entonces. Sabía que tenía que salir de allí para convertirse en quien tuviese que llegar a ser. Su única tabla de salvación era la música folk: «La música folk era todo lo que yo necesitaba para existir… no me importaba ni me interesaba nada aparte de la música folk. Planifiqué mi vida alrededor de ella. Tenía muy poco en común con cualquiera que no fuese de la misma opinión».

Tan pronto como pudo, se trasladó a Nueva York. Allí encontró a artistas, cantantes, escritores; sobre todo, encontró el «escenario» en que comenzó a liberar su talento. Había empezado a encontrar a su gente. Pero entre todos aquellos que inspiraron y modelaron su pasión, hubo una persona que le condujo a un lugar artístico al que nunca hubiera imaginado llegar. La primera vez que escuchó a Woody Guthrie, dijo: «Fue como si me hubiera caído una bomba de un millón de megatones».

---

* Edición en castellano, RBA Libros, Barcelona, 2007.

Una tarde de principios de la década de los sesenta, en la ciudad de Nueva York, un amigo invitó a Dylan a echar un vistazo a su colección de discos. Esta incluía algunos viejos álbumes de 78 rpm. Uno era *The Spirituals to Swing Concert at Carnegie Hall*, una colección de actuaciones de Count Basie, Meade Lux Lewis, Joe Turner y Pete Johnson, Sister Rosetta Tharpe, y algunos más. Otro era una colección de aproximadamente doce álbumes grabados por las dos caras de Woody Guthrie. Dylan había escuchado de pasada algunas grabaciones de Guthrie cuando vivía en Hibbing, pero nunca les había prestado demasiada atención. Aquel día en la ciudad de Nueva York fue diferente.

Dylan puso uno de los viejos discos de 78 rpm en el plato «y cuando cayó la aguja, me quedé atónito. No sabía si estaba colocado o sobrio». Escuchó extasiado las canciones de Guthrie en solitario, una serie de sus propias composiciones: «Ludlow Massacre», «1913 Massacre», «Jesus Christ», «Pretty Boy Floyd», «Hard Travelin», «Jackhammer John», «Grand Coulee Dam», «Pastures of Plenty», «Talkin'Dust Bowl Blues» y «This Land Is Your Land». «La cabeza me dio vueltas al escuchar aquellas canciones, una detrás de otra. Tuve ganas de gritar. Fue como si se abriera la tierra. Había oído a Guthrie antes, pero una canción aquí y otra allá; la mayoría, cosas que cantaba junto a otros artistas. En realidad no lo había escuchado, al menos de esa forma tan estremecedora. No podía creerlo. Guthrie tenía tanto dominio de las cosas… Era tan poético, duro y rítmico… Su música tenía tanta intensidad…, y su voz era como un estilete.»

Guthrie cantaba y escribía canciones como ningún otro cantante que Dylan había conocido hasta entonces. Todo lo relacionado con Guthrie —su estilo, su contenido, sus gestos— fue para él la revelación de lo que la música folk podía ser y tenía que ser: «Casi me noqueó. Fue como si el tocadiscos me levantara del suelo y me lanzara al otro extremo de la habitación. También me fijé en su dicción. Había perfeccionado un estilo de cantar que no parecía habérsele ocurrido a nadie antes. Aspiraba hacia dentro el sonido de la última letra de una palabra y te llegaba como si fuese un puñetazo. Sus canciones, su repertorio estaban en realidad más allá de cualquier categoría. Se adivinaba en ellas el alcance infinito de la humanidad. No había ni una sola canción mediocre. Woody Guthrie despedazaba cuanto encontraba en el camino. Para mí fue una epifanía, como si una pesada ancla acabase de hundirse en las aguas del puerto».

Dylan se pasó el resto del día escuchando a Guthrie «como en trance». No fue solo un momento de revelación sobre Guthrie; fue el momento de la verdad para Bob Dylan: «Sentí como si hubiese descubierto la esencia del autocontrol, como si estuviese en el bolsillo interior del sistema sintiéndome más yo que nunca. Una voz en mi cabeza me decía: "Así que se trata de esto". Podía cantar todas aquellas canciones, todas, y eso era lo único que quería cantar. Fue como si hubiese estado viviendo en la oscuridad y alguien hubiese encendido el interruptor principal».

Cuando Dylan se trasladó a Nueva York en busca de personas con su misma mentalidad, se estaba buscando a sí mismo. Al descubrir la trayectoria de Woody Guthrie, empezó a imaginar la suya. Como Newton, vio más allá porque se apoyó sobre los hombros de gigantes.

Círculos de influencia

Las tribus son círculos de influencia que pueden tomar muchas formas. Pueden estar diseminadas por todas partes o estar apiñadas. Pueden hallarse solo en tus pensamientos o estar físicamente presentes en la misma habitación que tú. Pueden estar vivas, o estar muertas, viviendo a través de sus obras. Pueden estar limitadas a una sola generación o traspasarla.

El laureado premio Nobel Richard Feynman habló de las máquinas ultraminiaturizadas mucho antes de que nadie pensase en crear algo parecido. Años más tarde, Marvin Minsky, inspirándose en la idea de Feynman, se convirtió en el fundador de la inteligencia artificial y le dio alas. Más tarde, K. Eric Drexler se acercó a Minsky en el Instituto Tecnológico de Massachusetts (MIT) y le pidió al estimado profesor que dirigiera su tesis sobre los dispositivos miniaturizados. Aquella tesis fue la base del pionero trabajo de Drexler en nanotecnología. A través de una extensa tribu multigeneracional, se hizo realidad un concepto que los críticos habían descartado como pura ciencia ficción cuando Feynman lo presentó.

Cuando las tribus se concentran en un mismo lugar, las oportunidades de que se produzca una inspiración mutua pueden ser intensas. En todos los dominios han existido poderosas agrupaciones de personas que han llevado a la innovación a través de la influencia mutua y del impulso que han originado como grupo.

El sociólogo Randall Collins ha escrito que casi todos los grandes movimientos filosóficos se crearon gracias a la dinámica de las tribus. La historia de la filosofía en la antigua Grecia se puede contar «desde el punto de vista de una serie de grupos interconectados entre sí: la hermandad pitagórica y sus ramas; el círculo de Sócrates, que engendró tantos otros; los agudos polemistas de la escuela de Megara; los amigos de Platón que constituían la Academia; la facción disidente que pasó a ser la escuela peripatética de Aristóteles; la reestructuración de la red que cristalizó en Epicuro y sus amigos, retirados dentro del jardín de la comunidad, así como sus rivales, los estoicos atenienses, con sus círculos revisionistas en Rodas y Roma; los movimientos sucesivos en Alejandría».

Si esto pudo pasar en la antigua Grecia, también puede pasar en Hollywood. El documental *Easy Riders, Raging Bulls* analiza «la escandalosa revolución cultural, genial y en ocasiones sórdida» que llevó a la reinvención de la industria cinematográfica hollywoodiense en los década de los sesenta. En unos pocos años, los calcetines cortos y las mantas de playa que caracterizaron los sanos años cincuenta estadounidenses fueron reemplazados por el sexo, las drogas y el rock and roll. Inspirada en la Nouvelle Vague francesa y en el Free Cinema británico, una nueva generación de directores y actores se lanzó a revolucionar el cine estadounidense y a hacer películas que expresasen su propia visión personal.

Los innovadores éxitos de famosas películas como *Easy Rider*, *El Padrino* y *Taxi Driver* reportaron a estos directores de cine una independencia financiera y creativa sin precedentes. El éxito de taquilla y de crítica de sus películas obligó a que la vieja guardia de los estudios de Hollywood renunciara a su poder. Fue la época de una nueva raza de intrépidos directores de cine como Francis Ford Coppola, Robert Altman, Martin Scorsese, Peter Bogdanovich y Dennis Hopper.

Con cada éxito, los directores de cine obtenían mayor poder creativo. Crearon una cultura de febril innovación motivándose mutuamente a explorar nuevos temas y formas de hacer películas populares. Esta libertad recién adquirida dio lugar a una explosión de excesos, egos, altísimos presupuestos y, por lo visto, un interminable suministro de drogas. A la larga, el respaldo y aliento mutuo entre los directores de cine degeneró en una competición intensa y una rivalidad encarnizada. El surgimiento, a partir de esta cultura, de películas tan taquilleras como *Tiburón* y *La guerra de las galaxias* cambió una vez más el panorama de las películas de Hollywood, y el control creativo y financiero volvió a pasar a manos de los estudios.

El poder de la agrupación tribal también fue claro durante el período de la desenfrenada inventiva que se desarrolló alrededor de la industria del software que acompañó al surgimiento de los ordenadores personales. Silicon Valley ha tenido un impacto enorme en la tecnología digital. Pero, como han observado Dorothy Leonard y Walter Swap, es sorprendentemente pequeña por lo que se refiere a su geografía: «Al mirar el valle desde el avión, mientras se aproxima al aeropuerto de San Francisco, te sorprende lo pequeña que es la región. Como dice Craig Johnson, de Venture Law Group, Silicon Valley "es como un gas comprimido: cada vez está más caliente". Sus tribus se solapan social y profesionalmente basándose en la disciplina del trabajo (ingenieros de software, por ejemplo), asociaciones empresariales (Hewlett-Packard), o formación (MBA en Stanford o inmigrantes sudasiáticos). Los jugadores más expertos no tienen que viajar muy lejos para hacer tratos, cambiar de trabajo o encontrar socios profesionales. A John Doerr, de Kleiner Perkins, le gusta decir que

Silicon Valley es un lugar en el que puedes cambiar de trabajo sin cambiar de plaza de aparcamiento.

»Los valores compartidos también vinculan a los nativos de Silicon Valley. Las convicciones personales de los notables innovadores del valle, que crearon no una compañía sino una industria, todavía resuenan en la comunidad. Hill Hewlett y David Packard influyeron directamente en la generación más antigua; muchos de ellos fueron con anterioridad empleados. A través de esta vieja guardia, la solidaridad y los altos estándares de funcionamiento pasaron a la siguiente generación de emprendedores».

Abundan otros ejemplos de tribus formadas por individuos inspiradores: los equipos deportivos —los New York Knicks de 1969, la «defensa sin nombre» de los invictos Miami Dolphins de 1972, los Minnesota Twins de 1991— que funcionaron como un colectivo de mayor categoría que cualquiera de las personas individuales, o el movimiento de la Bauhaus en arquitectura en las primeras décadas del siglo xx. En cada caso, la agrupación de una tribu de personas creativas condujo a una innovación y un crecimiento explosivos.

La alquimia de la sinergia

El ejemplo más impresionante del poder de las tribus es el trabajo de los verdaderos equipos creativos. En *Organizing Genius: The Secrets of Creative Collaboration*, Warren Bennis y Pat Ward Biederman escriben acerca de lo que ellos llaman «grandes grupos», personas con intereses parecidos que crean algo mucho mejor que lo que cualquiera de ellos podría conseguir individualmente;

son algo más que la suma de las partes. «Un gran grupo puede ser incitador, controlador, una caja de resonancia y una fuente de inspiración, apoyo e incluso amor», dicen. La combinación de las energías creativas y de la necesidad de funcionar al más alto nivel para mantenerse al mismo ritmo que sus iguales lleva a establecer un compromiso por la excelencia que de otra forma sería inalcanzable. Es la alquimia de la sinergia.

Uno de los mejores ejemplos para ilustrar esto es la creación del álbum *Kind of Blue*, de Miles Davis. Aunque los amantes de la música de todo tipo consideran «indispensable» la grabación, y legiones de entusiastas del jazz —y, ya puestos, los fans de la música clásica y del rock— conocen de memoria cada una de las notas del álbum, ninguno de los músicos que tomaron parte en su creación sabía lo que iba a tocar antes de entrar en el estudio.

El pianista Bill Evans, en las notas originales de la carátula del disco, explica: «Miles concibió la idea de estos arreglos solo unas horas antes de la grabación y llegó con unos esbozos que indicaban al grupo lo que se iba a tocar. Por tanto, en estas actuaciones oirás algo cercano a la pura espontaneidad. El grupo no había tocado estas piezas antes de la grabación, y creo que, sin excepción, la primera ejecución completa de cada una de ellas fue una "toma"». De hecho, todas las canciones que aparecen en el álbum son primeras tomas, a excepción de «Flamenco Sketches», que se grabó a la segunda.

Cuando el trompetista Miles Davis reunió en el estudio a Evans, al saxo tenor John Coltrane, al saxo alto Julian «Cannonball» Adderley, al pianista Wynton Kelly, al bajista Paul Chambers y al batería Jimmy Cobb en 1959, diseñó las escalas —lo que era un tanto revolucionario, ya que por entonces el jazz se basaba tradicionalmente en cambios de acordes— y puso en marcha la grabadora. Por aquel entonces, cada uno de los músicos era un participante activo de la tribu que llevaba al jazz por nuevas direcciones, y ya habían trabajado juntos en el pasado. Sin embargo, lo que ocurrió durante las sesiones de *Kind of Blue* fue una tormenta perfecta de afirmación, inspiración y sinergia. Estos artistas se dispusieron a romper barreras, tenían el talento para llevar su música en una nueva dirección y contaban con un líder de visión audaz.

Aquel día, su trabajo de improvisación fue el resultado de la fusión de poderosas fuerzas creativas para engendrar algo de una envergadura extraordinaria: el objetivo final de la sinergia. La magia surgió en cuanto la grabadora se puso en movimiento. «La improvisación en grupo es un desafío adicional —dijo Evans—. Aparte del pesado problema técnico de conseguir un pensamiento colectivo coherente, está el problema humano: incluso en una reunión informal todos los miembros tienen que ceder en aras del resultado general. Este problema, pienso que el más difícil, queda solucionado en esta grabación.» La música que crearon en las pocas horas siguientes —trabajando en equipo, oponiéndose y sincronizando entre ellos, desafiándose mutuamente— perdurará durante varias generaciones. *Kind of Blue* es el álbum de jazz más vendido de todos los tiempos y, casi cincuenta años después, todavía vende miles de copias a la semana.

¿Por qué los componentes de un equipo creativo logran más cosas juntos que por separado? Creo que se debe a que reúnen las tres características clave de la inteligencia que describí antes. En cierto modo son el modelo de las características fundamentales de la mente creativa.

Los grandes equipos creativos son *heterogéneos*. Están compuestos por personas con habilidades diferentes pero complementarias entre sí. El equipo que creó *Kind of Blue* estaba formado por músicos excepcionales que no solo tocaban instrumentos diferentes sino que tenían distintas sensibilidades musicales y diferentes tipos de personalidad. Lo mismo puede decirse de los Beatles. A pesar de todo lo que tenían en común, cultural y musicalmente, Lennon y McCartney eran personas muy distintas, y también lo eran George Harrison y Ringo Starr. Fueron sus diferencias lo que hizo que su trabajo creativo en conjunto fuera mejor que la suma de sus partes.

Los equipos creativos son *dinámicos*. La diversidad de talentos es importante pero no suficiente. Las diferentes formas de pensamiento pueden ser un obstáculo para la creatividad. Los equipos creativos encuentran la forma de utilizar sus diferencias y energías, no sus puntos débiles. Tienen un proceso mediante el cual sus fuerzas se complementan a la vez que compensan las debilidades de cada uno. Son capaces de desafiarse entre sí como iguales, y tomar las críticas como un incentivo para avivar el juego.

Los equipos creativos están *bien definidos*. Hay una gran diferencia entre un buen equipo y un comité. La mayoría de los comités hacen un trabajo rutinario y sus miembros en teoría son intercambiables por otras personas. Por lo general, los miembros de un comité están allí para representar unos intereses específicos. A menudo, un comité puede realizar su trabajo mientras la mitad de sus miembros consultan sus *blackberries* o estudian el papel de la pared. Con frecuencia los comités son imperecederos; da la sensación de que durarán eternamente, de que se reúnen muy a menudo. Los equipos creativos tienen una personalidad distintiva y se reúnen para hacer algo específico. Solo están juntos durante el tiempo que quieren o deben para terminar el trabajo.

Uno de los ejemplos más famosos de trabajo en equipo es la administración del presidente Abraham Lincoln. En su libro *Team of Rivals*, Doris Kearns Goodwin cuenta la historia de Lincoln y de cuatro miembros de su gabinete: Edwin M. Stanton, secretario de Guerra; Salmon P. Chase, secretario del Tesoro; William H. Seward, secretario de Estado, y Edward Bates, secretario de Justicia. Estos cinco hombres, apasionados por el deseo de dirigir y hacer avanzar a Estados Unidos, formaron incuestionablemente parte de la misma tribu. Sin embargo, cada uno de los otros cuatro se había opuesto abierta e implacablemente a Lincoln antes de su presidencia. Stanton incluso llegó a llamarlo «simio de brazos largos». Todos habían mantenido firmemente posiciones que a veces diferían en gran medida de las de Lincoln. Además, cada uno de ellos creía merecer la presidencia mucho más que el hombre elegido por el pueblo estadounidense.

A pesar de todo, Lincoln creyó que cada uno de estos rivales tenía algún punto fuerte que la administración necesitaba. Reunió a este grupo con una ecuanimidad difícil de imaginar en la actual política estadounidense. Discutían incesante y a veces enconadamente. Sin embargo, al trabajar juntos descubrieron la habilidad de forjar mediante sus diferentes opiniones una sólida y resistente política nacional y gobernaron el país durante su período más arriesgado a través del esfuerzo de su combinada sabiduría.

Perdido en la multitud

Hay una importante diferencia entre pertenecer a una tribu tal como lo estoy definiendo y formar parte de una multitud, incluso cuando los miembros de la multitud estén en ella por la misma razón y sientan las mismas pasiones. Se me ocurren de inmediato los fanáticos de los deportes. Hay fans vociferantes y apasionados a lo largo y ancho del panorama deportivo: seguidores fieles de rugby en Grenn Bay, entusiastas del fútbol en Manchester, fanáticos del hockey sobre hielo en Montreal, etc. Cubren sus paredes, sus coches y los jardines delanteros de sus casas con la parafernalia de su equipo. Seguramente conocen la alineación de los jugadores titulares de su equipo cuando terminó cuarto en 1988. Quizá aplazaron la fecha de su boda porque coincidía con la World Series de béisbol o la Copa de Europa. Están entregados a su equipo, extasiados con su equipo, y es posible que su estado de ánimo varíe con los resultados de su favorito. Pero su afición no los sitúa en una tribu junto a sus fans colegas, al menos no como aquí lo estoy describiendo.

El comportamiento de un fan representa una forma distinta de integración social. Algunas personas, incluidos Henri Tajfel y John Turner, la abordan como una teoría de la identidad social. Sostienen que a menudo las personas adquieren gran conciencia de sí mismas mediante la adscripción a grupos específicos, y que tienden a relacionarse con grupos que fomentarán su autoestima. Los equipos deportivos hacen que los fans se sientan parte de una enorme y poderosa organización. Esto es especialmente cierto cuando los equipos ganan. Mirad alrededor al final de cualquier temporada deportiva y veréis por todas partes camisetas del equipo ganador de esa temporada, incluso en lugares lejanos de la ciudad sede del equipo. Los fans presumen de ser seguidores de equipos victoriosos porque creen que de algún modo esa victoria les pertenece.

El psicólogo social Robert Cialdini tiene un término para esto. Lo llama «regodearse en la gloria refleja», o BIRGing (del inglés, Basking in Reflected Glory). En la década de 1970, Cialdini y otros dirigieron un estudio sobre el BIRGing y comprobaron que los universitarios estadounidenses eran mucho más propensos a llevar ropa afín a la propia universidad los lunes posteriores a que esta ganase un partido de fútbol americano. También descubrieron que solían hablar de *nosotros* cuando se referían a la victoria —como «El sábado destrozamos a los State»— mucho más que cuando su equipo perdía. Cuando esto sucedía, por lo general el pronombre cambiaba a *ellos*: «No puedo creer que la pifiaran».

La cuestión acerca del BIRGing en relación con nuestra definición de tribu es que la persona que festeja la victoria tiene poco o nada que ver con la gloria alcanzada. Damos muy poco crédito a la repercusión que haya podido tener el apoyo de un fan que asistió al encuentro. Aunque los seguidores serios de un equipo son muy supersticiosos, solo los más irracionales creen de verdad que sus acciones —llevar la misma gorra a todos los partidos, sentarse completamente inmóviles durante un rally automovilístico, utilizar una marca determinada de carbón durante la fiesta que suele hacerse en el aparcamiento del estadio— tienen algún impacto en los resultados.

Ser miembro de un grupo de fans no es lo mismo que pertenecer a una tribu. De hecho, esa adscripción puede provocar el efecto contrario. La pertenencia a una tribu, tal como la defino aquí, ayuda a que las personas sean más ellas mismas, las guía hacia una conciencia mayor de identidad personal. Por otra parte, es fácil perder la propia identidad dentro de una gran multitud, e incluyo aquí al grupo de fans. Ser un fan es ser un adepto, animar o abuchear, alegrarse con la victoria y desesperarse en la derrota. Esto puede ser en muchos sentidos satisfactorio y emocionante, pero por lo general no te conduce al Elemento como medio de realización personal.

De hecho, en muchos sentidos la afiliación entusiasta es una forma de lo que los psicólogos llaman, de manera bastante chocante, «despersonalización». Esto significa que al convertirte en parte de un grupo pierdes el sentido de la propia identidad. Formas extremas de despersonalización desembocan en determinados comportamientos callejeros. Si has ido alguna vez a ver un partido de fútbol, sabrás cómo se aplica esto en el mundo de los deportes. Pero incluso en versiones más inofensivas se traduce en un sentido del anonimato que lleva a que las personas pierdan sus inhibiciones, a que a veces realicen actos de los que más tarde se arrepienten, y en la mayoría de los casos a hacer cosas ajenas a su personalidad normal. En otras palabras, estas acciones pueden llevarnos lejos de nuestro verdadero yo.

Mi hermano pequeño, Neil, era futbolista profesional en el Everton, uno de los equipos más importantes de Inglaterra. Siempre que estaba en Liverpool, iba a verlo jugar. Era una experiencia estimulante y, a menudo, aterradora. Digamos que los fans de fútbol de Liverpool son muy entusiastas. Les apasiona ganar, y cuando las cosas en el campo no van como ellos quieren, les encanta proponer consejos tácticos desde las gradas. Es una forma de asesorar a los jugadores, y a menudo también al árbitro. Si Neil fallaba al colocar un pase exactamente donde querían los fans, estos gritaban palabras de ánimo: «Mal tiro, Robinson», decían, o «Vamos, seguro que puedes hacerlo mejor». Y cosas por el estilo.

En una ocasión, alguien que estaba sentado justo detrás de mí tuvo un arrebato histérico y comenzó a criticar contundentemente las tácticas de mi hermano pequeño utilizando palabras que implicaban a mi madre y, por extensión, a mí. Por puro instinto, me di la vuelta para salvar el honor de la familia. No obstante, cuando vi el tamaño y la cara de ese fan maníaco, decidí que probablemente tenía razón. El comportamiento de las masas es así.

Observar, escuchar y aprender

Algunos espectadores son en verdad críticos expertos, y lo que piensan acerca de un acontecimiento puede genuinamente ayudar a que los demás lo entiendan mejor. Los dominios de la crítica literaria, la música, el periodismo y de los comentarios deportivos tienen miembros distinguidos cuyas palabras nos hablan con profundidad y que pertenecen a tribus dedicadas apasionadamente a ampliar los conocimientos de su especialidad. Esto es diferente de la simple afiliación entusiasta. Se trata de una representación al servicio de esta que tiene marcados niveles de excelencia y verdadera vocación. El comentarista deportivo Howard Cosell tituló una de sus autobiografías *I Never Played the Game*; sin embargo, fue durante décadas una de las voces más importantes e influyentes del mundo de los deportes en Estados Unidos.

Creo que Cosell, aunque no fuese un atleta, encontró su Elemento en los deportes. Sabía que podía enriquecer la experiencia deportiva del fan medio y al hacerlo tuvo una mayor percepción de quién era en realidad. Cosell dijo una vez: «Estaba poseído por mi deseo y mi determinación de triunfar en el mundo de las retransmisiones deportivas. Sabía exactamente qué quería hacer y cómo». Era uno más de un grupo clave de entusiastas; llegó a participar activamente en el mundo que admiraba tendiendo un puente entre los jugadores y la audiencia.

Puede que en toda multitud y en toda audiencia haya alguien que responda de forma diferente de los demás: alguien que tenga su propia epifanía, que vea a su tribu no en las gradas que le rodean sino en el escenario frente a él.

Billy Connolly es uno de los cómicos más originales y divertidos del mundo. Nació en un barrio obrero de Glasgow en 1942. En el colegio, por el que sentía aversión, se abrió paso con dificultad y lo dejó tan pronto como pudo para convertirse en aprendiz de soldador en los astilleros de su ciudad. Pasó un tiempo allí aprendiendo el oficio y embebiéndose de las costumbres y hábitos de la vida cotidiana en los márgenes del río Clyde. Connolly adoraba la música desde muy temprana edad, y aprendió por su cuenta a tocar la guitarra y el banjo. Como a Bob Dylan —en la misma época y a un océano de distancia—, le fascinaba la música folk. Pasó todo el tiempo que pudo escuchando y tocando en clubes de folk por toda Escocia. También le encantaban los pubs y las bromas de la vida nocturna de Glasgow; iba al cine con regularidad, a los bailes de los sábados por la noche y esporádicamente al teatro.

Una noche, Connolly vio por televisión al cómico Chick

Murray, quien durante más de cuarenta años había sido una leyenda de la comedia y del teatro de variedades. Su ingenio, gracioso y mordaz, era la personificación de la interpretación lacónica de la vida que caracteriza al humor escocés. Billy se sentó y se dispuso a ver una sesión desenfrenada del gran hombre. Y así fue, pero tuvo algo más: una epifanía. Removiéndose en su asiento, Billy fue totalmente consciente del placer desenfrenado, de la liberación emocional y de la hiriente perspicacia que Murray desataba a su alrededor. Aquel momento en Glasgow fue decisivo para Billy, como lo fue para Bob Dylan escuchar a Woody Guthrie en Greenwich Village. Entendió de pronto que era posible hacer algo así, y que iba a hacerlo. Comenzó a alejarse de la multitud y a fusionarse con su tribu.

Billy siempre se había dirigido a sus reducidas audiencias entre canciones. Poco a poco fue hablando cada vez más y cantando cada vez menos. También descubrió que el público era cada vez mayor. Para muchos cómicos de su generación, pasó a convertirse en el rey de la comedia espontánea. Su trabajo le ha llevado muy lejos de los astilleros del Clyde, a teatros de todo el mundo llenos de gente, a laureadas películas como actor y hasta el pensamiento y el cariño de millones de personas.

Como la mayor parte de las personas de este libro, encontró su camino no solo cuando encontró su Elemento, sino también cuando encontró su tribu.

6

¿Qué pensarán los demás?

Encontrar tu Elemento puede ser un desafío en muchos planos, algunos de los cuales ya hemos abordado. A veces el desafío está en el interior de uno mismo, en la falta de confianza o el miedo al fracaso. A veces la verdadera barrera la forman las personas cercanas a ti y la imagen y las expectativas que tienen de ti. Otras veces los obstáculos no son las personas que conoces sino la cultura general que te rodea.

Las barreras para encontrar el Elemento son como tres «círculos de restricción» concéntricos. Estos círculos son *personales, sociales* y *culturales*.

Esta vez es personal

Dada la forma en que ha resuelto su vida, es curioso que varios de los profesores y compañeros de clase de Chuck Close le considerasen un vago cuando era pequeño. Los chicos lo pensaban porque Chuck tenía problemas físicos que le hacían difícil la práctica de los deportes e incluso los juegos más elementales en el patio del recreo. Es probable que los profesores lo pensasen porque sus exámenes eran muy flojos, pocas veces los terminaba y parecía un gandul. Más tarde resultó que era disléxico, pero cuando Chuck era joven todavía no se había diagnosticado esta enfermedad. A muchas personas les parecía que Chuck Close no se esforzaba demasiado por lograr hacer algo con su vida, y la mayoría creía que no llegaría muy lejos.

Por si sus problemas de aprendizaje y sus dolencias físicas fueran pocos, Close tuvo que hacer frente a una situación trágica por la que ningún joven debería pasar. Su padre, que regularmente hacía cambiar de lugar de residencia a la familia, murió cuando Chuck tenía once años. Por aquel tiempo, su madre, concertista de piano, tuvo un cáncer de mama y los Close perdieron su casa para poder pagar las facturas médicas. Incluso su abuela cayó gravemente enferma.

Si Close logró superar todo esto fue por su pasión por el arte. «Creo que pronto hubo algo en mi habilidad artística que me alejó del resto de la gente —dijo en una entrevista—. Era un espacio en el que me sentía competente y al que podía recurrir.» Incluso ideó formas innovadoras de utilizar su arte para vencer las restricciones que le imponían sus enfermedades. Creó teatros de marionetas y espectáculos de magia —lo que llamaba «entretener a las tropas»— para que otros niños pasasen algún tiempo con él. Complementaba sus trabajos escolares con elaborados proyectos artísticos para demostrar a los profesores que él no «se hacía el enfermo».

Al final, su interés por el arte y su habilidad innata le permitieron llegar a ser uno de los talentos más singulares de la cultura estadounidense. Después de licenciarse en la Universidad de

Washington y conseguir un máster en Yale —varios de sus antiguos profesores le habían dicho que la universidad estaba fuera de
sus posiblidades—, Close emprendió una carrera que le granjea-
ría el prestigio de ser uno de los más célebres artistas estadounidenses. Su estilo distintivo consistía en el diseño de un sistema
cuadriculado para crear enormes imágenes fotorrealistas de ros-
tros animados con textura y expresión. Su método atrajo la atención general de los medios de comunicación, y sus cuadros están
colgados en los mejores museos del mundo. Mediante una dedicación constante a su pasión y a su arte, Chuck Close venció importantes limitaciones para encontrar su Elemento y llegar a la
cumbre de su profesión.

Pero este solo es el principio de la historia.

En 1988, Chuck estaba presentando un premio en Nueva
York cuando de repente sintió algo raro en su interior. Llegó hasta el hospital, pero en unas horas se quedó tetrapléjico, víctima
de un coágulo de sangre en la espina dorsal. Era uno de los mejores artistas de su generación y ni siquiera podía agarrar un pincel. Los tempranos esfuerzos de rehabilitación resultaron frus-
trantes; parecía que el último obstáculo en una vida llena de ellos
conseguiría frenar sus ambiciones.

Sin embargo, un día Close descubrió que podía sostener un
pincel con los dientes e incluso manejarlo lo suficientemente
bien para crear imágenes muy pequeñas: «Me animé de repente.
Intenté imaginar qué clase de pinturas minúsculas podría hacer a
partir solo de ese movimiento. Intenté imaginar qué apariencia
tendrían esas pinturas. Aquel pequeño movimiento de cuello
bastaba para hacerme saber que quizá no estaba imposibilitado
del todo. Quizá podría hacer algo».

Lo que pudo hacer fue crear un tipo de arte totalmente nuevo. Cuando más tarde recuperó cierta movilidad en la parte superior del brazo, Close comenzó a utilizar colores intensos para hacer pequeños cuadros que luego unía para convertirlos en un enorme mosaico. Su nueva obra fue por lo menos tan popular como la anterior y le granjeó más elogios y notoriedad.

Durante toda su vida, Chuck Close había tenido infinitas razones para rendirse y desistir de ser artista. En cambio, escogió seguir adelante, superar los límites y permanecer en su Elemento a pesar de los nuevos obstáculos que apareciesen en el camino. No permitiría que ninguna de estas cosas le impidiese ser la persona que él sentía que tenía que llegar a ser.

Chuck Close no es el único que ha superado impedimentos físicos para ir en busca de lo que le apasiona. Conoceremos otras personas que también lo han conseguido, y puede que algunas te sorprendan. Los problemas a los que se enfrentan no son solo físicos, aunque las discapacidades físicas pueden ser torturadoras y desesperantes. También hicieron frente a problemas derivados de su propia actitud ante sus discapacidades y al efecto que causó en sus sentimientos la actitud de otras personas hacia su discapacidad. Para superar estas barreras físicas y psicológicas, las personas con minusvalías de cualquier tipo tienen que reunir enormes reservas de confianza en sí mismas y de determinación para llevar a cabo cosas que otras personas pueden hacer sin pensarlo dos veces.

Can*do*Co es una compañía profesional de danza contemporánea, tiene sede en Gran Bretaña y la forman bailarines con minusvalías y sin ellas. A lo largo de los años han formado parte de la compañía bailarines con una o dos piernas amputadas, para-

pléjicos en sillas de ruedas y personas con todo tipo de enfermedades. El sueño de la compañía, fundada en 1982, es inspirar al
público y ayudar a los participantes «a lograr sus más altas aspiraciones según el *ethos* de la compañía de que la danza está al
alcance de todo el mundo». CandoCo trabaja para ampliar la percepción de la danza a través de sus actuaciones y de su programa
educativo y de entrenamiento. Los directores de la compañía dicen que CandoCo siempre ha picado muy alto: «Alto en la calidad de los movimientos, alto en la integridad de la danza como
forma de arte y alto en las expectativas que tenemos de nosotros
mismos como intérpretes. Nos centramos en la danza, no en la
minusvalía, y en la profesionalidad, no en la terapia». Es una más
de las cada vez más frecuentes compañías que integran danza,
teatro y música, y sus ambiciones se han visto cumplidas a través
de numerosos premios internacionales otorgados por críticos especializados y por festivales de todo el mundo: «Se ha dicho que
para apreciar de verdad a la compañía CandoCo —observó un
crítico—, es preciso descartar todas las ideas convencionales sobre
un cuerpo de baile. ¿Para qué hablar de un veloz y fluido juego de
pies con los dedos en punta, cuando las piernas no tienen ninguna importancia? [En estas actuaciones] las representaciones de un
cuerpo perfecto y entero físicamente se lanzan por la ventana y se
introducen figuras "menos que enteras" con no menos talento
que sus musculosos y sanos colegas... Aquellos que esperasen ver
a los bailarines de CandoCo realizar acrobacias y desafiar la gravedad con muletas y sillas de ruedas, se habrán sentido muy de-
cepcionados. En lugar de eso, su actuación ha sido una confron-
tación visual y psicológica, no tanto una bofetada en la cara como
una persistente reflexión que llega al corazón y mima la mente».

Tanto si uno es minusválido como si no, la actitud tiene una importancia fundamental a la hora de encontrar el Elemento. La fuerte determinación de llegar a ser uno mismo tiene un poder indomable. Sin ella, incluso una persona en perfecta forma física está en desventaja. Según mi propia experiencia, la mayoría de la gente tiene que afrontar sus propios miedos y su poca confianza en sí misma tanto como cualquier impedimento externo de circunstancia y oportunidad.

Esta escala de angustias se refleja en el floreciente mercado mundial de libros y cursos de autoayuda, muchos de los cuales se centran justamente en estas cuestiones. Para mí, el libro de referencia dentro de este campo es *Aunque tenga miedo, hágalo igual*,* de Susan Jeffers. Se ha traducido a treinta y cinco idiomas y ha vendido millones de ejemplares. En él, Jeffers escribe con pasión y elocuencia acerca de los miedos persistentes que impiden a tantas personas vivir su vida con plenitud y contribuir al mundo. Estos temores incluyen el miedo al fracaso, el miedo a no ser lo suficientemente bueno, el miedo a que descubran que quieres algo, el temor a la desaprobación, a la pobreza y a lo desconocido.

El miedo es, quizá, el obstáculo más común para encontrar el Elemento. Puede que te preguntes cuántas veces el miedo ha desempeñado un papel importante en tu vida y te ha impedido hacer lo que desesperadamente querías intentar. La doctora Jeffers propone una serie de técnicas bien comprobadas para pasar de tener miedo a la sensación de sentirnos realizados, la más poderosa de las cuales queda explícita en el título de su libro.

---

* Edición en castellano, Ediciones Robinbook, Barcelona, 2002.

Social: es por tu bien

El miedo a la desaprobación y a que descubran que queremos algo, a menudo se da en las relaciones con las personas más cercanas a nosotros. Es muy probable que tus padres y tus hermanos, y tu pareja y tus hijos (si los tienes), tengan firmes opiniones sobre lo que deberías y no deberías hacer con tu vida. Desde luego, tal vez estén en lo cierto y tengan un papel positivo como mentores a la hora de estimular tus verdaderas habilidades. Pero también podrían estar completamente equivocados.

La gente puede tener razones muy complejas para intentar cortar las alas de los demás. Tal vez el hecho de que escojas un camino diferente no se adecue a sus intereses, o les complique la vida y crean que no se lo pueden permitir. Cualesquiera que sean las razones, alguien que te impida hacer aquello que amas —o incluso ir tras ello— te puede provocar una intensa frustración.

Puede que los otros no tengan ningún motivo para oponerse. Es probable que sencillamente te encuentres envuelto en una red de obligaciones sociales y expectativas que, de forma tácita, pongan límites a tus ambiciones. Muchas personas no encuentran el Elemento porque no tienen la confianza o el estímulo necesarios para salir fuera de su círculo de relaciones.

A veces, por supuesto, tus seres queridos creen sinceramente que estás malgastando tu tiempo y talento haciendo algo que ellos desaprueban. Eso fue lo que le pasó a Paulo Coelho. Sus padres fueron más lejos que la mayoría intentando desanimarle. Le enviaron repetidas veces a una institución psiquiátrica, donde le sometieron a terapia de electrochoque «porque le querían». La próxima vez que te sientas culpable por haber reñido a tus hijos, a lo mejor te consuela no haber recurrido a las técnicas de los Coelho.

La razón por la que los padres de Coelho le ingresaron en un manicomio fue que de adolescente le apasionaba la idea de llegar a ser escritor. Pedro y Lygia Coelho creían que así malgastaría su vida. Le aconsejaron que escribiera en su tiempo libre si necesitaba hacerlo, pero su verdadero futuro estaba en la abogacía. Cuando Paulo insistió en que quería dedicarse al mundo del arte, sus padres creyeron que no tenían otra opción que enviarle a una institución mental para que le sacaran esas ideas destructivas de la cabeza. «Ellos querían ayudarme —dijo Coelho—. Tenían sus sueños. Yo quería hacer esto y aquello, pero mis padres tenían otros planes para mí. Llegó un momento en que ya no podían controlarme y estaban desesperados.»

Sus padres lo ingresaron tres veces en el manicomio. Sabían que su hijo era muy listo, creían que tenía una carrera prometedora por delante e hicieron lo que creían que tenían que hacer para que fuese por el buen camino. Aun así, ni siquiera un método tan extremo impidió que Paulo Coelho encontrara su Elemento. Pese a la firme oposición de su familia, se dedicó a la escritura.

Sus padres estaban en lo cierto al suponer que tenía un futuro prometedor por delante, pero este no tenía nada que ver con la abogacía. La novela de Coelho *El alquimista* fue un best seller internacional del que se han vendido más de cuarenta millones de ejemplares en todo el mundo. Sus libros se han traducido a más de sesenta idiomas, y es el escritor más vendido en lengua portuguesa de todos los tiempos. Su radio de acción creativo se extiende a la televisión, los periódicos e incluso a la música pop: ha escrito las letras de varios éxitos musicales del rock brasileño.

Es muy posible que Paulo Coelho hubiese llegado a ser un eminente abogado. Sin embargo, su sueño era escribir. Y aunque sus padres trataron firmemente de llevarle por «el buen camino», se mantuvo centrado en su Elemento.

A pocos de nosotros nos presionan con tanta firmeza para que nos avengamos a las expectativas de nuestra familia. Pero son muchas las personas que tropiezan con esas barreras: «No te apuntes a un curso de baile, no puedes ganarte la vida siendo bailarín»; «Eres bueno en matemáticas, deberías ser contable»; «No voy a pagar para que te especialices en filosofía»…

Por regla general, cuando las personas cercanas a ti intentan disuadirte de que tomes determinado camino, creen que lo hacen por tu propio bien. Algunas tienen razones menos nobles, pero la mayoría creen saber qué es lo mejor para ti. Y el hecho es que el oficinista medio probablemente tiene mayor seguridad económica que la mayoría de los trompetistas de jazz. Pero es difícil que te sientas realizado cuando no haces algo que te importe. Hacer algo «por tu propio bien» pocas veces será por tu propio bien si consigue que seas menos de lo que en realidad eres.

La decisión de ir sobre seguro, de seguir el camino más fácil, puede parecer irresistible, en particular si se tienen dudas y miedo a las alternativas. Y para algunas personas es más sencillo evitar los conflictos y contar con la aprobación de sus padres, hermanos y parejas. Pero no es así para todo el mundo.

Algunas de las personas de este libro tuvieron que apartarse de su familia, al menos durante un tiempo, para llegar a ser las personas que necesitaban ser. Su decisión de tomar el camino menos cómodo y aceptar pagar el precio de tener relaciones problemáticas, vacaciones familiares tensas y, en el caso de Coelho, incluso perder células cerebrales, a la larga les reportó considerables grados de satisfacción y realización personal. Consiguieron hacer caso omiso a sus seres queridos para no tener que pagar el precio de renunciar a sus sueños.

En la década de los sesenta, Arianna Stasinopoulos, una adolescente griega, tuvo un repentino y apasionado sueño. Estaba hojeando una revista cuando vio una fotografía de la Universidad de Cambridge. Solo tenía trece años, pero decidió en el acto que tenía que conseguir estudiar allí. Todo el mundo al que se lo contaba, incluidos sus amigos y su padre, dijeron que era una idea ridícula. Era una chica, era demasiado caro, no tenía parientes allí y aquella era una de las universidades más prestigiosas del mundo. Nadie la tomó en serio. Es decir, nadie excepto ella misma. Y otra persona.

Su madre decidió que tenían que descubrir si el sueño de Arianna era remotamente posible. Hizo algunas averiguaciones y se enteró de que Arianna podía solicitar una beca. Incluso encontró unos billetes de avión baratos «para ir a Inglaterra y visitar Cambridge en persona. Fue un ejemplo perfecto de eso que hoy llamamos "visualización"». El vuelo a Londres fue largo; llovió todo el tiempo que pasaron en Cambridge. Arianna y su madre no conocieron a nadie de la universidad, simplemente pasearon e imaginaron cómo sería vivir allí. Con su sueño fortalecido, Arianna solicitó su admisión en cuanto cumplió los requisitos.

Para su alegría y para sorpresa de todo el mundo (excepto de su madre), Cambridge la aceptó y Arianna consiguió una beca. Con dieciséis años se trasladó a Inglaterra y acabó licenciándose en Económicas por Cambridge. A los veintiún años era la primera mujer presidenta del célebre círculo de debate y discusión Cambridge Union.

Asentada en la actualidad en Estados Unidos, Arianna Huffington es autora de once libros sobre historia cultural y política, columnista leída en todo el país y copresentadora de *Left, Right & Center*, programa de debate político de la radio pública nacional. En mayo de 2005 lanzó al mercado *Huffington Post*, una página web de noticias y un blog que se ha convertido en «uno de los más leídos y citados con mayor frecuencia en internet». En 2006, *Time Magazine* la incluyó en la lista de las cien personas más influyentes del mundo.

Huffington sabe que los mayores obstáculos para alcanzar el éxito pueden ser la desconfianza en uno mismo y la desaprobacion de otras personas. Dice que esto es especialmente cierto en el caso de las mujeres. «Me llama la atención la de veces que cuando he pedido a una mujer que escribiera un artículo para el *Huffington Post* he visto que lo pasaba mal porque no confiaba en que lo que tenía que decir valiese la pena, incluso escritoras de reconocido prestigio [...] Creo que demasiadas veces las mujeres no lo intentamos porque no queremos correr el riesgo de fracasar. Concedemos tanto valor a la aprobación de los demás, que nos resistimos a asumir riesgos.

»Las mujeres todavía tenemos una relación difícil con el poder y los atributos necesarios para ser líderes. Tenemos interiorizado ese miedo a que si somos demasiado poderosas nos considerarán crueles, agresivas o chillonas: adjetivos todos ellos que son un golpe certero a nuestra feminidad. Todavía tenemos que intentar superar el miedo a que el poder y la feminidad se excluyan mutuamente.»

Huffington dice que hubo dos factores clave a la hora de perseguir su antiguo sueño. El primero fue que en realidad no entendía en lo que se estaba metiendo: «Mi primera experiencia de liderazgo la tuve siendo extranjera y felizmente ignorante. Fue en la universidad, cuando me convertí en presidenta de la sociedad de debate Cambridge Union. Como me había criado en Grecia, nunca había oído hablar de la Cambridge Union ni de la Oxford Union y no sabía el papel que tenían dentro de la cultura inglesa, así que para mí nunca fue una carga el abrumador prestigio que tal vez impidió a las chicas inglesas plantearse siquiera pretender semejante cargo [...]. De este modo, fue una bendición empezar mi carrera fuera del entorno de mi casa, aunque tenía sus propios problemas, como el hecho de que se burlasen de mi acento y me humillaran por hablar de forma curiosa. Pero también aprendí que es más fácil sobreponerse a las opiniones de los demás que vencer la opinión que tenemos de nosotros mismos, el miedo que interiorizamos».

El segundo factor fue el inquebrantable apoyo de su madre: «Creo que nada de lo que he hecho en la vida hubiese sido posible sin mi madre. Ella me proporcionó ese lugar seguro, esa sensación de que estaría allí pasara lo que pasase, tanto si lo lograba como si fracasaba. Me dio lo que espero ser capaz de dar a mis hijas: la sensación de que podía ambicionar las estrellas junto con la certeza de que si no las alcanzaba, ella no me querría menos por eso. Me ayudó a entender que el fracaso forma parte de la vida».

El pensamiento grupal

De forma positiva o negativa, nuestros padres y familiares tienen una poderosa influencia sobre nosotros. Pero aún más fuerte, sobre todo cuando somos jóvenes, es la de nuestros amigos. No elegimos a nuestra familia, pero elegimos a nuestros amigos, y a menudo es una forma de expandir nuestra identidad más allá de nuestro ámbito familiar. Como consecuencia, la presión para adaptarnos a las pautas y expectativas de nuestros amigos y de otros grupos sociales puede ser intensa.

Judith Rich Harris es una psicóloga evolucionista que ha estudiado la influencia de los amigos y de los grupos de su edad en los jóvenes. Sostiene que hay tres fuerzas que forman nuestro desarrollo: nuestro temperamento personal, nuestros padres y nuestros coetáneos. La influencia de estos, afirma, es mucho más fuerte que la de nuestros padres. «El mundo que los niños comparten con sus iguales —dice— es lo que da forma a su comportamiento, modifica las características con las que nacieron y, por tanto, determina el tipo de persona que serán cuando crezcan.»

Los niños sacan sus ideas acerca de cómo comportarse identificándose con el grupo y asumiendo su actitud, su comportamiento, su lenguaje y su forma de vestir y de acicalarse: «La mayoría de ellos lo hacen de manera automática y de buena gana. Quieren ser como los de su edad, pero por si acaso tienen ideas raras, estos les recordarán rápidamente las consecuencias de ser diferente [...] El clavo que sobresale se clava a martillazos».

Si romper las reglas es una forma segura de encontrarnos fuera del grupo, tal vez reprimiremos nuestras pasiones más profundas para seguir vinculados a él. En el colegio disimulamos nuestro interés por la física porque nuestro círculo cree que no es guay. Nos pasamos las tardes jugando al baloncesto cuando lo que en realidad queremos hacer es llegar a dominar las cinco salsas estrella de la cocina francesa. Nunca hablamos de nuestra fascinación por el hip-hop porque las personas con las que viajamos lo consideran demasiado «callejero». Es probable que para llegar a estar en el Elemento tengas que salir del círculo.

Shawn Carter nació en un barrio de viviendas de protección oficial en Brooklyn, Nueva York. Conocido en la actualidad como Jay-Z, es uno de los músicos y hombres de negocios de mayor éxito de su generación, y un icono para millones de personas de todo el mundo. Para llegar a ser todo esto, primero tuvo que enfrentarse a la desaprobación y el escepticismo de sus amigos y coetáneos con los que creció en las calles de Brooklyn: «Cuando me marché del barrio todo el mundo me dijo que estaba loco. Me iba bien en las calles, y los tíos de mi alrededor decían cosas como: "Estos raperos son unas 'zorras'. Solo graban, van de gira y se distancian de sus familias, mientras que algún blanco se lleva todo el dinero". Yo estaba decidido a hacerlo de forma diferente».

Su modelo fue el empresario del mundo de la música Russell Simmons. Como él, en la actualidad Jay-Z dirige un imperio empresarial diverso arraigado en su éxito como músico pero que va más allá e incluye una línea de ropa y un sello discográfico. Todo esto le ha reportado una fortuna personal enorme y el renovado respeto de sus amigos de Brooklyn, de los que tuvo que apartarse para seguir su camino.

En casos extremos, los grupos paritarios pueden quedar atrapados en lo que el psicólogo Irving Janis ha llamado «pensamiento grupal», una forma de pensamiento «con el que las personas se sienten implicadas cuando están profundamente comprometidas con un grupo excluyente, cuando la lucha por la unanimidad de los miembros pasa por encima de su motivación para evaluar de manera realista formas de proceder alternativas». La creencia imperante es que el grupo sabe mejor que nadie que la decisión o dirección vigente es la que parece representar a la mayor parte de sus componentes, más allá de un examen ponderado: incluso cuando tu instinto te sugiere lo contrario.

Hay varios estudios famosos —y algunos infames— sobre los efectos del pensamiento grupal, incluidos los experimentos de Solomon Asch. En 1951, el psicólogo Asch reunió a estudiantes universitarios en grupos de ocho a diez personas y les dijo que estaba estudiando la percepción visual. Todos los estudiantes excepto uno eran «infiltrados». Conocían la naturaleza del experimento, y Asch les había dado instrucciones para que diesen respuestas incorrectas la mayor parte del tiempo. El verdadero sujeto de estudio —la única persona a la que Asch no había preparado de antemano— tenía que responder a todas las cuestiones después de haber escuchado la mayoría de las respuestas que daban los otros integrantes del grupo.

Asch mostró a los estudiantes una cartulina con una raya. Luego sostuvo en alto otra tarjeta con tres rayas de diferente tamaño y les preguntó cuál de ellas tenía la misma longitud que la línea de la otra tarjeta. Una de ellas era obviamente igual, pero Asch había dado instrucciones a los estudiantes infiltrados para que dijeran que la equivalente era una de las otras rayas. Cuando le tocó responder al sujeto de estudio, se activaron los efectos del pensamiento grupal. En la mayoría de los casos, el individuo respondía como el grupo y en contra de una clara prueba visual, como mínimo, una vez durante la sesión.

Cuando más tarde los entrevistaba, la mayoría de los sujetos decían que sabían que estaban dando respuestas erróneas, pero que lo hacían porque no querían destacar. «La tendencia a la conformidad en nuestra sociedad es tan fuerte —escribió Asch—, que jóvenes razonablemente inteligentes y bienintencionados están dispuestos a llamar blanco al negro. Esto es preocupante. Plantea interrogantes acerca de nuestra forma de educación y los valores que guían nuestra conducta.»

El escritor de gestión empresarial Jerry B. Harvey nos da el famoso ejemplo de la paradoja de Abilene. La historia es como sigue: una calurosa tarde de verano en Coleman, Texas, una familia se encuentra a gusto jugando al dominó en el porche hasta que el suegro propone que vayan hasta Abilene, a 85 kilómetros al norte, a cenar. La mujer dice: «Me parece una buena idea». El marido, a pesar de sus reservas porque el viaje en coche es largo y hace calor, cree que sus preferencias están en desacuerdo con las del grupo y dice: «Me parece bien. Solo espero que tu madre quiera ir». Entonces la suegra dice: «Claro que quiero ir. Hace mucho tiempo que no voy a Abilene». El viaje en coche es sofocante, largo y hay polvo por todas partes. Al llegar al restaurante, la comida es igual de mala. Cuatro horas después regresan a casa agotados. Uno de ellos dice sin ninguna sinceridad: «Ha sido un viaje estupendo, ¿no os parece?». La suegra afirma que en realidad ella habría preferido quedarse en casa, pero que estuvo de acuerdo en ir porque los otros tres habían mostrado mucho entusiasmo. El marido dice: «Yo no quería ir. Solo fui por complaceros». La mujer dice: «Pues yo fui para que estuvierais contentos. Estaría loca si quisiera salir con este calor». El suegro dice que lo propuso porque creía que los demás estaban aburridos.

El grupo, desconcertado por haber decidido todos juntos hacer algo que ninguno de ellos quería hacer, vuelve a sentarse. Todos hubieran preferido quedarse sentados cómodamente, pero no lo confesaron cuando todavía tenían tiempo de disfrutar de la tarde.

Este es un ejemplo inofensivo pero impresionante de las consecuencias del pensamiento grupal. Cada uno de los miembros del grupo accedió a hacer algo que no quería hacer porque creyó que los otros querían hacerlo. La consecuencia fue que nadie quedó contento.

Permitir que las decisiones que tomemos sobre nuestro futuro dependan del pensamiento grupal puede acabar en un resultado igual de desagradable y de mayores consecuencias. Aceptar la opinión del grupo de que la física no es guay, que jugar al baloncesto es mejor que aprender a ser cocinero y que el hip-hop es indigno de una persona, es contraproducente no solo para el individuo sino para el grupo. Quizá, como los personajes de la paradoja de Abilene, otras personas del mismo círculo también discrepen en secreto pero tengan miedo de ser las únicas en oponerse al grupo. El pensamiento grupal puede reducir el grupo a un todo.

Los mayores obstáculos para encontrar el Elemento aparecen en la escuela. Esto se debe en parte a la jerarquía de las asignaturas, lo que significa que muchos estudiantes nunca llegan a descubrir cuáles son sus verdaderos intereses y talentos. Pero dentro de la cultura educacional general, grupos sociales diferentes forman subculturas distintas. Para algunos grupos el código es que estudiar no es guay. Si estás haciendo ciencias, eres raro y empollón; si estás haciendo arte o danza, eres un amanerado. Para otros grupos, hacer estas cosas es absolutamente fundamental.

El poder de los grupos estriba en que dan validez a los intereses comunes de sus miembros. El peligro del pensamiento grupal consiste en que entorpece el juicio individual. El grupo piensa al unísono y actúa en masa. En lo que a esto respecta, los grupos de gente son como bancos de peces.

Una sola hormiga puede fastidiar un picnic

Es muy posible que hayas visto imágenes de bancos de peces enormes nadando en formación cerrada que, de repente, cambian de dirección como si fueran un solo organismo. Quizá hayas visto enjambres de insectos cruzando el cielo y que, de forma natural, bajan en picado y se arremolinan como una nube coordinada. Este espectacular despliegue parece proceder de un comportamiento inteligente y controlado. Pero un arenque o un mosquito no actúan a su libre albedrío, como pensamos que hacen los seres humanos. No sabemos qué pretenden mientras siguen al grupo, pero sabemos que, cuando lo hacen, actúan casi como si fuesen una sola criatura. Hoy día los científicos empiezan a entender mejor a qué se debe esto.

Lo más probable es que el pez haga esos impresionantes cambios de dirección tan precisos guiándose por los movimientos del pez que se encuentra dentro de su campo de percepción. Seguramente, lo que parece una obra maestra de la coreografía no es más que una forma elegante de seguir al líder. Para ilustrar la cuestión, en la actualidad existen programas de ordenador que simulan los efectos de los enjambres y de los bancos de peces con admirable precisión.

Un principio análogo parece guiar la actividad de una de las más antiguas y logradas criaturas de la tierra: la hormiga. Si has observado alguna vez a una hormiga deambular sin rumbo fijo de un lado a otro por el suelo de la cocina en busca de un bocado que echarse a la boca, no te habrás quedado con la sensación de estar delante de una inteligencia sumamente desarrollada en acción. No obstante, el trabajo de las colonias de hormigas es un milagro de eficiencia y éxito. Las hormigas dependen de lo que se conoce como inteligencia de enjambre, cuya naturaleza es tema de intenso estudio. Si bien los investigadores todavía tienen que entender cómo han conseguido las hormigas desarrollar un trabajo en equipo tan complejo, saben que alcanzan sus objetivos porque desempeñan su papel específico con precisión militar.

Por ejemplo, cuando buscan comida, una hormiga empieza a abrir camino y deja tras de sí un rastro de feromonas. La siguiente hormiga sigue ese rastro y deja el suyo propio. De este modo, numerosas hormigas encuentran el camino hasta la fuente de alimento y la llevan de vuelta, como un equipo, hasta la colonia. Cada hormiga se esfuerza por alcanzar un objetivo común, pero ninguna de ellas asume el mando. De hecho, no parece que haya ninguna jerarquía dentro de las colonias de hormigas. La función de la reina parece limitarse a poner huevos. Estos patrones de comportamiento grupal coordinado de los peces, las hormigas, los mosquitos y muchas otras criaturas tienen que ver principalmente con la protección y la seguridad, con el apareamiento y la supervivencia, y con conseguir alimentos y no acabar ellos siendo la comida.

Con los seres humanos ocurre casi lo mismo. Nos agrupamos con la misma finalidad esencial y fundamental. Lo bueno es que los grupos pueden ser enormemente solidarios. Lo malo, que promueven la uniformidad de pensamiento y comportamiento. El Elemento consiste en descubrirte a ti mismo, algo que no podrás hacer si estás atrapado dentro de una obligación a la que debes amoldarte. No puedes ser tú mismo dentro de un enjambre.

Cultura: lo apropiado y el tanga

Más allá de las restricciones sociales específicas que podamos sentir por parte de familiares y amigos, hay otras implícitas en la cultura general. Defino cultura como los valores y las formas de comportamiento que caracterizan a grupos sociales diferentes. La cultura es un sistema de permisos. Trata de las actitudes y los comportamientos que son aceptables e inaceptables en las diferentes comunidades, aquellos que son aprobados y aquellos que no lo son. Si no entiendes los códigos culturales, puedes parecer abominable.

Siempre recordaré a un hombre que vimos pavoneándose despacio en una playa de Malibú, California, totalmente fuera de lugar. La visión de alguien inesperado en una playa llena de desconocidos acabó creando un profundo vínculo de simpatía. Tenía unos cuarenta años. Supuse que se trataba de un ejecutivo y que en otro entorno causaría impresión. Pero no allí, en una tierra que rinde culto al físico y a las cintas de correr. Era pálido, peludo, las carnes le colgaban por todas partes, y estaba claro que pasaba los días detrás de un escritorio y las noches sentado en el taburete de un bar. Todas esas cosas pueden perdonársele a un hombre, pero no que lleve un tanga de leopardo y de nailon.

El tanga se le pegaba a la ingle como una máscara de oxígeno. Una goma elástica lo mantenía en su sitio, se le ceñía a la cintura y se le metía entre las nalgas desnudas. Encantado al parecer de que todo el mundo lo mirara con cara de estupefacción, se paseaba por toda la playa. Daba la impresión de que se consideraba la personificación del atractivo físico y del magnetismo sexual bañado en la brillante luz de la aclamación popular. Sin embargo, la opinión mayoritaria no era esta. «Al menos podría haberse depilado», dijo el hombre que estaba a mi lado.

¿Por qué fue esto tan hipnotizador y divertido para todos nosotros? No solo por el hecho de que tuviese una opinión tan escandalosamente elevada de su atractivo físico, sino porque además estaba fuera de lugar. El atuendo y la actitud tal vez funcionaran en el sur de Francia, pero en Malibú, por varias razones, era un error total. En las playas californianas existe un código que todos los hombres sobrentienden. Se trata de una curiosa combinación entre pavoneo y modestia pública. Los torsos aceitosos y los músculos tensos están bien, pero las nalgas desnudas no. En todo Estados Unidos existe una intrincada combinación de sensualidad y mojigatería.

Poco después, mi mujer, Terry, y yo visitamos Barcelona. Allí hay playas muy cerca del puerto, en el centro de la ciudad, y todos los días de verano, a la hora del almuerzo, los oficinistas se echan a la calle y las jóvenes se dirigen a las playas de la ciudad y toman el sol en topless, muchas veces con tanga. En España esto está totalmente permitido. Allí sería extraño ver a alguien con unos shorts hasta las rodillas y una camiseta. Sencillamente, la cultura acepta que las personas anden por la playa de aquí para allá virtualmente desnudas.

Todas las culturas promueven lo que yo describiría como un «comportamiento contagioso». Uno de los mejores ejemplos es el idioma, y en particular los acentos y dialectos. Estos son maravillosos modelos del impulso de copiar y adaptarse. Sería extraño para cualquiera que hubiese nacido y crecido en las tierras altas de Escocia o en los páramos de Montana no hablar el dialecto local del inglés con el acento propio del lugar. Desde luego, nos quedaríamos pasmados si un niño nacido allí comenzara a hablar de forma natural francés o hebreo. Pero nos sorprendería lo mismo si el niño hablase la lengua local con un acento o en un dialecto totalmente diferente del que habla el resto de la gente. El instinto natural de los niños es copiar e imitar, y al crecer no solo absorben los sonidos que escuchan, sino también la sensibilidad que estos expresan y la cultura que transmiten. Los idiomas son los portadores de los genes culturales. Al aprender una lengua, el acento y la forma de hablar, aprendemos a pensar, a sentir y a relacionar.

Las culturas en las que nos criamos no solo afectan a nuestros valores y puntos de vista. También moldean nuestro cuerpo y puede que incluso reestructuren nuestra mente. El lenguaje, de nuevo, es un ejemplo de primera. Cuando aprendemos a hablar, la boca y los órganos de la voz se adaptan para formar los sonidos que utiliza ese idioma en concreto. Si creces hablando solo uno o dos idiomas tal vez te sea difícil físicamente producir los sonidos que requieren otras lenguas y que otras culturas dan por descon-

tado: esos sonidos guturales del francés, o los ceceantes del castellano, o los sonidos tonales de algunas lenguas asiáticas. Para hablar un nuevo idioma tal vez debas reeducar tu cuerpo para conseguir pronunciar y oír los sonidos nuevos. Pero los efectos de la
cultura podrían ir todavía más allá, hasta introducirse en las estructuras del cerebro.

En los últimos años se ha llevado a cabo una serie de estudios
fascinantes sobre las diferencias en la percepción visual entre occidentales y asiáticos. Estos estudios sugieren que la cultura en la
que crecemos influye en los procesos básicos a través de los cuales vemos el mundo circundante. En un estudio semejante se pidió a occidentales y asiáticos que mirasen una serie de fotografías
y describiesen lo que veían en ellas. Las diferencias fueron notables. En esencia, los occidentales se centran en los primeros planos de las fotografías y en lo que consideran el tema. Los asiáticos se centran en la imagen en conjunto, incluidas las relaciones
entre los diferentes elementos. Por ejemplo, una fotografía mostraba una imagen de la selva con un tigre. Por lo general, cuando
se preguntaba a los observadores occidentales qué veían, decían:
«Un tigre». Esto puede parecer razonable a los lectores occidentales de este libro. Sin embargo, los observadores asiáticos solían
contestar: «Una selva con un tigre», o «Un tigre en la selva». La
diferencia es significativa y guarda relación con mayores diferencias culturales entre la cosmovisión occidental y la asiática.

A menudo, el arte asiático pone mucho menos énfasis en el
retrato y en el sujeto individual, común en el arte occidental. En
las culturas asiáticas se pone menos énfasis en lo individual y más
en lo colectivo. Desde los antiguos griegos, la filosofía occidental
ha insistido en la importancia del razonamiento crítico, la lógica

analítica y la categorización de ideas y cosas. La filosofía china no se basa tanto en la lógica y en el razonamiento deductivo, y tiende a hacer hincapié en las relaciones y el holismo. Estas diferencias en la percepción pueden llevar a diferencias en la memoria y el juicio. Como mínimo, un estudio indica que cada cierto tiempo se pueden llegar a producir diferencias estructurales en el cerebro.

Investigadores de Illinois y Singapur monitorizaron la actividad cerebral de voluntarios, jóvenes y ancianos, mientras observaban una serie de imágenes en las que aparecían diferentes figuras y fondos. Utilizando las imágenes de resonancia magnética funcional, se centraron en la parte del cerebro conocida como complejo occipital lateral, que procesa la información visual de objetos. Todos los participantes jóvenes mostraron una actividad cerebral parecida, pero en las respuestas neuronales de los observadores mayores occidentales y asiáticos hubo marcadas diferencias. En los occidentales, el complejo occipital lateral permanecía activo, mientras que en los participantes asiáticos solo respondía en grado mínimo.

El doctor Michael Chee, profesor en el Centro de Neurociencia Cognitiva de Singapur y coautor del estudio, llegó a la conclusión de que: «Las partes del cerebro implicadas en el procesamiento del fondo y de los objetos funcionan de modo distinto en los dos grupos de personas mayores procedentes de orígenes geográficos y, por deducción, culturales diferentes». Según la doctora Denise, profesora de psicología en la Universidad de Illinois e investigadora sénior en el proyecto, estos resultados diferentes pueden deberse a que las culturas de Asia Oriental «son más interdependientes y las personas pasan más tiempo observando el entorno y a los demás. Los occidentales se centran en los individuos y en los objetos más céntricos porque estas culturas son propensas a ser independientes y a centrarse más en el yo que en los demás». Dice que estos estudios muestran que la cultura puede esculpir el cerebro.

Descubrir si esto es así y hasta qué punto, atrae a un campo cada vez más amplio de investigadores. Lo que está claro es que la cultura no solo influye en lo que pensamos acerca de lo que vemos, sino en lo que en realidad vemos del mundo. La cultura nos condiciona de forma imperceptible.

Nadar contra corriente

Como dice el antropólogo cultural Clotaire Rapaille, todas las culturas tienen un «manual de supervivencia» no escrito acerca del éxito. Las normas y directrices son transparentes para la mayoría de nosotros (aunque no para el hombre del tanga), y aquellos que pasan de una cultura a otra pueden hacerse una idea de las diferentes normas y pautas de comportamiento con relativa facilidad. Este manual de supervivencia procede de la adaptación durante generaciones a un determinado clima en el que reside esa cultura. Además de ayudar a prosperar a los que viven en esa cultura, ese manual fija también una serie de restricciones. Estas limitaciones pueden impedir que alcancemos el Elemento porque nuestras pasiones parezcan incongruentes con la cultura.

Los grandes movimientos sociales despiertan cuando se rompen los límites. La energía de la música rock, del hip-hop y de otros grandes cambios dentro de la cultura social procede de los jóvenes que buscan modos alternativos de ser. La rebelión juvenil se expresa mediante formas de hablar y códigos de vestuario que suelen ser tan conformistas y ortodoxos dentro de sus subculturas como reñidos con la cultura dominante de la que intentan escapar. Es difícil hacerse pasar por hippy si se lleva un traje de Armani.

Todas las culturas —y subculturas— personifican sistemas de represión que pueden impedir que cualquiera alcance su Elemento si su pasión está en conflicto con su entorno. Algunas personas que nacieron dentro de una determinada cultura acaban adoptando otra porque prefieren su sensibilidad y su forma de vida; son como travestis culturales: un francés puede volverse anglófilo, o un estadounidense, francófilo. Como las personas que cambian de religión, pueden volverse más celosos de la cultura adoptada que aquellos que nacieron en ella.

Tal vez la cultura urbana no sea la mejor para alguien que quiera estar a cargo de una tienda pequeña donde conozca el nombre de todo el mundo. Partes de la cultura de la zona central de Estados Unidos no son un buen territorio para aquellos que quieren dedicarse a ejercer la sátira política desde la comedia. Esta es la razón por la que Bob Dylan tuvo que marcharse de Hibbing, y por la que Arianna Stasinopoulos quiso marcharse de Grecia. A veces, encontrar el Elemento requiere romper con nuestra cultura originaria para alcanzar nuestras metas.

Zaha Hadid, la primera mujer que ganó el premio Pritzker de Arquitectura, creció en Bagdad en la década de los cincuenta. Entonces Irak era un lugar diferente, mucho más laico y abierto al pensamiento occidental. En aquel tiempo había muchas mujeres en Irak que desarrollaban ambiciosas carreras profesionales. Pero

Hadid quería ser arquitecta y no encontró ningún modelo femenino de este tipo en su tierra natal. Llevada por su pasión, se trasladó primero a Londres y luego a Estados Unidos, donde estudió con los mejores arquitectos de su tiempo, perfeccionó un estilo revolucionario y, tras un comienzo difícil —su obra requiere importantes y arriesgados saltos conceptuales que al principio pocos clientes estaban dispuestos a dar—, construyó algunas de las estructuras más características del mundo.

Su obra comprende el Centro Rosenthal de Arte Contemporáneo en Cincinnati, Ohio, al que el *New York Times* llamó «el nuevo edificio más importante de Estados Unidos desde la guerra fría». Mudarse de su cultura a un ambiente famoso por la innovación dio a Hadid la oportunidad de volar muy alto. Si se hubiese quedado en Irak tal vez habría hecho una buena carrera profesional, al menos hasta que las circunstancias políticas cambiaran para las mujeres, pero no habría encontrado su Elemento en la arquitectura, porque su cultura originaria simplemente no permitía esa opción a las mujeres.

El comportamiento contagioso de los bancos de peces, de los enjambres de insectos y de las multitudes se genera por la proximidad física. Durante la mayor parte de la historia de la humanidad, las identidades culturales también se han formado mediante el contacto directo con las personas que están físicamente más próximas: pueblos pequeños, la comunidad local. Antiguamente los grandes movimientos de gente se limitaban a las invasiones, las conquistas militares y el comercio, y estos eran los principales medios a través de los que se propagaban las ideas y se imponían nuevos idiomas y modos de vida distintos en otras comunidades.

Todo esto cambió de forma irreversible aproximadamente en los últimos doscientos años, con el crecimiento global de las telecomunicaciones. Hoy día tenemos modelos de comportamiento contagioso que se producen a escala masiva mediante internet. *Second Life*, que tiene a millones de personas conectadas a internet en diferentes partes del mundo, afecta potencialmente a la forma de pensar de cada una de ellas, quienes asumen nuevos roles e identidades virtuales.

Actualmente muchos de nosotros vivimos como las muñecas rusas, envueltos en múltiples capas de identidad cultural. Hace poco, por ejemplo, me divirtió leer que hoy día ser británico «significa volver a casa conduciendo un coche alemán, detenerse a comprar cerveza belga y un kebab turco o comida para llevar india, y pasar la tarde rodeado de muebles suecos mirando programas estadounidenses en una televisión japonesa». ¿Y qué es lo más británico de todo? «La sospecha ante cualquier cosa foránea.»

La complejidad y la fluidez de las culturas contemporáneas puede simplificar el hecho de cambiar de contexto y de librarse de las presiones del pensamiento grupal y de los sentimientos estereotipados. También puede propiciar una sensación profunda de confusión e inseguridad. El mensaje aquí no es tan simplista como «No dejes que nada se interponga en tu camino». Nuestra familia, nuestros amigos, nuestra cultura y nuestro lugar dentro de la comunidad humana son importantes para nuestra realización personal, y tenemos ciertas responsabilidades con todos ellos. El verdadero mensaje es que cuando buscas el Elemento tienes buenas probabilidades de enfrentarte a uno o más de los tres niveles de restricción: el personal, el social y el cultural.

Chuck Close descubrió que para alcanzar el Elemento a veces es preciso inventar soluciones creativas para fuertes limitaciones. En algunas ocasiones, tal como aprendimos de Paulo Coelho, significa mantener tu propia visión y hacer frente a una cruel negativa. Y a veces, como nos mostró Zaha Hadid, significa distanciarse de la vida que has conocido y buscar un entorno más apropiado para tu crecimiento.

A fin de cuentas, la pregunta siempre será: «¿Qué precio estás dispuesto a pagar?». Las recompensas del Elemento son considerables, pero puede que para recoger los frutos tengas que hacer frente a una severa oposición.

7

¿Te sientes afortunado?

Ser bueno en algo y que te apasione es imprescindible para encontrar el Elemento. Pero no es suficiente. Llegar hasta allí depende fundamentalmente de la opinión que tengamos de nosotros mismos y de nuestra vida. El Elemento también es una cuestión de actitud.

Cuando a los doce años John Wilson entró en la clase de química en el instituto para chicos de Scarborough en un lluvioso día de finales de octubre de 1931, no tenía forma de saber que su vida estaba a punto de cambiar por completo. El experimento que ese día se hizo en clase consistía en demostrar que al calentar un recipiente con agua el oxígeno burbujea hasta la superficie, algo que los estudiantes de ese colegio, y de escuelas de todo el mundo, llevan haciendo desde hace mucho tiempo. Sin embargo, el recipiente que el profesor le dio a John para que lo calentara no era como los que habían utilizado los estudiantes de otras partes: contenía por equivocación algo más volátil que el agua. Resultó que en el recipiente había una solución líquida errónea porque un ayudante del laboratorio se había distraído y había colocado una etiqueta equivocada en la botella. Cuando John lo calentó con un mechero Bunsen, el recipiente explotó: hizo añicos todas las botellas de cristal cercanas, destruyó una parte de la clase y arrojó sobre los estudiantes fragmentos de vidrio afilados como hojas de afeitar.

John Wilson salió de allí ciego.

Wilson pasó los siguientes dos meses en el hospital. Cuando regresó a casa, sus padres trataron de encontrar una forma de enfrentarse a la catástrofe que había acontecido en sus vidas. Pero Wilson no consideró catastrófico el accidente. «Ni siquiera entonces me pareció una tragedia», dijo una vez en una entrevista para el *Times* de Londres. Sabía que le quedaba el resto de la vida por delante y no pensaba vivirla de forma moderada y comedida. Aprendió braille deprisa y siguió su educación en el reputado Worcester College para ciegos. Allí, no solo destacó como estudiante sino que además fue remero, nadador, actor, músico y orador.

Después de Worcester, Wilson pasó a estudiar derecho en Oxford. Lejos del entorno protegido por los mecanismos de un colegio para estudiantes ciegos, tuvo que hacer frente a un campus concurrido y a la actividad que reinaba en las calles de la vecindad. Sin embargo, en vez de depender de un bastón, confió en un agudo sentido del oído y en lo que llamaba su «sentido de los obstáculos» para evitar los peligros del camino. Se licenció en derecho en Oxford y se dispuso a trabajar para el National Institute for the Blind. No obstante, su verdadera vocación todavía le estaba esperando.

En 1946, Wilson fue de viaje en una expedición a los territorios británicos en África y Oriente Próximo. Lo que encontró allí fue una ceguera galopante. A diferencia del accidente que le costó la vista, las enfermedades que allí afectaban a tantas personas podían evitarse con una atención médica adecuada. Para Wilson, una cosa era aceptar su propio destino y otra muy distinta permitir que aquello continuara sucediendo cuando podía solucionarse con facilidad. Esto lo movió a la acción.

El informe que Wilson entregó a su vuelta llevó a la formación de la British Empire Society for the Blind, hoy llamada Sight Savers International. Wilson fue director de la organización durante más de treinta años y realizó cosas dignas de mención durante su cargo.

Su trabajo le llevó con frecuencia a viajar más de noventa mil kilómetros al año, pero lo consideraba parte esencial de su tarea, ya que creía que tenía que estar presente en aquellos lugares donde se llevase a cabo el trabajo de su organización. En 1950 vivió junto a su mujer en una choza de barro en una zona de Ghana conocida como «el país de los ciegos» porque una enfermedad causada por las picaduras de un insecto había dejado ciego al 10 por ciento de la población. Puso a trabajar a su equipo en el desarrollo de un tratamiento preventivo de la enfermedad, comúnmente conocida como «ceguera de los ríos». Utilizando el fármaco Mestizan, la organización vacunó a los niños de los siete países africanos golpeados por la enfermedad y casi la erradicó. A principios de los sesenta, la ceguera de los ríos estaba prácticamente bajo control. No es una exageración decir que generaciones de niños africanos pueden agradecer el hecho de ver a los esfuerzos de John Wilson.

Con la dirección de Wilson, la organización llevó a cabo tres millones de operaciones de cataratas y trató a otros doce millones de personas que corrían el riesgo de quedarse ciegas. También administró más de cien millones de dosis de vitamina A para prevenir la ceguera infantil y distribuyó paquetes para el estudio del braille a personas afectadas de toda África y Asia. En total, decenas de millones de personas pueden ver debido al compromiso de John Wilson de prevenir lo evitable.

Cuando Wilson se retiró, él y su mujer dedicaron sus considerables energías a Impact, un programa de la Organización Mundial de la Salud que trabaja en la prevención de todo tipo de enfermedades incapacitantes. Nombrado caballero en 1975, recibió el premio Hellen Keller, el Albert Schweitzer y el World Humanity Award. Siguió siendo voz activa y prominente de la causa para la prevención de la ceguera y de todas las minusvalías evitables hasta su muerte en 1999.

John Coles, en su biografía *Blindness and the Visionary: The Life and Work of John Wilson*, escribió: «Se mire por donde se mire, sus logros pueden compararse con los de los grandes filántropos». Otras personas los han comparado con los de la Madre Teresa de Calcuta.

Muchas personas en las circunstancias en las que se encontró sir John Wilson hubieran lamentado su existencia. Quizá habrían pensado que estaban malditos por la desgracia y se habrían desesperado en el intento de hacer algo significativo con su vida. Sin embargo, Wilson insistía en que la ceguera era «una condenada molestia, no una enfermedad atroz», y modeló esa actitud de la mejor manera posible.

Perdió la vista pero encontró una visión. Demostró que lo que determina nuestra vida no es lo que nos pasa sino lo que hacemos con lo que sucede.

Actitud y aptitud

Poner ejemplos de personas que han encontrado su Elemento es un riesgo. Sus historias pueden ser edificantes, desde luego, pero también deprimentes. Después de todo, estas personas parecen de algún modo bendecidas: han tenido la suerte de hacer lo que les apasiona y ser muy buenas en ello. Su buena suerte podría atribuirse fácilmente al azar, y desde luego muchas personas a las que les encanta lo que hacen dicen que han tenido suerte (de la misma forma que, a menudo, las personas a las que no les gusta aquello a lo que se dedican dicen que han tenido mala suerte). Por supuesto, algunas personas «afortunadas» han tenido la suerte de encontrar lo que les apasiona y la oportunidad de dedicarse a ello. A algunas personas «con mala suerte» les han pasado cosas malas. Pero cosas buenas y cosas malas ocurren siempre. Lo que nos pasa no es lo que marca la diferencia en nuestra vida. Lo que marca la diferencia es nuestra actitud en cuanto a lo que pasa. El concepto de suerte es una forma convincente de explicar la importancia de nuestra actitud a la hora de encontrar o no nuestro Elemento.

Describirnos como personas con buena o mala suerte indica que simplemente somos beneficiarios o víctimas del azar. Pero si estar en tu Elemento fuese solo una cuestión de suerte, todo lo que podrías hacer es cruzar los dedos y esperar a tener suerte tú también. Pero se trata de mucho más que de tener buena suerte. El estudio y la experiencia demuestran que a menudo la gente afortunada provoca su suerte con su actitud.

En el capítulo 3 hablé del concepto de creatividad. El verdadero mensaje era que todos creamos y configuramos en gran me-

dida la realidad de nuestra vida. Aquellos que simplemente esperan a que pasen cosas buenas serán en verdad afortunados si las
encuentran. Todas las personas de las que hablo en este libro han
tenido un papel activo a la hora de «toparse con la suerte». Han
llegado a dominar una combinación de actitud y comportamiento que las ha llevado a tener oportunidades y que les dio la confianza necesaria para aprovecharlas.

Una de estas es la habilidad para considerar una situación de
formas distintas. Hay una diferencia entre lo que podemos percibir —nuestro campo de percepción— y lo que en realidad percibimos. Como dije en el capítulo anterior, existen importantes
diferencias culturales entre la percepción que la gente tiene del
mundo que le rodea. Pero puede que dos personas diferentes con
las mismas orientaciones culturales vean la misma escena de forma totalmente distinta, dependiendo de sus ideas preconcebidas
y su sentido del deber. El autor de best sellers y conferenciante
Anthony Robbins lo demostró con una sencilla actividad. En sus
seminarios de tres días de duración pide a los miles de personas
allí presentes que miren alrededor y cuenten cuántas prendas de
vestir de color verde ven. Les concede unos cuantos minutos y
luego les pregunta sus conclusiones. A continuación les pregunta cuántas prendas de vestir de color rojo han visto. La mayoría
de las personas ni siquiera llegan a responder, pues Robbins les
había pedido que buscaran prendas de vestir de color verde y solo
se fijaron en esas.

En su libro *Nadie nace con suerte: el primer estudio científico
que enseña a atraer y aprovechar la buena fortuna,** el psicólogo

----

* Edición en castellano, Temas de Hoy, Madrid, 2003.

Richard Wiseman nos explica un estudio que llevó a cabo con cuatrocientas personas excepcionalmente «afortunadas» y «desgraciadas». Descubrió que aquellas que consideraban que tenían buena suerte eran propensas a presentar actitudes y comportamientos parecidos. Sus homólogas con mala suerte tendían a mostrar rasgos opuestos.

Wiseman ha identificado cuatro principios que caracterizan a las personas afortunadas. Estas tienden a maximizar las oportunidades. Son expertas en crear, fijarse y actuar de acuerdo con esas oportunidades cuando surgen. Segundo, suelen ser muy efectivas a la hora de prestar atención a su intuición y de realizar trabajos (como la meditación) concebidos para estimular sus habilidades intuitivas. El tercer principio es que las personas con suerte esperan serlo, crean una serie de profecías de autorrealización porque se internan en el mundo previendo un resultado positivo. Por último, la actitud de las personas afortunadas les permite convertir la mala suerte en buena. No consienten que la mala suerte las doblegue, y se mueven con rapidez para tomar el control de la situación cuando la cosa nos les va bien.

El doctor Wiseman realizó un experimento dirigido a estudiar la percepción de la suerte. Acondicionó un café cercano con un grupo de actores a los que les había dicho que se comportaran como la gente suele comportarse en un café. En la acera, justo fuera del café, puso un billete de cinco libras. Entonces le pidió a uno de sus voluntarios «con suerte» que fuera hasta el establecimiento. La persona afortunada vio el billete en el suelo, lo recogió, entró en la cafetería y pidió un café para él y para el desconocido que estaba en la silla de al lado. Ambos iniciaron una conversación y acabaron intercambiándose información de contacto.

A continuación, el doctor Wiseman envió al café a uno de sus voluntarios «sin suerte». Este pasó justo por encima del billete de cinco libras, pidió un café y no interactuó con nadie. Más tarde, Wiseman preguntó a los dos individuos si les había ocurrido algo bueno aquel día. El sujeto afortunado le explicó que había encontrado dinero y había conocido a alguien. Al sujeto sin suerte no se le ocurrió nada bueno que explicar.

Una forma de abrirnos a nuevas oportunidades es hacer esfuerzos deliberados por mirar de un modo distinto las situaciones ordinarias. Al hacer esto puedes ver que el mundo está lleno de innumerables posibilidades y aprovechar alguna de ellas si te parece que merece la pena. Robbins y Wiseman nos muestran que si mantenemos nuestro foco demasiado ajustado nos perderemos cómo el resto del mundo gira velozmente a nuestro alrededor.

Otra actitud que lleva a lo que muchos de nosotros consideraríamos «buena suerte» es la habilidad de reelaborar: mirar una situación que va mal según lo planeado y convertirla en algo beneficioso.

Hay muchas probabilidades de que si las cosas hubieran ido de otra forma yo no estaría escribiendo este libro y, por tanto, tú no lo estarías leyendo. Tal vez estuviese al frente de un bar en Inglaterra y obsequiando a todo aquel que quisiera escucharme con anécdotas acerca de mi brillante carrera profesional como futbolista. Crecí en Liverpool, en una gran familia de chicos y una hermana. Mi padre fue futbolista y boxeador aficionado y, como todos en mi familia, sentía devoción por nuestro equipo local de fútbol, el Everton. El sueño de todas las familias del vecindario era que alguno de sus hijos jugara en el Everton.

Hasta que tuve cuatro años, en mi familia todo el mundo daba por hecho que en nuestro clan el futbolista del Everton sería yo. Era fuerte, muy activo y tenía una habilidad natural para el fútbol. Esto fue en 1954, el año en que la epidemia de la poliomielitis alcanzó su punto más crítico en Europa y Estados Unidos. Un día, mi madre vino a recogerme a la guardería y me encontró aullando por un agudo dolor de cabeza. De niño nunca lloré demasiado, así que mi sufrimiento le preocupó profundamente. El médico vino a casa y diagnosticó que tenía gripe. A la mañana siguiente estaba claro que el diagnóstico no era correcto. Me desperté totalmente paralizado: no podía moverme.

Pasé las siguientes semanas en la lista de emergencia en la unidad de aislamiento de la poliomielitis del hospital local. Había perdido completamente la movilidad de las piernas y de la mayor parte del cuerpo. Pasé ocho meses en el hospital, rodeado de otros niños que luchaban contra una parálisis repentina. Algunos de ellos estaban conectados a un pulmón artificial. Algunos no sobrevivieron.

Muy lentamente, comencé a recuperar un poco la movilidad de la pierna izquierda y, por suerte, toda la movilidad de los brazos y del resto del cuerpo. Mi pierna derecha continuó totalmente paralizada. Con el tiempo, salí del hospital en silla de ruedas y con dos aparatos ortopédicos; tenía cinco años.

Esto puso punto final a mi soñada carrera en el fútbol, aunque, viendo cómo ha jugado el Everton últimamente, puede que todavía pruebe suerte y entre a formar parte del equipo.

Este golpe fue devastador para mis padres y para el resto de mi familia. Una de sus mayores preocupaciones, mientras yo crecía, era cómo iba a ganarme la vida. Mi padre y mi madre admitieron desde un principio que tenía que aprovechar al máximo mis otras habilidades, aunque en ese momento no estaba muy claro cuáles podían ser. Su primera prioridad fue que tuviera la mejor educación posible. En el colegio estaba sometido a una presión añadida para que estudiase y sacara buenas notas en los exámenes. No fue fácil. Después de todo, era uno más en una extensa familia muy unida que vivía en una casa pequeña constantemente llena de visitas, ruido y risas.

Además, la casa estaba en Merseyside y era a principios de los sesenta. La música rock —la ruidosa música rock— estaba por todas partes. Mi hermano más cercano, Ian, tocaba la batería en un grupo de música que ensayaba todas las semanas en nuestra casa, justo al lado de la habitación en la que yo intentaba encontrarle algún sentido al álgebra y al latín. En la batalla entre los libros y el ritmo por captar mi atención, los libros estaban perdiendo de mala manera.

A pesar de todo, entendía, tanto como podía hacerlo un niño, que debía pensar en el futuro y conseguir el máximo con lo que tenía. El fútbol ya no era una opción, y por mucho que me gustara la música, yo no tenía ningún talento musical. Con la afable presión de mi padre, al final conseguí terminar la secundaria. Entré en la universidad y allí empezaron a tomar forma los intereses que han determinado mi vida.

No sé qué tipo de futbolista hubiera llegado a ser. Lo que sí sé es que la poliomielitis me abrió muchas más puertas de las que tan firmemente me cerró aquella vez. A buen seguro que no lo vi así cuando ocurrió, ni tampoco nadie de mi familia. Pero la habilidad de mis padres para reconducir la situación haciendo cuanto pudieron para que me centrara en las tareas escolares, y mi habilidad para darle la vuelta a las circunstancias, convirtieron un desastre en un conjunto de oportunidades inesperadas que continúan evolucionando y multiplicándose.

Otra persona a la que se le cerró una carrera profesional como futbolista tomó una dirección muy distinta. Vidal Sassoon es uno de los nombres más famosos en el mundo de la peluquería. En los años sesenta, entre sus clientes se hallaban las mayores estrellas y modelos icónicos del momento, como Mary Quant, Jean Shrimpton y Mia Farrow. Sus creaciones revolucionarias incluían el estilo Bob, el corte geométrico de cinco puntas y el estilo de diosa griega, que reemplazaron al peinado con forma de colmena de los años cincuenta.

El padre de Vidal abandonó a su madre cuando este era un niño en el East End londinense. Una tía los acogió, y Vidal y otros seis niños vivieron juntos en su piso de dos habitaciones. Las cosas se pusieron tan mal que a la larga su madre envió a Vidal y a su hermano a un orfanato; pasaron cerca de seis años antes de que su madre pudiese volver a llevárselos a casa. De adolescente, tenía la apasionada ambición de ser futbolista, pero su madre insistió en que se colocara de aprendiz en una peluquería. Pensó que sería un trabajo más seguro para él: «Tenía catorce años, y en Inglaterra, a menos que fueses un privilegiado, era el momento en el que dejabas el colegio y comenzabas a ganarte la vida. Fui aprendiz de ese maravilloso hombre llamado Adolph Cohen, en Whitechapel Road, que era partidario de la disciplina. Tenía catorce años, era 1942, y estábamos en guerra. Las bombas caían casi todas las noches, la Luftwaffe había convertido Londres en un infierno, y aun así, teníamos que entrar allí con las uñas limpias, los pantalones planchados y los zapatos brillantes. Sin duda alguna, aquellos dos años junto a él me dieron la estructura que mi vida necesitaba.

»Después de aquello me tomé un tiempo libre porque todavía no estaba seguro de si quería ser peluquero. Me gustaba tanto el fútbol... Al final, supongo que me decidió la perspectiva de todas las chicas bonitas y, por supuesto, mi madre. Al principio no pude encontrar trabajo en un gran salón como Raymond's, en el West End londinense, por mi acento *cockney*. Así eran las cosas entonces».

Durante tres años tomó lecciones de voz para mejorar su forma de hablar y poder así conseguir trabajo en alguno de los mejores salones: «Sabía que tenía que aprender a proyectarme a mí mismo, así que conseguí trabajo por las tardes dando clases en varios salones, y luego utilizaba las propinas para coger el autobús hasta el West End e ir al teatro. Llegaba a la primera sesión, veía a los grandes actores shakesperianos como Laurence Olivier y John Gielgud e intentaba imitar sus voces».

Vidal iba con regularidad a los muchos museos de arte de Londres y comenzó a educarse y a inspirarse en la historia de la pintura y de la arquitectura: «Creo, de verdad, que esto fue lo que me puso en camino. Estaba gestando mi propia visión de la peluquería. En mi cabeza, las formas siempre eran geométricas. Siempre he trabajado teniendo en cuenta la estructura ósea a fin de enmarcar a la mujer en vez de hacer únicamente que quedase "bastante bonita". Sabía que la peluquería podía ser distinta, pero costó mucho trabajo y nueve años desarrollar el sistema que utilizamos en nuestros salones».

En 1954 abrió con un socio un salón muy pequeño en la tercera planta de un edificio en la moderna Bond Street, en Londres: «Bond Street fue mágica para mí porque significaba el West End. Allí era donde antes no había podido conseguir trabajo. El West End significaba que iba a lograrlo. Estaba decidido a cambiar la forma en que se hacían las cosas, o eso o dejar la peluquería. Para mí no era un caso de peinados abombados y arreglos. Se trataba de la estructura y de cómo entrenar el ojo».

Durante la primera semana solo ganaron cincuenta libras, pero dos años después habían levantado el negocio hasta tal punto que pudieron trasladarse al extremo «apropiado» de Bond Street y competir con los mejores salones: «Londres era un lugar fascinante en la década de los sesenta. Había una energía increíble. No íbamos a hacer las cosas como las hicieron nuestros padres. Siempre buscaba formas distintas de hacerlas. Todo estaba cambiando: la música, la ropa y el arte. Así que para mí estaba claro que podían hacerse cosas diferentes en el pelo».

Y entonces, un día, llamó su atención algo que iba a transformar su visión y todo el campo de la peluquería. «Un sábado vi que uno de los chicos le secaba el pelo a una clienta utilizando solo un cepillo y un secador, sin rulos. Pensé en ello durante el fin de semana, y el lunes le pregunté por qué le había secado el pelo de esa manera. Me dijo que tenía prisa y que no quiso esperar a que la clienta saliera del secador de pelo. "Con prisa o sin ella —dije— has descubierto algo y vamos a trabajar en ello." Así es como empezó el *blow drying* o secar el pelo con secador y cepillo.»

Vidal Sassoon iba a revolucionar la forma de cortar y peinar el pelo, cambió la industria de la peluquería y el aspecto de las mujeres de todo el mundo: «Siempre tenía la cabeza llena de formas. Recuerdo que le hice el corte geométrico de cinco puntas a Grace Coddington y que volé con ella a París en 1964 para mostrárselo a los editores de las revistas. Sabía que teníamos algo, pero había que verlo, ver cómo se movía y oscilaba. Todo era cuestión de tijeras. Nuestro lema era "Eliminar lo superfluo". Hicimos páginas y páginas para la revista *Elle*. Iban a presentar rizos, pero les encantó lo que habíamos hecho. Esto llevó a más sesiones de fotos y giras. Entonces, en 1965, me invitaron a que hiciera una exhibición en Nueva York; la cubrieron unos cinco periódicos. Al día siguiente, nos dieron la primera página de la sección de belleza del *New York Times*. Las revistas y los periódicos estaban llenos de fotografías de nuestros nuevos cortes geométricos. ¡Lo habíamos conseguido! Habíamos llevado "el corte Bob" a Estados Unidos».

En 1967 abrió la primera escuela Sassoon en Londres. Hoy día las hay por todo el mundo. «Mi filosofía siempre ha sido compartir el conocimiento. Nuestra academia y nuestros centros de educación están llenos de energía. Esto es lo que ayuda a los jóvenes a dar un empujón a los límites de su creatividad. Les digo: "Si tienes una buena idea, ve a por ella, hazlo a tu manera. Sigue un buen consejo, asegúrate de que lo es, luego hazlo a tu manera". Hace mucho tiempo que estamos en el circuito, y para mí "la longevidad es un momento efímero que perdura para siempre".»

Vidal Sassoon creó un nuevo *look* y una nueva manera de aproximarse a la moda y al peinado. No solo aprovechó las ocasiones que se le presentaron, sino que con su manera de responder a ellas creó un millón más.

Quizá la actitud más importante para sembrar la buena suerte es tener un fuerte sentido de la perseverancia. Muchas de las personas de este libro se enfrentaron a considerables limitaciones a la hora de encontrar el Elemento y consiguieron hacerlo gracias a su pura y tenaz determinación. Y en eso nadie como Brad Zdanivsky.

Cuando tenía diecinueve años, a Brad le apasionaba la escalada. Trepaba a los árboles y a los peñascos desde niño, y había escalado algunos de los picos más altos de Canadá. Entonces, al regresar a casa de un funeral durante un largo trayecto en coche, se quedó dormido al volante y cayó en picado por un precipicio de casi sesenta metros.

El accidente le dejó tetrapléjico, pero en lo más profundo de su alma seguía siendo escalador. Recuerda que mientras esperaba en el fondo del precipicio a que llegara ayuda sabiendo que no podía moverse, se preguntó si un tetrapléjico podría escalar. Tras ocho meses de rehabilitación, habló con sus amigos escaladores para diseñar algún tipo de mecanismo que le devolviese a la montaña. Con la ayuda de varias personas, incluido su padre, creó un dispositivo con dos grandes ruedas en la parte superior y una más pequeña en la parte inferior. Sentado en este aparejo, Brad utiliza un sistema de poleas que acciona con los hombros y los pulgares y que le permite escalar cerca de treinta centímetros de golpe. Es una técnica terriblemente lenta, pero el ahínco de Zdanivsky se ha visto recompensado. Antes de su lesión, su meta había sido escalar el Stawamus Chief, de 610 metros de altura, uno de los monolitos de granito más grandes del mundo. En julio de 2005 cumplió su objetivo.

Nosotros configuramos las circunstancias y las realidades de nuestra vida, y también podemos transformarlas. Las personas que encuentran su Elemento tienen más probabilidades de desarrollar un juicio más claro acerca de cuáles son las ambiciones de su vida y ponerse en camino para conseguirlas. Saben que la pasión y la capacidad son imprescindibles. También saben que nuestra actitud ante los acontecimientos y ante nosotros mismos es fundamental a la hora de determinar si vamos a vivir la vida en nuestro Elemento.

8

Que alguien me ayude

Después de enfermar de poliomielitis, fui a un colegio especial para niños con minusvalías físicas. En aquellos tiempos aquel era el procedimiento normal en Gran Bretaña; las autoridades educativas sacaban de los colegios estatales a cualquier niño con alguna discapacidad física evidente y los enviaba a alguno de los centros especiales para minusválidos. Así que a los cinco años de edad me encontré viajando todos los días en un autobús especial desde nuestro barrio obrero de Liverpool hasta una pequeña escuela situada en una zona relativamente pudiente. El colegio Margaret Beavan tenía unos doscientos alumnos de edades comprendidas entre los cinco y los quince años con varios tipos de minusvalías, incluidas la poliomielitis, la parálisis cerebral, la epilepsia, el asma y, en el caso de uno de mis mejores amigos, la hidrocefalia.

No éramos particularmente conscientes de las minusvalías del otro, aunque muchos llevábamos aparatos ortopédicos, utilizábamos muletas o estábamos en una silla de ruedas. En aquel marco, la naturaleza de la minusvalía de cualquiera era más o menos irrelevante. Como la mayoría de los niños, forjábamos nuestra amistad basándonos en la personalidad. Uno de mis compañeros de clase tenía parálisis cerebral y espasticidad severa. No podía utilizar las manos y hablaba con una dificultad tremenda. Solo podía escribir aferrando un lápiz entre los dedos de los pies y arqueando la pierna sobre el pupitre. A pesar de todo, una vez que te acostumbrabas a los esfuerzos que hacía para hablar y entendías lo que decía, era un tipo gracioso y divertido. Disfruté del tiempo que estuve en ese colegio y pasé por todas las emociones y frustraciones propias de la infancia que sabía que estaban teniendo mis hermanos y mi hermana en sus colegios «normales». En todo caso, parecía que a mí me gustaba más mi colegio que a ellos los suyos.

Un día, cuando tenía diez años, apareció un visitante en clase. Era un hombre bien vestido, de cara amable y voz educada. Pasó un rato hablando con el profesor, que me pareció que lo escuchaba con aire grave. Luego deambuló alrededor de los pupitres y habló con los niños. Creo que en clase éramos unos doce. Recuerdo que hablé un ratito con él y que poco después se fue.

Al día siguiente o así recibí el mensaje de que fuera al despacho del director. Llamé a la enorme puerta y una voz me pidió que entrara. Sentado al lado del director del colegio se encontraba el hombre que había estado en mi clase. Me lo presentaron como el señor Strafford. Más tarde supe que se trataba de Charles Strafford, miembro de un distinguido grupo de funcionarios públicos del Reino Unido, inspectores de Su Majestad. El gobierno había designado a estos expertos en educación para informar de forma independiente sobre la calidad de los colegios de todo el país. En concreto, el señor Strafford estaba a cargo de los colegios especiales del noroeste de Inglaterra, incluida Liverpool.

Tuvimos una breve conversación durante la cual el señor Strafford me hizo algunas preguntas generales acerca de cómo me iba en el colegio y sobre mis intereses y mi familia. Unos días después volví a recibir el mensaje de que fuese al despacho del director. Esta vez acabé en otra sala y conocí a otro hombre que me hizo una serie de preguntas en lo que más tarde entendí era un test general de coeficiente intelectual. Lo recuerdo como si fuera hoy porque durante el test cometí un error que me fastidió de verdad. El hombre leyó una serie de afirmaciones y me pidió que las comentara. Una de ellas era: «Los científicos estadounidenses han descubierto un cráneo que creen que perteneció a Cristóbal Colón cuando tenía catorce años». Me preguntó qué pensaba de ello, y dije que no podía ser el cráneo de Cristóbal Colón porque no tenía catorce años cuando fue a Estados Unidos.

En cuanto salí de la estancia me di cuenta de lo absurda que era aquella respuesta y me volví para llamar a la puerta y decirle a aquel hombre que sabía el verdadero error de la afirmación. Sin embargo, oí que hablaba con alguien y decidí no interrumpirle. Al día siguiente lo vi cruzar el patio del recreo y estuve a punto de abordarle para decirle la respuesta. Pero me preocupaba que sacara la conclusión de que había hablado con mi padre y que él me había dicho la respuesta. Decidí que corregir las cosas era una pérdida de tiempo. Cincuenta años después, aquello todavía me enfada. Ya lo sé; debería superarlo de una vez por todas.

Mi error resultó ser intrascendente para lo que fuera que los examinadores estuviesen buscando en mí. Poco después el colegio me trasladó a una clase diferente de niños, varios años mayores que yo. Por lo visto, el señor Strafford había hablado con el director y le dijo que había visto en mí una singular chispa de inteligencia que el centro no estaba cultivando como debería. Pensó que la escuela podía plantearme mayores retos y que yo tenía el potencial necesario para pasar un test conocido entonces como el examen Eleven-Plus.

En aquel tiempo se estudiaba secundaria en dos tipos de colegios: escuelas de secundaria modernas y escuelas de gramática. Estas últimas ofrecían una educación académica de mayor prestigio y eran la ruta principal para alcanzar una carrera profesional y la universidad. Las escuelas de secundaria modernas ofrecían una educación más práctica para que los chicos aprendiesen trabajos manuales. El sistema era una pieza de ingeniería social para proporcionar la mano de obra necesaria a la economía industrial del Reino Unido. El Eleven-Plus era una serie de tests del coeficiente intelectual desarrollados para identificar las aptitudes académicas necesarias en la educación de las escuelas de gramática. Para los niños de clase obrera pasar el Eleven-Plus era el mejor camino hacia una carrera profesional y la manera de escapar de una vida dedicada al trabajo manual.

La profesora de mi nueva clase era la temible señorita York. Era una mujer menuda, de unos cuarenta años, amable pero con fama de ser rigurosa y exigente intelectualmente. Algunos profesores del colegio no contaban con que tuviéramos alguna posibilidad de lograr algo en la vida. Creo que veían la finalidad del colegio sobre todo como algo pastoral. La señorita York no. Esperaba de sus alumnos «especiales» lo que podría esperar de cualquier otro: que trabajasen duro y lo hicieran lo mejor posible. La señorita York me enseñó implacablemente matemáticas, historia y una variedad de asignaturas. Cada cierto tiempo me daba antiguos exámenes de Eleven-Plus para que practicara; me animaba para que destacara en ellos. Sigue siendo una de las profesoras más impresionantes que he conocido.

Por fin, un día me senté, con un grupo de niños de mi colegio y otras escuelas especiales de la zona, a hacer el examen Eleven-Plus. Durante semanas la señorita York, el señor Strafford, mis padres y yo esperamos con inquietud la llegada del sobre marrón del comité de educación de Liverpool con el resultado del examen que potencialmente podría cambiarme la vida. Una mañana de principios de verano de 1961 oímos el ruido del buzón y mi madre corrió a la puerta principal. Nerviosa por la emoción, llevó la carta a la pequeña cocina donde estábamos desayunando y me la dio para que la abriera. Respiré hondo, saqué el pequeño trozo de papel doblado del sobre con el texto mecanografiado. Lo había conseguido.

Apenas podíamos creerlo. La casa estalló de alegría. Era el primer miembro de mi familia que pasaba aquel examen, y el único alumno del colegio que lo aprobó aquel año. Desde ese momento, mi vida cambió totalmente de dirección. Recibí una beca para el Liverpool Collegiate, uno de los mejores colegios de la ciudad. De un salto pasé de la escuela especial a lo mejor de la educación estatal tradicional. Allí empecé a desarrollar los intereses y las habilidades que han conformado el resto de mi vida.

Charles Strafford se convirtió en amigo íntimo de la familia y en asiduo visitante de nuestra casa de Liverpool, abarrotada y a menudo frenética. Era un hombre refinado y cortés al que le apasionaba ayudar a que la gente encontrara las oportunidades que merecían. Era experto en educación, amaba la literatura y la música clásica, tocaba los timbales, cantaba en coros y dirigía grupos musicales en Merseyside. Tenía un gusto refinado por los vinos y los buenos brandys, y vivía en una casa en la ciudad, amueblada con elegancia, en el norte de Inglaterra. Fue comandante durante la Segunda Guerra Mundial e intervino en la campaña de Normandía. Tenía una segunda residencia en Ranville, en la región de Calvados, en el norte de Francia, donde se había convertido en una figura clave de la comunidad local. Hoy día en Ranville hay una calle con su nombre, la avenida Charles Strafford. Durante la época de la universidad fui a visitarlo; me presentó a la gente del pueblo y me introdujo en los placeres de la cocina francesa y del calvados, un brandy hecho con manzana; todo ello se lo agradezco por igual.

Para mí, Charles Strafford fue una ventana a otro mundo. Su ayuda práctica me abrió el camino desde la última fila de la educación especial hasta lo que se ha convertido en mi pasión por la reforma de la educación en gran escala. Fue un modelo inspirador en lo referente a vislumbrar el potencial de otras personas, crear oportunidades para ellas y demostrar así lo que pueden llegar a hacer en realidad. Además de mis padres, fue mi primer verdadero mentor, y me enseñó el inestimable papel que un mentor desempeña a la hora de ayudarnos a alcanzar nuestro Elemento.

Una relación que te cambia la vida

A menudo, encontrar nuestro Elemento requiere de la ayuda y orientación de otras personas. A veces esta viene de alguien que ve algo en nosotros que nosotros no vemos, como fue el caso de

Gillian Lynne. A veces procede de una persona que hace salir lo mejor de nosotros, como hizo Peggy Fury con Meg Ryan. En mi caso, Charles Strafford vio que solo lograría alcanzar todo mi potencial si mis educadores me ofrecían mayores desafíos, y dio los pasos necesarios para que esto ocurriera.

Entonces no lo sabía, pero la persona que iba a ser mi mentora durante la mayor parte de mi vida adulta hasta hoy también estaba entonces en un colegio de Liverpool, a solo unos pocos kilómetros del mío. Conocí a Terry años después, cuando yo ya andaba cerca de los treinta años y vivía y trabajaba en Londres. Volví a Liverpool a pasar una semana y dirigir un curso para profesores. Ella enseñaba teatro en una zona difícil de la ciudad, de bajos ingresos. Conectamos al instante —y no tuvo nada que ver con la enseñanza, la educación ni el Elemento— y estamos juntos desde entonces. Es una de las mejores mentoras que conozco, no solo para mí, sino para la familia, los amigos y todo el mundo que trabaja con ella y para ella. Conoce de forma intuitiva el poder y la importancia de los mentores porque estos han sido muy importantes en su vida. Mientras Charles me aconsejaba a mí, ella también tuvo su propia mentora durante la infancia. Terry lo explica así: «Fui a un instituto católico para chicas dirigido por una orden de monjas conocida como las Hermanas de la Misericordia, un nombre de lo más inapropiado. Eran los "acelerados años sesenta" pero por allí no había mucha marcha que digamos; eso sí, rezábamos mucho, y yo en particular rezaba para salir de allí. Mi única ambición cuando tenía diecisiete años era marcharme de casa, alejarme de los suburbios, y llegar cuanto antes a las brillantes luces de Londres. A partir de allí, mi plan era marcharme a Estados Unidos y casarme con Elvis Presley.

»Mis estudios fueron un lamentable fracaso tras otro, aunque me encantaba actuar y me encantaba leer. Entonces, durante el último año en el colegio, tuve por primera vez una profesora de inglés que me motivó, la hermana Mary Columba, una joven pequeñita a la que le apasionaba W. B. Yeats y enseñar. En el primer seminario, me eligió para que leyera un poema al resto de la clase, y mientras lo hacía sentí un hormigueo en los pelillos de la nuca. No he vuelto a leer nada más hermoso o impactante:

> *Si tuviera los bordados tapices del cielo,*
> *tramados con luz dorada y plateada,*
> *el azul y lo tenue y los oscuros tapices*
> *de noche, luz y penumbra,*
> *extendería los tapices bajo tus pies.*
> *Pero yo, que soy pobre, solo tengo mis sueños;*
> *he extendido mis sueños bajo tus pies;*
> *camina con cuidado porque caminas sobre mis sueños.*

»Por primera vez quería de verdad aprender más, y durante los siguientes dos años Mary Columba me llevó a amar a Dickens y E. M. Foster, a Wilfred Owen, Shakespeare y Synge. Formábamos el seminario un pequeño grupo de alumnas, y todas nos implicábamos intensamente en sus clases. Me animó a que escribiera, hizo que diera lo mejor de mí, y con su orientación fui capaz de desafiar intelectualmente a otras personas y de brillar.

»Aquellos libros me abrieron un mundo de posibilidades, pero lo que más me intrigaba era lo abierta de mente que era la hermana Mary. Al fin y al cabo, era una monja católica y allí estábamos, discutiendo acerca del amor, del sexo y de lo oculto.

Ningún tema era tabú. Pasábamos horas discutiendo cualquier asunto que surgiera, desde el complejo de Edipo en *Coriolano*, hasta la infidelidad en *Howards End*. Para una chica que apenas había salido de Liverpool esto era apasionante.

»Aquel año fui su mejor alumna y aprobé el examen de inglés con *cum laude*. Seguí su recomendación y continué estudiando teatro y literatura en la universidad. Desde entonces, nunca volví a dudar de mi habilidad para el debate. Tengo amigos de por vida entre los escritores que estudiamos, y sé que sin su maravillosa tutela todavía estaría buscando a Elvis».

A menudo los mentores aparecen en la vida de la gente en el momento más oportuno, aunque, tal como vimos con Eric Drexler y Marvin Minsky, a veces los «tutelados» desempeñan un papel activo a la hora de escoger a sus mentores. Warren Buffett, un hombre que ha inspirado a legiones de inversores, señala a Benjamin Graham (conocido como el padre del análisis de seguridad) como su mentor. Graham fue profesor de Buffett en la Universidad de Columbia —la única matrícula de honor que concedió durante veintidós años de docencia fue para Buffett— y le ofreció un trabajo en su compañía de inversiones. Buffett pasó varios años en ella, hasta que se instaló por su cuenta. Roger Lowenstein, en su libro *Buffett: The Making of an American Capitalist*, escribe: «Ben Graham abrió la puerta: habló a Buffett personalmente. Le dio las herramientas para que explorase las numerosas posibilidades del mercado y un método que se adaptaba al carácter de su alumno. Armado con las técnicas de Graham, Buffett dejó salir al oráculo e hizo uso de sus talentos naturales. Endurecido por el ejemplo del carácter de Graham, Buffett sería capaz de trabajar con su característica confianza en sí mismo».

En un campo de acción totalmente distinto, el cantante Ray Charles fue un ejemplo para innumerables personas por su admirable talento musical y su habilidad para sobreponerse a la adversidad. Sin embargo, su historia comienza con un hombre que le enseñó a conectar con la música que estaba profundamente arraigada en su interior.

En una entrevista con el Harvard Mentoring Project colgada en www.WhoMentoredYou.org, Charles recordaba: «Wiley Pittman era todo un personaje. Lo que quiero decir es que no creo que yo hoy fuese músico si no hubiese sido por él. Vivíamos en la puerta de al lado a la suya. Él tenía un pequeño café, una tienda de comestibles, y allí había un piano. Todos los días, sobre las dos o las tres de la tarde, se ponía a ensayar. Yo entonces tenía tres años y (no sé por qué le quería tanto, no puedo explicarlo) cada vez que empezaba a practicar y a tocar aquel boggie woogie (me encantaba aquel sonido de boggie woogie) dejaba de jugar, no me importaba quién estuviera en el jardín, mis amigos o quien fuera; los dejaba allí, entraba y me sentaba junto a él para escucharle tocar.

»De vez en cuando yo golpeaba las teclas del piano con los puños, hasta que él me decía: "Oye, chaval, si tanto te gusta la música, no aporrees así las teclas", y él sabía lo mucho que me gustaba, porque yo dejaba de hacer cualquier cosa que estuviese haciendo para escucharle.

»Así que comenzó a enseñarme a tocar pequeñas melodías con un solo dedo. Y, claro, ahora me doy cuenta de que podría haber dicho: "Chaval, déjame en paz, ¿no ves que estoy ensayando?". Pero no lo hizo. Me dedicó su tiempo. De alguna forma, en su interior se decía: "A este chico le gusta tanto la música que voy a hacer todo lo que pueda por ayudarle y que aprenda a tocar".»

Marian Wright Edelman, fundadora y presidenta de la Fundación en Defensa de los Niños, halló a su mentor cuando ingresó en el Spelman College, un lugar que describe como «un instituto para señoritas que creaba inofensivas jovencitas que acababan casándose con hombres bien situados, formaban una familia propia y nunca armaban ningún escándalo». Mientras estaba allí, conoció al profesor de historia Howard Zinn. Eran finales de 1950 y estaban en el sur de Estados Unidos; a Zinn le pareció interesante motivar a sus alumnos para que se implicaran activamente en la lucha por los derechos civiles.

Inspirada por Zinn, Edelman se comprometió en las primeras protestas por los derechos civiles que abrieron la puerta a un movimiento nacional. Su papel fundamental como voz por el cambio y la justicia, y el extraordinario trabajo que ha llevado a cabo a favor de los niños durante más de tres décadas, halló su camino mediante la tutela de Howard Zinn.

Encontré las historias de Ray Charles y Marion Wright Edelman leyendo una noticia acerca del Mes Nacional de la Tutela, una campaña orquestada por el Harvard Mentoring Project de la Harvard School of Public Health, MENTOR/National Mentoring Partnership y la Corporation for National and Community Service. Los patrocinadores de la campaña (con siete años de antigüedad en enero de 2009) incluyen a muchas grandes empresas. Además, numerosos medios de comunicación hacen las veces de socios de diferentes formas, desde ofreciendo cientos de millones de dólares en anuncios gratuitos hasta incorporar historias sobre tutelas entre los temas principales de los programas de televisión.

Public/Private Ventures, una organización nacional benéfica, se centró en perfeccionar «la eficacia de las políticas sociales, de los programas y de las iniciativas de la comunidad, especialmente aquellas que afectan a los jóvenes», realizaron un importante estudio de impacto sobre la tutela comenzado en 2004. Emparejando al azar a 1.100 estudiantes, de cuarto a noveno curso, en más de setenta colegios de todo el país con voluntarios de Big Brothers and Big Sisters de Estados Unidos, llegaron a una conclusión esperanzadora sobre el valor de tutelar. Los estudiantes que tuvieron un consejero mejoraron su rendimiento académico en conjunto, la calidad de su trabajo en clase y la entrega de los deberes. Asimismo, se metieron en menos problemas en el colegio y faltaron menos a clase.

Me gustó ver estos resultados, pero no me sorprendieron en absoluto. Es probable que a muchos de estos chavales les fuese mejor en el colegio simplemente porque apreciaban que alguien se interesase por ellos. Esta es una cuestión fundamental y volveré a ella cuando considere el asunto y los desafíos de la educación. Como mínimo, una buena tutela eleva la autoestima y la motivación. Pero un mentor tiene un papel fundamental cuando implica la dirección o inspiración en la búsqueda del Elemento. Lo que el psicólogo vio en Gillian Lynne y lo que Wiley Pittman vio en Ray Charles fue la oportunidad de orientar a alguien hacia la realización de sus sueños. Lo que Howard Zinn vio en Marian Wright Edelman, y Ben Graham en Warren Buffett, fue un talento excepcional que si se fomentaba podía convertirse en algo extraordinario. Cuando los mentores cumplen esta función —ya sea encendiendo la luz a un mundo nuevo o avivando las llamas del interés en una auténtica pasión— realizan un trabajo sublime.

El papel de los mentores

Los mentores conectan con nosotros y nos acompañan de múltiples formas y durante diversos períodos. Algunos están con nosotros durante décadas cumpliendo un papel que puede evolucionar; tal vez comenzó siendo una relación de profesor-alumno y acabó en una estrecha amistad. Otros entran en nuestra vida en un momento crucial, se quedan con nosotros el tiempo necesario para impulsar un cambio trascendental y siguen adelante. No obstante, los mentores suelen desempeñar alguno de los cuatro papeles siguientes, si no todos.

El primero es el *reconocimiento*. Charles Strafford cumplió esta función en mi vida al identificar aptitudes en las que mis profesores no se habían fijado. Uno de los principios fundamentales del Elemento es la tremenda diversidad de nuestros talentos y aptitudes individuales. Tal como hemos visto antes, el objetivo de algunos tests es ofrecer a las personas una indicación general de sus puntos fuertes y débiles a partir de una serie de preguntas estándares. Pero las sutilezas y los matices de las aptitudes y talentos individuales son más complejos que lo que puede llegar a detectar cualquier test.

Algunas personas tienen aptitudes generales para la música, para la danza o para la ciencia, pero lo más frecuente es que sus aptitudes sean mucho más específicas dentro de una disciplina determinada. Una persona puede tener una habilidad especial para un particular estilo de música o para un determinado instrumento: la guitarra y no el violín; la guitarra acústica y no la guitarra eléctrica. No conozco ningún test ni programa de ordenador que lleve a cabo estas sutiles distinciones personales que marcan la diferencia entre un interés y una pasión potencial. Eso puede hacerlo un mentor que ya haya encontrado el Elemento en una disciplina en particular. Los mentores reconocen la chispa de interés o la fascinación, y pueden ayudar a un individuo a ejercitar los componentes específicos de la disciplina que concuerde con la capacidad y la pasión de esa persona.

Lou Aronica, coautor de este libro, pasó los primeros veinte años de su vida profesional trabajando en el mundo editorial. Su primer trabajo cuando acabó la universidad fue para Bantam Books, una de las editoriales punteras de Nueva York. Al poco tiempo se fijó en un hombre marchito como un gnomo que deambulaba por las salas. No parecía que tuviese ningún trabajo en particular, pero todo el mundo le prestaba mucha atención. Al final, Lou preguntó acerca del hombre y supo que se trataba de Ian Ballantine: no solo había fundado Bantam Books y, más tarde, Ballantine Books, sino que había introducido los libros de bolsillo en Estados Unidos en la década de los cuarenta. A lo largo de los dos años siguientes, cuando Lou se cruzaba con Ballantine en el vestíbulo, inclinaba cortésmente la cabeza; se sentía un poco intimidado en presencia de un hombre que era una leyenda en la profesión que había escogido.

Por aquella época, Lou consiguió su primer trabajo «de verdad» en Bantam, un puesto en el departamento editorial: debía organizar un programa que conjuntase la ciencia ficción y la literatura fantástica. Un día, poco después, Lou estaba sentado a su mesa cuando Ian Ballantine entró pausadamente en su despacho y se sentó. Aquello ya fue suficiente sorpresa para Lou. Sin embargo, los minutos siguientes le dejaron atónito. «Ian tenía una forma de hablar peculiar —me contó Lou—. Tenías la sensación de que cada reflexión era una perla, pero su lenguaje era tan indirecto que parecía que la perla seguía dentro de la ostra.» Sin embargo, lo que quedó claro mientras Ballentine hablaba fue que —para sorpresa de Lou— la leyenda del mundo editorial quería meter a Lou bajo su ala. «En realidad nunca dijo: "Oye, seré tu mentor". Ian no hacía afirmaciones de ese estilo. Pero apuntó que le gustaría pasar por allí de vez en cuando, y yo le dejé bien claro que podía hacerlo siempre que quisiese, y que estaría encantado de atravesar medio mundo para encontrarme con él si no tenía ganas de venir hasta mí.»

Durante los años siguientes, Lou e Ian pasaron mucho tiempo juntos. Ballantine le explicó a Lou muchas cosas acerca de la historia y, más importante aún, de la filosofía de la industria editorial. Una de las lecciones que Ballantine le dio fue: «Haz *zig* cuando todo el mundo haga *zag*». Era su forma de decirle que a menudo el camino más rápido para alcanzar el éxito es ir a contracorriente. Este consejo tocó la fibra sensible de Lou. «Desde que empecé en el negocio siempre había oído hablar de las "convenciones" del mundo editorial. Parecía que había muchas reglas sobre lo que podías y no podías hacer, lo cual no tenía demasiado sentido para mí, ya que los lectores no leen siguiendo unas normas.» Ian no creía en nada de eso, y había tenido muchísimo más éxito que las personas que peroraban sobre estas reglas. «En ese mismo instante decidí llegar a ser un editor que publicase los libros que amaba teniendo solo ligeramente en cuenta "las normas".»

Este método le fue muy útil. Lou editó su primer libro a los veintiséis años y llegó a ser subdirector de Bantam y, más tarde, editor de Berkley Books y Avon Books, antes de fijar su atención en la escritura. Con anterioridad a que Ian Ballantine decidiera ser su mentor, Lou ya sabía que quería hacer carrera dentro del mundo editorial. Pero además de enseñarle los matices de la industria, Ballentine le ayudó a dar forma e identificar aquella parte del mundo editorial que le llevó verdaderamente a su Elemento.

El segundo papel de un mentor es el de *estimular*. Los mentores nos llevan a creer que podemos conseguir algo que, antes de conocerlos, a nosotros nos parecía improbable o imposible. No nos permiten sucumbir a la falta de confianza en nosotros mismos durante demasiado tiempo, ni a la idea de que nuestros sueños son inalcanzables. Están cerca para recordarnos las habilidades que poseemos y lo que podemos llegar a conseguir si continuamos trabajando duro.

Cuando Jackie Robinson llegó a Brooklyn para jugar en la Liga Mayor de béisbol con los Dodgers, experimentó, por parte de aquellos que creían que no se debía permitir a un hombre negro jugar en una liga de hombres blancos, abusos y penalidades dignos de una tragedia griega. Robinson resistió, pero llegó un momento en que las cosas se pusieron tan mal que apenas podía jugar. Las burlas y las amenazas lo ponían tan nervioso que perdía la concentración y acabó vacilando en la base del bateador y en el campo de juego. Pee Wee Reese, el mediocampista de los Dodgers, pidió tiempo muerto, se dirigió hacia Robinson y le dio ánimos diciéndole que era un gran jugador de béisbol destinado a estar en el Salón de la Fama. Años más tarde, durante la ceremonia introductoria de Robinson al Salón de la Fama, Robinson recordó ese momento: «Aquel día salvó mi vida y mi carrera —dijo Robinson desde el podio en Cooperstown—. Había perdido la confianza en mí mismo y Pee Wee me dio ánimo con sus palabras de aliento. Me dio esperanza cuando no me quedaba ninguna».

El tercer papel de los mentores es el de *facilitar*. Los mentores pueden ayudarnos a dirigirnos hacia nuestro Elemento ofreciéndonos consejos y técnicas, allanándonos el camino e incluso permitiéndonos vacilar un poco; están dispuestos a ayudarnos a que nos recuperemos y aprendamos de nuestros errores.

Puede que estos mentores sean contemporáneos nuestros, como fue el caso de Paul McCartney: «Recuerdo un fin de semana en que John y yo tomamos el autobús y atravesamos la ciudad para ir a ver a alguien que sabía tocar el acorde *Si7* en la guitarra. Los tres acordes básicos que tenías que conocer eran el *Mi*, el *La* y el *Si7*. Nosotros no sabíamos producir el *Si7*, pero un chaval sí sabía. Así que cogimos el autobús para ir a verle, aprendimos el acorde y volvimos a casa. A partir de entonces también nosotros pudimos tocarlo. Pero en el fondo, los amigos te enseñaban a hacer cualquier *riff*. Recuerdo una noche en la que estaba viendo un programa de televisión llamado *¡Oh Boy!*, Cliff Richards y los Shadows tocaron "Move it". Tenía un gran *riff*. Me encantó pero no sabía cómo tocarlo. Al final lo conseguí y corrí hasta la casa de John y le dije: "Lo tengo. Lo tengo". Esta era nuestra única experiencia educativa: enseñarnos mutuamente a hacer las cosas.

»Al principio solo copiábamos e imitábamos a todo el mundo. Yo era Little Richard y Elvis. John era Jerry Lee Lewis y Chuck Berry. Yo era Phil de los Everly Brothers, y John era Don. Simplemente imitábamos a otras personas y nos enseñábamos el uno al otro. Esta fue una cuestión muy importante para nosotros cuando planeamos los principios del LIPA: el hecho de que es fundamental que los estudiantes estén muy cerca de la gente que ya ha hecho o está haciendo aquello que los alumnos están aprendiendo. En verdad, no tienen que explicar un montón de cosas, tan solo mostrar lo que hacen».

El cuarto papel de los mentores es el de *exigir*. Los mentores eficaces nos empujan más allá de lo que nosotros consideramos que son nuestros límites. Por mucho que no nos dejen sucumbir a la falta de confianza en nosotros mismos, también nos impiden que hagamos menos de lo que podemos. Un verdadero mentor nos recuerda que nuestra meta nunca debe ser «el promedio» de nuestras ambiciones.

James Earl Jones es conocido por ser un excelente actor y una de las grandes «voces» de los medios de comunicación actuales. Aun así, si no hubiera contado con la ayuda de un mentor, la mayoría de nosotros nunca habríamos escuchado su voz. Solo podríamos imaginar cómo habría sido la voz de Darth Vader si Donald Crouch no hubiese entrado en la vida de Jones.

De niño, Jones sufría una timidez abrumadora, en gran parte porque tartamudeaba y le resultaba muy difícil hablar delante de la gente. Cuando entró en la escuela secundaria, se encontró con que Crouch —antiguo profesor de universidad que había trabajado con Robert Frost— era su profesor de inglés. Crouch descubrió que Jones escribía poesía, un hecho que este se guardaba para sí por miedo a hacer el ridículo delante de los otros chicos del colegio: «Me preguntó por qué, si amaba tanto las palabras, no podía decirlas en voz alta —explica Jones en el libro *The Person Who Changed My Life: Prominent Americans Recall Their Mentors*—. Un día le enseñé uno de los poemas que había escrito, y reaccionó diciéndome que era demasiado bueno para que lo hubiese escrito yo, que debía de haberlo copiado de algún sitio.

Para probar que no lo había plagiado, quiso que recitara el poema de memoria delante de toda la clase. Hice lo que me pidió; logré llegar hasta el final sin tartamudear, y desde aquel momento me obligué a escribir y hablar más. Esto tuvo un fuerte impacto en mí, y la seguridad en mí mismo fue creciendo a medida que aprendía a expresarme con comodidad en voz alta.

»El último día de colegio dimos la clase fuera, en el césped, y el profesor Crouch me hizo un regalo: una copia del libro *Confía en ti mismo** de Ralph Waldo Emerson. Para mí fue un regalo de un valor incalculable porque resumía lo que él me había enseñado: a confiar en mí mismo. Su influencia fue tanta que se extendió a todos los ámbitos de mi vida. Él es la razón por la que me convertí en actor».

Los mentores prestan una ayuda inestimable a la hora de contribuir a que las personas alcancen el Elemento. Decir que la única manera de alcanzar el Elemento es con la ayuda de un mentor puede que sea exagerar las cosas, pero solo ligeramente. Todos encontramos en el camino múltiples obstáculos y límites cuando buscamos lo que tenemos que hacer. Sin un guía experimentado que nos ayude a identificar nuestras pasiones, que aliente nuestros intereses, que nos allane el camino y nos dé un empujón para que saquemos el mejor partido de nuestras habilidades, el camino es exponencialmente más duro.

La tutela es, desde luego, una vía de doble sentido. Es tan importante tener un mentor en la vida como cumplir este papel con otras personas. Incluso es posible que uno descubra que su verdadero Elemento es ser mentor de otras personas.

---

* Edición en castellano, Ediciones 29, Barcelona, 1996.

Anthony Robbins es uno de los preparadores personales y mentores de mayor éxito del mundo; a menudo se dice de él que sentó las bases de la profesión, un sector que está creciendo de manera exponencial en todo el mundo; se ha convertido en una industria que mueve muchos millones de dólares. Todo ello habla elocuentemente del deseo de que nos tutelen y aconsejen y de las importantes funciones que estas personas pueden desempeñar en la vida de muchos de nosotros. Cada vez hay más gente que ha descubierto que ser mentor significa estar en el Elemento.

Esto fue lo que le sucedió a David Neils. Su mentor fue el señor Clawson, un vecino que se dedicaba a hacer inventos de gran éxito. De niño, Neils solía visitarle mientras Clawson trabajaba. En vez de echarlo, Clawson le pedía consejo y críticas sobre su trabajo. Esta interacción hizo crecer la autoestima de Neils: sus opiniones eran importantes. Ya adulto, Neils fundó el International Telementor Program, una organización que facilita consejos entre profesionales y estudiantes a través de medios electrónicos. Desde 1995, el programa ha ayudado a más de quince mil estudiantes de todo el mundo a recibir orientación profesional. David Neils hizo del asesoramiento el trabajo de su vida.

Más que héroes

Estoy seguro de que algunos de los mentores aquí mencionados, incluidos muchos de los Big Brothers and Big Sisters, se convirtieron en héroes para aquellas personas a las que dieron consejos. Todos tenemos nuestros héroes personales —un padre, un profesor,

un entrenador, incluso un compañero de clase o de profesión—
cuyas acciones idolatramos. Además, todos tenemos héroes a los
que no conocemos personalmente cuyas hazañas despiertan nuestra imaginación. Consideramos un héroe a Lance Armstrong por
la forma en la que venció una grave enfermedad y llegó a dominar
un deporte muy duro físicamente, y a Nelson Mandela por su papel decisivo para terminar con el *apartheid* en Sudáfrica. Al mismo
tiempo, siempre asociamos actos heroicos con determinadas personas: la victoriosa oposición de Rosa Parks contra la intolerancia,
o el primer paso que Neil Armstrong dio en la Luna.

Estas personas nos inspiran y nos llevan a maravillarnos de los
prodigios del potencial humano. Nos abren los ojos a nuevas posibilidades y avivan nuestras aspiraciones. Puede que incluso nos
empujen a seguir su ejemplo, haciendo que pasemos a dedicarnos
al servicio público, a la exploración, a romper barreras o a reducir las injusticias. De esta forma, estos héroes desempeñan una
función parecida a la de los mentores.

Sin embargo, los mentores hacen algo más que los héroes en
la búsqueda del Elemento. Los héroes pueden estar lejos y ser
inaccesibles. Pueden vivir en otro mundo. Pueden estar muertos.
Si los conocemos, es posible que nos quedemos mudos de asombro y no consigamos establecer con ellos una relación como es
debido. También es posible que los héroes no sean buenos mentores para nosotros. Puede que sean competitivos o que se nieguen a tener algo que ver con nosotros. Los mentores son diferentes. Asumen un lugar personal e insustituible en nuestra vida.
Los mentores nos abren puertas y se implican directamente en
nuesto viaje. Nos muestran cuáles deben ser los siguientes pasos
y nos proporcionan el valor para que los demos.

9
¿Demasiado tarde?

Susan Jeffers es la autora del libro *Aunque tenga miedo, hágalo igual*,* y de muchos otros best sellers. No se dedicó en serio a escribir hasta que tuvo más de cuarenta años. Cómo lo hizo es una historia extraordinaria.

A Susan le encantaba leer cuando era niña. Para ella, el mejor momento del día era aquel en que podía acurrucarse con un libro en la quietud de su habitación. «Siempre fui curiosa, y mi padre era muy bueno a la hora de explicar las cosas. A veces profundizaba tanto en los detalles que yo acababa poniendo los ojos en blanco. Recuerdo que una vez escuché algo en la radio que no entendí. La palabra era "circuncisión". Como era de esperar, ¡no me dio una corta explicación! Era como un profesor. Creo que se equivocó de profesión. Siempre quiso tener un hijo, así que me proponía que hiciéramos todas las cosas que habría hecho con un chico. ¡Tuve que ir a un montón de combates de lucha libre!»

Susan fue la universidad, donde conoció al que enseguida se convirtió en su primer marido. Dejó la carrera cuando se quedó

---

* Edición en castellano, Robinbook, Barcelona, 2002.

embarazada del primero de sus dos hijos. Después de cuatro años en casa, decidió que tenía que volver a la universidad. Esta decisión le provocó mucha ansiedad: «Los años que había pasado en casa habían minado mi confianza y no estaba segura de poder conseguirlo». Con el tiempo se hizo a la vida universitaria y llegó a licenciarse *summa cum laude*. Cuando se enteró de este honor, comenzó a llamar a todos sus conocidos: «Al final dejé el teléfono y me puse a llorar. Me di cuenta de que la única persona con la que quería hablar era con mi padre, que había muerto unos años antes. Habría estado tan orgulloso…».

Con el estímulo de uno de sus profesores, Susan se matriculó en un curso de posgrado y por último se doctoró en psicología. Luego, en un giro inesperado en el curso de los acontecimientos, le pidieron que fuera directora ejecutiva del Floating Hospital en Nueva York. Al principio tuvo dudas; era un trabajo muy importante y no sabía si sería capaz de asumirlo. Pero al final aceptó.

Por entonces tenía problemas en su matrimonio y solicitó el divorcio. Fue una época difícil para Susan: «Ni siquiera me ayudó tener un doctorado en psicología. Aunque mi trabajo era mucho más gratificante de lo que hubiera soñado nunca, me sentía muy desdichada. Pronto me cansé de sentir lástima de mí misma y supe que tenía que encontrar una nueva forma de "estar" en el mundo. Y así comenzó mi viaje espiritual».

Durante los diez años en los que dirigió el Floating Hospital, Susan se convirtió en lo que ella llama «adicta a los talleres». En su tiempo libre, estudió filosofías orientales y asistió a toda clase de talleres de crecimiento personal y New Age. «Descubrí que la causa de mi "mentalidad victimista" y de mi actitud negativa era el miedo. Me impedía responsabilizarme de mi experiencia vital. También me impedía ser una persona verdaderamente afectuosa. Poco a poco aprendí a abrirme camino a través del miedo y me desplacé desde la parte más débil de mí hasta la más fuerte. Al final sentí una sensación de poder como nunca antes había sentido.»

Un día, sentada a su escritorio, le vino a la mente la idea de pasar por la New School for Social Research, donde nunca había estado. Como estaba aprendiendo a confiar en su intuición, decidió que pasaría por allí a echar un vistazo: «Pensé que tal vez tendrían algún taller que me iría bien hacer. Cuando llegué, miré el directorio y me fijé en el Departamento de Recursos Humanos, que parecía adecuado a mis intereses. Me dirigí hacia sus oficinas. En recepción no había nadie. Entonces oí que una mujer del despacho que tenía a mi derecha decía: "¿Puedo ayudarte en algo?". Entré y de repente dije: "Estoy aquí para impartir un curso acerca del miedo". ¡No tengo ni idea de dónde vino aquello! Me miró atónita y dijo: "Caramba, he estado buscando a alguien que quisiera impartir un curso sobre el miedo, hoy es el último día para incluirlo en el programa y yo tengo que irme dentro de quince minutos". Satisfecha con mis credenciales me dijo: "Escribe rápidamente el título del curso y su descripción en setenta y cinco palabras". Sin ninguna premeditación, titulé el curso "Aunque tenga miedo, hágalo igual" y redacté la descripción. La mujer, encantada, colocó la información sobre el curso en el escritorio de su ayudante con una nota para que lo incluyera en el programa. Me dio las gracias efusivamente y se marchó. Me quedé sola pensando: "¿Qué ha pasado?". Creía firmemente en la ley de la atracción, pero para mí aquello fue alucinante».

Durante la primera sesión del curso, de doce semanas de duración, Susan estuvo muy nerviosa. Las dos horas fueron bien, pero tuvo que hacer frente a un nuevo temor: «Pensé: "Ya está. Esto es cuanto sé sobre el tema. ¿Qué enseñaré la semana que viene? ¿Y en las siguientes diez sesiones?". Pero cada semana descubría que tenía algo nuevo que decir. Y mi nivel de confianza aumentó. Me di cuenta de que a lo largo de los años había aprendido muchísimas cosas acerca de abrirse paso a través del miedo. Y a mis estudiantes les gustaba. Les asombraba darse cuenta de que si cambiaban su manera de pensar podían cambiar de verdad su vida. Dar este curso me convenció de que las técnicas que habían transformado mi vida eran las mismas que podían transformar la de cualquiera, independientemente de la edad, el sexo o el entorno».

Con el tiempo, Susan decidió escribir un libro basado en el curso que había impartido. Se enfrentó a muchos obstáculos. Y tras pasar por cuatro agentes literarios y quince negativas editoriales, guardó de mala gana la propuesta en un cajón. Una de las peores cartas que recibió decía: «Aunque Lady Di regalara el libro pedaleando desnuda por la calle en una bicicleta, ¡no lo leería nadie!».

Durante este período, decidió dejar el Floating Hospital y centrarse en serio en convertirse en escritora. «Recuerdo que una tarde iba en un taxi y el conductor me preguntó a qué me dedicaba. Me escuché a mí misma decir: "Soy escritora". Supongo que hasta aquel momento pensaba en mí como en psicóloga o gestora, pero ahí estaba: era escritora.»

Después de tres años escribiendo artículos para revistas, un día rebuscó en el cajón que contenía su propuesta de libro tantas veces rechazada. «Lo cogí y sentí que tenía entre mis manos algo que muchas personas necesitaban leer. Así que me propuse encontrar un editor que creyese en mi libro como creía yo. Esta vez, todo fue bien. Es más, fue mucho mejor de lo que hubiera soñado nunca.»

Aunque tenga miedo, hágalo igual ha vendido millones de ejemplares. Está disponible en cientos de países y se ha traducido a más de treinta y cinco idiomas. Susan ha escrito otros diecisiete libros que también han tenido gran aceptación en todo el mundo. Susan era escritora; el *Times* de Londres llegó a llamarla «la reina de la autoayuda». Es una conferenciante muy solicitada; la han invitado a participar en muchos programas de radio y de televisión internacionales. Sobre *Aunque tenga miedo, hágalo igual*, dice: «Mi web recibe e-mails de personas de todas partes del mundo que me cuentan cómo les ha ayudado mi libro. Algunas incluso le conceden el mérito de haberles salvado la vida. Estoy tan contenta de no haber desistido… Mi padre se hubiera sentido realmente orgulloso».

¿Demasiado tarde?

Todos conocemos a personas que se sienten atrapadas en su vida. Desearían sinceramente hacer algo más significativo y satisfactorio, pero a los treinta y nueve años o a los cincuenta y dos o a los sesenta y cuatro, creen que su oportunidad pasó. Tal vez creas que es demasiado tarde; que es poco realista dar un giro a tu vida en una nueva dirección. Tal vez creas que perdiste la única oportunidad que tuviste de seguir los deseos de tu corazón (y ello debido quizá a alguno de los límites de los que hablamos antes). Tal vez tiempo atrás no tuviste la suficiente seguridad en ti mismo para perseguir tu anhelo y ahora crees que el momento ha pasado.

Existen muchísimas pruebas de que las oportunidades de descubrir nuestro Elemento se dan con mucha más frecuencia en nuestra vida de lo que creemos. Durante el proceso de escritura de este libro hemos encontrado literalmente cientos de ejemplos de personas que perseguían su pasión en un momento tardío de su vida. Por ejemplo, Harriet Doerr, la autora de best sellers, solo escribía por afición mientras sacaba adelante a su familia. Cuando tenía sesenta y cinco años volvió a la universidad para sacarse la licenciatura en historia. Pero con el tiempo los cursos de escritura que tomó habían mejorado sus habilidades para la prosa y acabó matriculándose en el programa de escritura creativa de Stanford. En 1983, a los setenta años de edad, publicó su primera novela, *Stones for Ibarra*, ganadora del National Book Award.

Más o menos a la mitad de esa edad, a los treinta y seis años, Paul Potts todavía parecía atrapado en una vida oscura y poco satisfactoria. Siempre supo que tenía buena voz, por lo que había seguido cursos de canto. Sin embargo, un accidente de moto segó su sueño de subir a un escenario. En lugar de eso, se convirtió en vendedor de teléfonos móviles en Nueva Gales del Sur y continuó luchando contra el gran problema de su vida: la falta de confianza en sí mismo. Entonces oyó decir que en la televisión estaban haciendo audiciones para el concurso de talentos *Britain's Got Talent*, creado por Simon Cowell, del famoso *American Idol*. Potts tuvo la oportunidad de cantar «Nessun Dorma» de Puccini en la televisión nacional, y su hermosa voz fue muy aplaudida e hizo llorar de emoción a uno de los miembros del jurado. Durante las semanas siguientes, Potts se convirtió en internacional: el vídeo de su primera actuación se ha descargado en YouTube más de dieciocho millones de veces. Al final ganó el concurso y tuvo la oportunidad de cantar delante de la reina. La pérdida de Carphone Warehouse ha sido una ganancia para los amantes de la ópera de todo el mundo, ya que Potts sacó su primer álbum, *One Chance*, a finales de 2007. Cantar ha sido siempre su Elemento. «Mi voz —dijo— siempre ha sido mi mejor amiga. Si en el colegio tenía problemas con algún abusón, recurría a mi voz. No sé muy bien por qué la gente se metía conmigo. Siempre fui un poco distinto. Así que creo que esa era la razón por la que a veces tenía problemas de falta de confianza en mí mismo. Cuando canto no tengo ese problema. Estoy en el lugar en el que tengo que estar. Toda mi vida me sentí insignificante. Después de aquella primera audición, me di cuenta de que soy alguien. Soy Paul Potts.»

Julia Child, la chef a la que se le atribuye el mérito de haber revolucionado la cocina casera estadounidense y de reinventar los programas de cocina en televisión, trabajó primero como publicista y luego desempeñó varias labores para el gobierno de Estados Unidos. Cuando andaba por los treinta y pico años, descubrió la cocina francesa y comenzó a formarse profesionalmente. No publicó *Mastering the Art of French Cuisine* hasta que tenía casi cincuenta años, y entonces fue cuando despegó su celebrada carrera.

A los sesenta y cinco años, Maggie Kuhn era la organizadora de una iglesia y no tenía ninguna intención de dejar su trabajo. Desafortunadamente, sus jefes la obligaron a jubilarse. Enfadada por cómo su jefe le había mostrado la puerta, decidió formar un grupo de apoyo con amigos que se encontraban en la misma situación. Sus intentos por sacar adelante los problemas corrientes de los jubilados la llevaron a un activismo cada vez más comprometido que culminó en la constitución de las Panteras Grises, un grupo de abogados nacional.

Todos hemos oído hablar de que los cincuenta son los nuevos treinta y de que los setenta son los nuevos cuarenta (si el algoritmo se extiende en ambas direcciones, eso explicaría el comportamiento adolescente de algunos treintañeros que conozco). Pero existen importantes cambios que deberíamos considerar seriamente. La esperanza de vida se ha incrementado; en los últimos cien años se ha más que duplicado y sigue aumentando a un ritmo acelerado. La calidad de la salud de las personas mayores ha mejorado. Según un estudio de la fundación MacArthur, casi nueve de cada diez estadounidenses de edades comprendidas entre los sesenta y cinco años y los setenta y cuatro dicen vivir sin ningún tipo de minusvalía. Muchas personas mayores del mundo desarrollado cuentan con mucha más estabilidad económica que en el pasado. En la década de los cincuenta, el 35 por ciento de las personas mayores estadounidenses vivían en la miseria; hoy esa cifra es del 10 por ciento.

Estos días se habla mucho acerca de una «segunda mediana edad». Lo que una vez consideramos mediana edad (aproximadamente entre los treinta y cinco años y los cincuenta) auguraba un rápido declive hacia la jubilación y una muerte inminente. Hoy día el final de esa primera mediana edad indica una serie de puntos de referencia: cierto grado de realización profesional, hijos que han terminado la universidad, la indispensable adquisición de capital se ha reducido. Lo que viene tras eso es un segundo tramo en el que las personas hábiles y que gozan de buena salud pueden ponerse en marcha para alcanzar otra serie de objetivos. Es aleccionador o edificante —no estoy seguro de cuál de las dos cosas— escuchar a las estrellas del rock echar por tierra sus predicciones acerca de lo que estarían haciendo «cuando tuviesen sesenta y cuatro años» o que todavía intenten conseguir alguna «satisfacción».

Si en la actualidad tenemos una completa «mediana edad» extra, a buen seguro que tenemos oportunidades adicionales de hacer algo más con nuestra vida como parte del paquete. Pensar que cuando tengamos treinta años debemos haber cumplido nuestros mayores sueños (o al menos estar en el proceso de cumplirlos) está pasado de moda.

Desde luego, con esto no quiero decir que todos podemos hacer cualquier cosa en cualquier momento de nuestra vida. Si estás a punto de cumplir cien años, tienes pocas probabilidades de clavar el papel principal en *El lago de los cisnes*, especialmente si no tienes conocimientos previos de danza. A los cincuenta y ocho, con un sentido del equilibrio inestable, estoy haciéndome a la idea de que es probable que nunca gane la medalla de oro en los Juegos Olímpicos de invierno en patinaje de velocidad (en especial porque nunca he visto unos patines de hielo en la vida real). Algunos sueños son realmente «sueños imposibles». Pero otros muchos no lo son. A menudo, entender la diferencia es uno de los primeros pasos para encontrar el Elemento, porque si no ves la posibilidad de que un sueño se haga realidad, es probable que tampoco veas los pasos necesarios que tienes que dar para conseguirlo.

Una de las razones fundamentales que nos llevan a pensar que es demasiado tarde para ser quienes realmente somos capaces de ser, es la creencia de que la vida es lineal. Como si nos encontrásemos en una concurrida calle de una sola dirección, pensamos que la única opción es seguir hacia delante. Si la primera vez desaprovechamos alguna cosa, no podemos volver sobre nuestros pasos a echar un vistazo porque mantener el paso con el tráfico requiere de todo nuestro esfuerzo. Sin embargo, en muchas de las historias de este libro hemos podido ver una clara indicación de que la vida humana no es lineal. Las exploraciones de Gordon Parks y el dominio de múltiples disciplinas no eran lineales. Sin duda, Chuck Close no ha vivido una vida lineal; la enfermedad le obligó a reinventarse.

Por supuesto, la aproximación de sir Ridley Scott al mundo del cine no fue lineal. Me contó que al comienzo, cuando dejó la escuela de arte, «no tenía absolutamente ninguna intención de hacer películas. Las películas eran algo que iba a ver los sábados. Era imposible pensar en cómo dar ese salto y llegar a la industria del cine a partir de la vida que estaba llevando. Más tarde decidí que el arte no estaba hecho para mí. Necesitaba algo más específico. Necesito tener un objetivo, instrucciones. Así que anduve de aquí para allá, probé otras formas de prácticas de arte y al final acabé junto al señor Ron Store haciendo serigrafía. Me encantaba el proceso de impresión. Me encantaba moler piedras para obtener cada color de la litografía. Todos los días solía trabajar hasta tarde, iba al pub a tomar un par de cervezas y cogía el último autobús de regreso a casa. Lo hice durante cuatro años, cinco días a la semana. Me encantaba».

Poco después empezó a trabajar pluriempleado en la BBC: «Siempre estaba intentando romper los límites de lo que estuviese haciendo, maximizar los presupuestos. Me enviaron a un viaje de un año con una beca; cuando regresé, entré directamente a trabajar como diseñador. Después de dos años en la BBC, me inscribieron en un curso de dirección».

Sin embargo, de ahí dio otro salto, esta vez hasta el mundo de la publicidad, porque era «increíblemente divertido. La publicidad siempre se ha considerado algo sucio respecto al arte, la pintura, etc.; yo la abracé descaradamente con ambas manos».

La dirección de anuncios publicitarios le llevó a la dirección de programas de televisión. Fue después de eso cuando Ridley Scott se vio inmerso en el mundo del cine que acabaría definiendo el trabajo de su vida. Si en algún momento a lo largo de este viaje hubiera pensado que tenía que seguir un camino recto en su carrera, nunca habría encontrado su verdadera vocación.

La vida humana es dinámica y cíclica. Capacidades diferentes se expresan con más o menos fuerza en distintas épocas de nuestra vida. Debido a esto, disfrutamos de múltiples oportunidades para crecer y desarrollarnos de nuevo, así como para revitalizar capacidades latentes. Harriet Doerr comenzó a explorar su habilidad para la escritura antes de que la vida le llevara en otra dirección. Esa habilidad estaba esperándole décadas más tarde cuando volvió a ella. Maggie Kuhn descubrió a la abogada que llevaba dentro cuando surgió la oportunidad, aunque seguramente había hecho caso omiso a ese talento hasta entonces.

La edad física es incuestionable como forma de medir el número de años que han transcurrido desde nuestro nacimiento, pero es puramente relativa en lo que se refiere a la salud y a la calidad de vida. Todos envejecemos con el reloj, por supuesto, pero conozco a muchas personas de la misma edad biológica que se llevan generaciones tanto en lo emocional como en lo creativo.

Mi madre murió a los ochenta y seis años de edad, muy rápido y de repente, de un derrame cerebral. Hasta el final de su vida, siempre aparentó diez o quince años menos de lo que decía su fecha de nacimiento. Tenía una curiosidad insaciable por las otras personas y por el mundo que le rodeaba. Bailaba, leía, le gustaban las fiestas y viajaba. Divertía con su ingenio a todo aquel que conocía, y los inspiraba con su buen gusto, su energía y su puro placer por la vida a pesar de haber pasado muchas penalidades, luchas y crisis.

Soy uno de sus siete hijos, y ella también era una entre siete hermanos, así que cuando nuestra extensa familia se reunía en algún lugar formábamos un grupo considerable. Mi madre se ocupó de nosotros durante una época en la que había pocas comodidades modernas y poca ayuda aparte de la que podía obtener de mala gana por nuestra parte cuando verdaderamente no le causábamos trabajo. Cuando yo tenía nueve años, todos tuvimos que hacer frente a una gran catástrofe. Mi padre, que era el pilar de la familia y a quien le había perturbado tanto que enfermara de poliomielitis, tuvo un accidente laboral: se rompió el cuello y quedó parapléjico para el resto de su vida.

Fue un hombre extraordinario, y continuó estando firmemente en el centro de nuestra familia. Era agudo y divertido, profundamente inteligente y una inspiración para todo aquel que se cruzaba en su camino. Así fue también mi madre. Su energía y su pasión por la vida nunca disminuyeron. Siempre estaba dedicándose a nuevos proyectos y aprendiendo cosas nuevas. En las reuniones familiares, siempre era la primera en salir a la pista de baile. Y durante el último año de su vida estudió bailes de salón y aprendió a hacer casas de muñecas y miniaturas. Siempre hubo, tanto en mi padre como en mi madre, una clara y considerable diferencia entre su edad biológica y su verdadera edad.

No son pocas las personas que consiguen cosas importantes durante los últimos años de su vida. Benjamin Franklin inventó las lentes bifocales cuando tenía setenta y ocho años. Esa misma edad tenía la abuela Moses cuando decidió dedicarse en serio a la pintura. Agatha Christie escribió *La ratonera*, la obra que lleva más tiempo en cartelera, cuando tenía sesenta y dos. Jessica Tandy ganó el Oscar a la mejor actriz a los ochenta años. Vladimir Horowitz dio su última serie de recitales de piano, con todas las entradas agotadas, cuando tenía ochenta y cuatro.

Compara estos logros con la renuncia prematura de personas que conozcas de treinta o cuarenta años de edad que actúan como si su vida se hubiese acomodado en una aburrida rutina y no vieran oportunidades de cambiar y evolucionar.

Si tienes cincuenta años, ejercita tu mente y tu cuerpo con regularidad, come bien y mantén un entusiasmo general por la vida; es probable que seas más joven —en términos reales, físicos— que tu vecino que tiene cuarenta y cuatro años, un trabajo sin porvenir, come alitas de pollo dos veces al día, le parece demasiado extenuante pensar y cree que levantar un vaso de cerveza es un ejercicio diario razonable.

El doctor Henry Lodge, coautor de *Younger Next Year*, hace una observación tajante: «Resulta que en Estados Unidos el 70 por ciento de los procesos de envejecimiento no es auténtico envejecimiento. Simplemente es descomposición. Es podredumbre por las cosas que hacemos. Todas las enfermedades causadas por nuestro estilo de vida —la diabetes, la obesidad, las enfermedades cardíacas, muchos tipos de Alzheimer y de cáncer, y casi todas las osteoporosis— son una forma de descomposición. La naturaleza no nos reservaba ninguna de estas cosas. Salimos y las compramos».

La gente de realage.com ha ideado una manera de calcular nuestra «verdadera edad» frente a nuestra edad biológica. Tiene en cuenta un amplio espectro de factores referentes al estilo de vida, la genética y el historial médico. Lo fascinante de esto es que su trabajo indica que de hecho es posible rejuvenecer haciendo mejores elecciones.

Una forma de mejorar nuestra verdadera edad es cuidarnos físicamente mediante el ejercicio y la alimentación. Lo sé porque vivo en California, donde todo el mundo parece tener grandes existencias de lycra y donde los productos lácteos tienen el mismo prestigio que los cigarrillos. Yo también hago lo posible por llevar una vida saludable. Intento hacer abdominales todos los días y evitar los postres. Pero no se trata únicamente de hacer ejercicio y comer bien.

Uno de los preceptos fundamentales del Elemento es la necesidad de volver a conectar con nosotros mismos y de vernos holísticamente. Uno de los mayores obstáculos para estar en nuestro Elemento es creer que de algún modo nuestra mente existe de manera independiente de nuestro cuerpo, como los inquilinos en un apartamento; o que nuestro cuerpo solo es el medio de transporte de nuestra cabeza. Los datos de las investigaciones y del sentido común no indican solo que nuestra salud física afecta a nuestra vitalidad intelectual y emocional, sino que nuestra actitud puede afectar a nuestro bienestar físico. Pero igual de importante es el trabajo que se realiza para mantener la mente joven. La risa tiene gran impacto en el envejecimiento, así como la curiosidad intelectual. La meditación también puede proporcionar importantes beneficios al organismo.

La respuesta a la pregunta «¿Es demasiado tarde para que yo encuentre el Elemento?» es simple: no, claro que no. Incluso en aquellos casos en los que la degradación física propia de la edad hace que ciertos logros sean imposibles, el Elemento todavía está al alcance. Nunca ganaré la medalla de oro en patinaje de velocidad, pero si el deporte significara tanto para mí (no es el caso), podría encontrar la forma de lograr entrar en esa tribu, tal vez utilizando las habilidades que ya tengo y aquellas que podría adquirir, y hacer una contribución significativa en ese mundo.

Mantenerse flexibles ante las cosas

En realidad, todo se reduce a nuestra capacidad de continuar desarrollando nuestra creatividad y nuestra inteligencia a medida que entramos en nuevas etapas de la vida. Evidentemente, esto ocurre de forma espectacular cuando somos jóvenes. El cerebro de los bebés es muy activo y enormemente versátil. Es un fermento de potencial. Tiene cerca de cien mil millones de neuronas, y puede realizar una variedad casi infinita de conexiones posibles, construir lo que los científicos llaman «caminos neuronales» a partir de lo que encontramos en el mundo. Nuestro cerebro está hasta cierto punto programado por nuestra genética, pero nuestras experiencias afectan profundamente a nuestra evolución como individuos y al desarrollo de nuestro cerebro.

Pensemos por ejemplo en cómo adquirimos el lenguaje. Aprender a hablar es uno de los logros más asombrosos en la vida de un niño. Para la mayoría de nosotros esto sucede durante los primeros años de vida. Nadie nos enseña a hablar; desde luego, nuestros padres no lo hacen. No pueden porque el lenguaje hablado es demasiado complejo, demasiado sutil y está lleno de demasiadas variaciones para que alguien pueda enseñarlo como es debido a un niño. Los padres y las demás personas orientan y corrigen a los niños pequeños mientras aprenden a hablar, por supuesto, y tal vez los animen y aplaudan. Pero los recién nacidos no aprenden a hablar mediante la instrucción. Aprenden por imitación e inferencia. Todos nacemos con una profunda e instintiva capacidad para el lenguaje que se activa casi tan pronto como empezamos a respirar.

Los bebés reconocen de manera instintiva significados e intenciones en los sonidos y los tonos de voz que oyen de las personas que los rodean. Los bebés nacidos dentro de un grupo familiar en el que hay perros como mascotas responderán a los ruidos y gruñidos que haga ese perro. Sin embargo, no confunden este sonido con el lenguaje humano. La mayoría de los niños no optan por los ladridos como forma de comunicarse, con la posible excepción de los terribles primeros y últimos años de la adolescencia.

No parece que haya ningún límite aparente en nuestra capacidad para adquirir el lenguaje. Los niños que nacen en familias plurilingües son propensos a aprender cada uno de esos idiomas. No alcanzan un punto de saturación y dicen: «Por favor, no dejes entrar a la abuela. No puedo con otro dialecto». Los niños pequeños tienden a aprender todas las lenguas a las que están expuestos y a pasar de una a otra sin ningún esfuerzo. Recuerdo que hace unos años conocí a tres hermanos en edad escolar cuya madre era francesa, su padre estadounidense y vivían en Costa Rica. Dominaban el francés, el inglés y el castellano, así como una amalgama que habían creado con las tres lenguas y que utilizaban exclusivamente entre sí.

Por otra parte, si has nacido en una familia monolingüe, lo más probable es que no busques aprender otros idiomas, al menos hasta que tengas que escoger uno en el colegio. Aprender una lengua nueva en ese momento es algo mucho más difícil porque ya se han allanado numerosos caminos neuronales en lo concerniente al lenguaje (en otras palabras, se han tomado un gran número de decisiones del tipo SÍ/NO acerca de cómo llamar a un determinado objeto, cómo construir frases e incluso cómo poner la boca al hablar). Intentar hablar una lengua extranjera por primera vez durante la treintena es aún más difícil.

La neurocientífica Susan Greenfield explica la asombrosa capacidad de un cerebro joven a través de la fábula de un niño italiano de seis años ciego de un ojo. La causa de su ceguera era un misterio. Los oftalmólogos consideraban que su ojo era perfectamente normal. Con el tiempo descubrieron que cuando era un bebé había recibido un tratamiento por una ligera infección. El tratamiento había incluido que llevase ese ojo tapado durante dos semanas. Este hecho no habría supuesto una gran diferencia para el ojo de un adulto. Pero en un recién nacido el desarrollo de los circuitos neuronales que van del ojo al cerebro es un proceso crítico y delicado. Al no haber utilizado las neuronas que prestaban servicio al ojo tapado durante ese crucial período de desarrollo, el cerebro las trató como si no existieran. «Por desgracia —dijo

Greenfield—, el cerebro malinterpretó el vendaje del ojo como una indicación de que el niño no iba a utilizarlo durante el resto de su vida.» El resultado fue que se quedó permanentemente ciego de ese ojo.

Los cerebros jóvenes están en un proceso constante de evolución y cambio, y son muy reactivos a su entorno. Durante las primeras etapas de su desarrollo, nuestro cerebro experimenta un proceso que los científicos cognitivos llaman «poda neuronal». Esencialmente, este proceso consiste en recortar caminos neuronales que en el inconsciente decidimos tendrán poco valor para nosotros a largo plazo. Desde luego, esta poda es diferente en cada persona, pero es una parte muy necesaria en nuestro desarrollo. Presta la misma función en nuestro cerebro que la poda en un árbol: deshacerse de las ramas innecesarias para dejar permitir un crecimiento continuo e incrementar la fuerza del conjunto. Cierra los caminos que nunca volveremos a utilizar para posibilitar la expansión de los caminos que utilizaremos regularmente. Como consecuencia, las enormes capacidades naturales con las que nacemos se forman y moldean, se dilatan o limitan, mediante un proceso de constante interacción entre los procesos biológicos internos y nuestras verdaderas experiencias en el mundo.

La mejor noticia en todo esto es que el desarrollo físico del cerebro no es un sencillo proceso lineal de un solo sentido. Nuestro cerebro no deja de evolucionar cuando conseguimos las primeras llaves de un coche (aunque a las compañías aseguradoras les gustaría plantearlo así). Gerald Fischbach, neurobiólogo de Harvard, ha realizado una importante investigación sobre el recuento de las células del cerebro y ha determinado que conservamos la gran mayoría de las células cerebrales hasta el final de nuestra vida. El cerebro medio contiene más neuronas de las que podría llegar a utilizar durante toda una vida aun a pesar del aumento de la esperanza de vida.

Por otro lado, la investigación indica que, siempre y cuando sigamos utilizando nuestro cerebro de forma activa, al envejecer continuamos construyendo caminos neuronales. Esto no solo nos proporciona un potencial continuo para el pensamiento creativo, sino también un aliciente adicional para continuar esforzándonos al máximo. Existen pruebas sólidas que apuntan a que las funciones creativas del cerebro permanecen llenas de fuerza hasta el final de la vida: podemos recobrar y renovar muchas de nuestras aptitudes latentes ejercitándolas adrede. Al igual que el ejercicio físico tonifica nuestros músculos, el ejercicio mental infunde nueva fuerza a nuestras capacidades creativas. Hoy día se están realizando exhautivas investigaciones relacionadas con la neurogénesis, la creación de nuevas células cerebrales en los adultos. Cada vez resulta más evidente que, al contrario de lo que se ha creído durante más de un siglo, el cerebro continúa produciendo células nuevas, y ciertas técnicas mentales (como la meditación) pueden llegar a acelerar el proceso.

Podemos admirar el extraordinario trabajo efectuado a una edad avanzada por gente como Georgia O'Keefe, Albert Einstein, Paul Newman e I. M. Pei, pero no deberíamos considerarlo admirable *porque* lo hicieran a una edad avanzada. Estas personas eran sencillamente triunfadoras. Lo que hicieron a edades avanzadas no debería sorprendernos más que lo que hacían frecuentemente.

Antes mencioné que es poco probable que una persona centenaria protagonice *El lago de los cisnes*. No es imposible, solo poco probable. La razón, desde luego, es que, al menos hasta que la medicina dé varios saltos hacia delante, algunas de nuestras capacidades *sí* se deterioran con la edad, en especial las relacionadas con la actividad física. Negar esto no tiene mucho sentido, aunque algunos lo intentemos desesperadamente hasta el punto de pasar vergüenza en público.

Sin embargo, no sucede lo mismo con todas nuestras capacidades. Como una buena rueda de Parmigiano Reggiano, algunas mejoran con el tiempo. Al parecer existen temporadas de posibilidad en la vida de todos nosotros, y varían según lo que estemos haciendo. Se dice que nuestras habilidades matemáticas, por ejemplo, tienden a aumentar y alcanzar su máximo nivel durante la veintena y la treintena. No me refiero a la habilidad de calcular la cuenta de la compra o las probabilidades de que tu equipo gane la Super Bowl. Hablo del tipo de matemática superior realizada por los matemáticos de categoría mundial, los Terence Taos del mundo. La mayoría de los genios matemáticos han llevado a cabo su trabajo más original cuando el resto de nosotros acabamos de firmar nuestra primera hipoteca: algo que probablemente no haríamos si las matemáticas se nos dieran mejor. Lo mismo puede decirse de aprender las habilidades técnicas que se requieren para tocar un instrumento musical.

Pero en otros sentidos y en otras áreas, la madurez puede ser una auténtica ventaja, especialmente, por ejemplo, en el arte. Muchos escritores, poetas, pintores y compositores han creado su mejor obra a medida que su comprensión y sensibilidad se hacían más profundas con la edad. Lo mismo puede decirse de disciplinas tan diversas como el derecho, la cocina, la enseñanza y el paisajismo. De hecho, en cualquier disciplina en que la experiencia desempeñe un papel significativo, la edad es una ventaja en vez de un impedimento.

De ello se deduce que el «demasiado tarde» llega en diferentes momentos, dependiendo de adónde te lleve la búsqueda del Elemento. Si es hacia la gimnasia internacional, tal vez cuando tengas quince años sea ya demasiado tarde. Si es hacia el desarrollo de un nuevo estilo de cocina de fusión, es posible que el «demasiado tarde» no llegue nunca. La mayoría de nosotros ni siquiera estamos cerca del «demasiado tarde».

Comprometidos para siempre

Una de las consecuencias del hecho de que consideremos que nuestra vida es lineal y unidireccional es que conduce a una cultura (esto es cierto en la mayoría de las culturas occidentales) en la que se segrega a la gente en función de la edad. Enviamos a los más pequeños al jardín de infancia y a preescolar, como un grupo. Educamos a los adolescentes en lotes. Metemos a la gente mayor en residencias para ancianos. Hay buenas razones para todo esto. Al fin y al cabo, tal como Gail Sheehy advirtió hace décadas, en nuestra vida hay tramos previsibles, y tiene sentido crear entornos en los que la gente pueda experimentar esos períodos de forma óptima.

Sin embargo, también hay buenas razones para cuestionar las rutinas de lo que en realidad equivale a una discriminación por la edad. Un ejemplo edificante es un programa educativo único e incomparable en la escuela Jenks del distrito de Tulsa, en Oklahoma.

El estado de Oklahoma tiene un programa de lectura acla-
mado internacionalmente que proporciona clases de lectura a
niños de entre tres y cinco años de edad. El distrito de Jenks ofrece una versión muy especial del programa. La idea surgió cuando
el dueño de otra institución en Jenks —situada enfrente de una de
las escuelas de primaria— se acercó al supervisor de los colegios.
Había oído hablar acerca del programa de lectura y se preguntaba
si su institución podría ayudar de alguna forma. El supervisor respondió positivamente a la idea y, después de aclarar algunas dificultades burocráticas, aceptó la ayuda de la otra institución.

La otra institución es el Grace Living Center, una residencia
para ancianos.

Durante los meses siguientes, el distrito estableció una clase
de preescolar y de jardín de infancia en el Grace Living Center.
La clase, rodeada por paredes de cristal transparente (con una
abertura en la parte de arriba para que se filtren los sonidos de los
niños), está situada en el vestíbulo del edificio principal. Los niños y sus maestros acuden allí todos los días como si fuese una
clase cualquiera. Como está en el vestíbulo, los residentes pasan
por allí por lo menos tres veces al día a las horas de las comidas.

Cuando la clase se inauguró, los residentes se paraban a mirar a través de las paredes de cristal. Los maestros les dijeron que
los niños estaban aprendiendo a leer. Varios residentes preguntaron si podían ayudar. Los docentes se alegraron de tener ayuda, y
rápidamente sentaron las bases de un programa llamado Compañeros de Libro. El programa empareja a un anciano de la residencia con uno de los niños. Los adultos escuchan a los niños
leer, y les leen.

El programa ha obtenido resultados asombrosos. Uno de ellos

es que la mayoría de los niños del Grace Living Center superan a otros niños del distrito en los exámenes estándares de lectura. Más del 70 por ciento salen del programa a los cinco años leyendo al mismo nivel que los niños de tercero o más. Pero aprenden mucho más que a leer. Mientras se sientan con sus Compañeros de Libro, tienen conversaciones enriquecedoras con los adultos acerca de gran variedad de temas, y en especial sobre los recuerdos que los mayores tienen de su infancia en Oklahoma. Los niños preguntan cosas sobre cómo eran los iPods cuando los adultos eran pequeños, y estos les explican que su vida era diferente de la de los niños de ahora. Esto conduce a historias acerca de cómo vivían y jugaban hace setenta, ochenta e incluso noventa años. Los niños adquieren una historia social de su ciudad natal de una textura asombrosa a partir de personas que han visto la evolución de la urbe durante décadas. Los padres están tan satisfechos del beneficio extracurricular que hoy día las plazas se rifan debido a que la demanda de las sesenta mesas disponibles es muy grande.

Pero en el Grace Living Center ha ocurrido algo más: la medicación ha caído en picado. Muchos de los residentes que participan en el programa han dejado o reducido los fármacos. ¿Por qué? Porque han vuelto a la vida. En lugar de pasar los días esperando lo inevitable, tienen una razón para levantarse por la mañana y una emoción renovada por lo que ese día pueda traerles. Viven, literalmente, más tiempo porque han vuelto a conectar con su energía creativa.

Los niños aprenden algo más. De vez en cuando los maestros tienen que explicarles que uno de los Compañeros de Libro no podrá volver a acudir, que esa persona ha muerto. Los niños asimilan así a una edad muy temprana que la vida tiene sus ritmos y sus ciclos, y que incluso las personas cercanas a ellos forman parte de ese ciclo.

En cierto modo, el Grace Living Center ha recuperado una relación antigua y tradicional entre distintas generaciones. Entre los muy niños y los muy viejos siempre ha habido una conexión casi mística. Parecen entenderse de una forma básica, con frecuencia tácita. A menudo, en Occidente mantenemos separadas a estas generaciones. El programa Compañeros de Libro muestra de forma simple pero profunda la vía de enriquecimiento que se abre cuando las generaciones se encuentran. También enseña que la gente mayor puede recobrar energías perdidas hace mucho tiempo si las circunstancias son idóneas y la inspiración está allí.

Hay tiempo

Lo que todos —desde Susan Jeffers hasta Julia Child, pasando por los Compañeros de Libro— nos enseñan es que pueden pasar cosas extraordinarias que mejoren nuestra vida cuando dedicamos tiempo a salir de nuestra rutina, a reconsiderar nuestra trayectoria y a recuperar las pasiones que dejamos atrás (o que nunca llegamos a perseguir) por una cosa o por otra. En cualquier período de nuestra vida podemos tomar nuevas direcciones. Tenemos la capacidad de descubrir nuestro Elemento prácticamente a cualquier edad. Como Sophia Loren dijo una vez: «Existe la fuente de la juventud: se trata de tu mente, de tus talentos, de la creatividad que lleves a tu vida y a la de aquellos a los que amas. Cuando aprendas a conectar con esa fuente, habrás vencido realmente a la edad».

A cualquier precio

Gabriel Trop es un estudiante brillante. Cuando le conocí se encontraba en Berkeley haciendo un doctorado en literatura alemana. Ese trabajo significa mucho para él, pero no es la única cosa que le apasiona. También siente una atracción arrolladora por la música. «Si perdiera el uso de mis manos —me dijo—, mi vida se acabaría.»

A pesar de todo, Gabriel nunca ha considerado la idea de convertirse en músico profesional. De hecho, durante mucho tiempo no quiso tener nada que ver con la música. En los primeros años de secundaria, Gabriel miraba con lástima a los estudiantes de música, que cargaban con los voluminosos instrumentos dentro de su funda de un lado a otro del campus y acudían al instituto antes que todo el mundo para asistir a los ensayos. Aquello no era para él, en especial lo de acudir al instituto tan pronto. Se prometió en secreto evitar la música.

Sin embargo, un día que estaba al piano, tocando las teclas ociosamente en la clase de música que formaba parte del plan de estudios del instituto, se dio cuenta de que tenía facilidad para distinguir las melodías. Con un mal presentimiento, también se percató de que le gustaba hacerlo. El profesor de música se había acercado como si tal cosa para escuchar y Gabriel intentó que no se notara lo mucho que estaba disfrutando. No debió de hacerlo demasiado bien, porque el profesor le dijo que tenía buen oído y le propuso que fuera al almacén de música para ver si alguno de los instrumentos que había allí le atraía.

Un amigo de Gabriel tocaba el violoncelo, razón por la que decidió probar uno de los que había en el almacén. Descubrió que le encantaba la forma y el tamaño del instrumento, así como el sonido profundo y armonioso que despedía al puntear las cuerdas. Uno de los violoncelos en concreto tenía «un maravilloso olor a barniz de colegio». Decidió romper su promesa y darle una oportunidad. Cuando empezó a practicar, lo hizo de manera despreocupada, pero enseguida descubrió que le encantaba y que cada vez pasaba más tiempo haciéndolo.

De ahí en adelante, Gabriel practicó tan a menudo y con tanta intensidad que en un par de meses ya tocaba razonablemente bien. En un año se convirtió en el violoncelista principal de la orquesta del instituto. Esto quería decir, desde luego, que llegaba al centro muy temprano, arrastrando el voluminoso instrumento de su funda de un lado a otro del campus ante la compasiva mirada de los que no eran músicos.

A Gabriel también le encantan la literatura, el alemán y el trabajo académico. En algún momento tuvo que tomar una dura decisión y elegir entre la música y la vida académica como eje principal de su vida. Después de una larga lucha interior, escogió la literatura alemana porque pensó que le permitiría dedicar tiempo al violoncelo, mientras que si elegía el mundo de la música, apenas le quedaría tiempo para estudiar a fondo la poesía alemana: «Escogí la literatura porque me pareció compatible con la intensidad de interpretar música; si hubiese elegido ser músico profesional tendría que haber abandonado casi por completo mi pasión por la literatura. Así que este arreglo fue el que encontré para seguir siendo un entregado violoncelista y mantener un alto grado de implicación con el estudio literario».

Gabriel ensaya cuatro horas al día y sigue actuando (hace poco interpretó un concierto para cello con la Orquesta Sinfónica de la Universidad de Berkeley, en California). No sabe cómo podría sobrevivir sin una inmersión regular en la práctica y el disfrute de la música. Dice que llamar «hobby» a esto sería ridículo. La música es fundamental en su vida, y es en ella donde ha encontrado su Elemento.

En el sentido más genuino de la palabra, Gabriel es un músico aficionado. Y no querría que fuese de otra manera.

Por amor al arte

A un nivel muy básico, los profesionales de cualquier campo son aquellas personas que se ganan la vida en ese campo, mientras que los aficionados no. Pero a menudo los términos «aficionado» y «profesional» implican algo más: algo acerca de la calidad y la pericia. Con frecuencia las personas piensan que los aficionados pertenecen a una especie de segunda clase, aquellos que realizan una actividad muy por debajo de un nivel profesional. Los aficionados son aquellos que gesticulan como locos en las producciones de teatro locales, que puntúan más de cien en el curso de golf o que escriben bonitas historias sobre mascotas en el periódico gratuito de la ciudad. Cuando llamamos a alguien «principiante», utilizamos la palabra en sentido peyorativo. Estamos apuntando que el asunto del que estamos hablando no se acerca en modo alguno a lo profesional, que el esfuerzo es un tanto vergonzoso.

A veces es perfectamente razonable trazar distinciones bien definidas entre los profesionales y los aficionados. Al fin y al cabo pueden darse diferencias enormes entre ellos. Si tuviese que hacerme una vasectomía, preferiría con mucho ponerme en manos de alguien que hiciera este tipo de cosas para ganarse la vida en lugar de en las manos de alguien que lo hiciera de vez en cuando por afición. Pero a menudo las diferencias entre profesionales y aficionados tienen menos que ver con la calidad que con la elección. Muchas personas, como Gabriel, actúan a nivel profesional en los campos de especialización que aman pero escogen no ganarse la vida de esa manera. No son profesionales en ese campo porque no se ganan la vida con eso. Son, por definición, *amateurs* (aficionados). Pero no hay nada de «aficionado» en su habilidad.

La palabra *«amateur»* deriva de la palabra latina *«amator»*, que significa «amante», amigo devoto, o alguien que busca ávidamente un objetivo. En el sentido original de la palabra, un amateur es alguien que hace algo por amor al arte. Los amateurs hacen lo que hacen porque les apasiona, no porque les permita pagar las facturas. En otras palabras, los verdaderos aficionados son aquellas personas que han encontrado el Elemento en alguna actividad fuera de su trabajo.

En «La revolución pro-am», un informe para el *think tank* británico Demos, Charles Leadbeater y Paul Miller subrayaron que era cada vez más frecuente un tipo de amateur que trabaja con estándares muy altos y consigue progresos a veces mayores que los que llevan a cabo los profesionales: de ahí el término «pro-am». En muchos casos, la nueva tecnología está proporcionando aparatos antes inasequibles para el amateur: chips CCD para telescopios, herramientas profesionales para los músicos, avanzados softwares de edición para los ordenadores personales, etc. Leadbeater y Miller señalan el surgimiento del hip-hop, un género musical que comenzó con la distribución de cintas de elaboración casera.

En esta línea, indican que el sistema operativo Linux es una obra en colaboración creada por una gran comunidad de programadores durante su tiempo libre. La campaña de abolición de la deuda externa, que tuvo como resultado la disminución en miles de millones de dólares de la deuda de países del Tercer Mundo, comenzó a partir de las peticiones de personas que no tenían ninguna experiencia profesional en hacer de «lobby». Un astrónomo amateur tiene el crédito de haber descubierto una supernova utilizando un telescopio de veinticinco centímetros.

«Un "pro-am" se dedica como amateur a una actividad determinada sobre todo por amor al arte, pero tiene un nivel profesional —dicen Leadbeater y Miller—. Los "pro-ams" tienen pocas posibilidades de obtener más que una pequeña parte de sus ingresos mediante su pasatiempo, pero se dedican a él con la entrega y el compromiso de un profesional. Para los "pro-ams", el tiempo libre no es consumismo pasivo sino activo y participativo; supone desarrollar habilidades y un conocimiento acreditado públicamente, a menudo construido durante una larga carrera profesional que les ha supuesto sacrificios y frustraciones.»

Leadbeater y Miller llaman «pro-ams» a «un nuevo híbrido social»; indican que practican su pasión fuera del lugar de trabajo, pero con una energía y dedicación que se dan pocas veces en aquellas actividades que se realizan durante el tiempo libre. Los «pro-ams» encuentran vigorizante este nivel de intensidad, que a menudo ayuda a compensar trabajos poco estimulantes.

Algunas personas hacen realmente un trabajo extraordinario como amateurs. Arthur C. Clarke fue un escritor de ciencia ficción de gran éxito editorial, autor, entre otras novelas, de *2001: Una odisea espacial* y *El jardín de Rama*.* Había empezado su carrera de escritor siendo oficial de la Real Fuerza Aérea británica. Mientras estaba allí, observó a los científicos en la división radar de las Fuerzas Aéreas y le fascinó su trabajo. En 1945 publicó un artículo en la revista *Wireless World* titulado «Transmisiones extraterrestres: ¿pueden las estaciones espaciales dar cobertura mundial?». En él propuso el uso de satélites situados en órbitas geoestacionarias para la transmisión de señales de televisión alrededor del mundo.

La mayoría de los científicos descartaron esa propuesta como otra obra de ciencia ficción. Sin embargo, Clarke tenía gran interés en el tema y lo estudió a fondo. Su tesis estaba bien fundada técnicamente y, como ahora sabemos, fue totalmente profética. En la actualidad, la órbita geoestacionaria específica que propuso Clarke se conoce como la órbita Clarke y la utilizan cientos de satélites. Si bien Clarke se ganó la vida en la estratosfera de la lista de los libros más vendidos del *New York Times*, fue la obra que

---

* Publicadas en castellano, respectivamente, por Plaza y Janés, 1998, y Ediciones B, 2007.

realizó como amateur (en especial una carta a los editores de *Wireless World* que precedía a su artículo) la que figura en el Museo Nacional del Aire y del Espacio.

Susan Hendrickson no ha tenido nunca una profesión fija. Abandonó la escuela secundaria, se convirtió en experimentada submarinista, aprendió por sí misma a identificar especímenes marinos raros, se convirtió en experta en encontrar fósiles de insectos atrapados en ámbar, y ha llevado una vida polifacética como exploradora y aventurera. En 1990, Hendrickson se unió a una expedición arqueológica en Dakota del Sur dirigida por el Black Hills Institute of Geological Research. El trabajo avanzó muy despacio. El grupo examinó seis afloramientos y no hizo ningún descubrimiento significativo. Pero un día, mientras el resto del equipo estaba en la ciudad, Hendrickson decidió explorar el único afloramiento del que tenían un plano. Allí descubrió unos huesecillos. Esos huesos llevaron hasta el fósil más grande y completo de *Tyrannosaurus rex* jamás descubierto y una de las pocas hembras que se han encontrado hasta el momento. Hoy día el esqueleto se exhibe en el Field Museum de Chicago. Su nombre, Tyrannosaurus Sue, se lo debe a la arqueóloga aficionada que la desenterró.

En su libro *The Amateurs*, David Halberstam escribe sobre cuatro atletas que intentaron ganar el oro olímpico en 1984. A diferencia del atletismo en pista o de los jugadores de baloncesto que podían canjear un éxito olímpico por grandes contratos profesionales (entonces el Comité Olímpico no dejaba que los jugadores de la NBA participasen) o acuerdos promocionales, los sujetos a los que Halberstam siguió —remeros— no tenían ninguna oportunidad de ganar dinero con sus victorias. Lo hacían simplemente por amor al deporte y porque se sentirían realizados si conseguían ser los mejores.

El libro presta mayor atención a Christopher «Tiff» Wood. Halberstam llama a Wood «la personificación del amateur. Había dejado a un lado su carrera profesional y su matrimonio a cambio de intentar sobresalir en un deporte que importaba poco a sus compatriotas y que no tenía, por tanto, absolutamente ninguna remuneración en publicidad». A los treinta y un años, Wood era demasiado mayor para este tipo de deporte (al menos a nivel olímpico), pero tenía una misión. Había sido suplente en los Juegos de 1976 y no llegó a competir. Era el capitán del equipo que tenía que ir a Moscú en 1980, pero como protesta contra la invasión soviética de Afganistán, Estados Unidos decidió que no acudiría a esos juegos.

Para Wood, los Juegos Olímpicos de 1984 eran la última oportunidad de conseguir una medalla de oro. Dentro de la pequeña pero entregada comunidad del remo se había convertido en algo parecido a un hijo predilecto. Resulta que Tiff Wood no consiguió el oro. Sin embargo, este hecho es solo parte de la historia. Lo que destaca en la descripción que Halberstam hace de Wood y de los otros remeros es la pasión y la satisfacción asociadas a una actividad puramente amateur. Tiff Wood descubrió el Elemento en sus logros no profesionales. Su trabajo solo era un trabajo. El remo era su vida.

Estar en tu Elemento no quiere decir necesariamente dejar todo lo demás y dedicarte a ello a tiempo completo todos los días. Para algunas personas, en ciertas etapas de su vida, simplemente no es práctico dejar su trabajo o sus obligaciones para ir en pos de lo que les apasiona. Otras personas escogen no hacerlo por un montón de razones. Mucha gente se gana la vida haciendo una cosa, y luego saca tiempo y espacio en su vida para hacer lo que de verdad le gusta. Algunas personas hacen eso porque emocionalmente es más coherente. Otras, porque sienten que no tienen más opción que perseguir sus pasiones «de manera adicional».

Hace un par de años adquirí un coche en un concesionario de Santa Mónica. No resultó fácil. Hubo un tiempo en que la única decisión que tenías que tomar al comprar un coche era si comprarlo o no. Ahora tienes que pasar un examen interminable tipo test para elegir entre cientos de acabados, adornos y accesorios que se interponen entre tú y la versión que en realidad quieres. Este tipo de decisiones me superan. Necesito ayuda para decidir qué me pongo por la mañana, donde las opciones son muchas menos y los riesgos, mucho menores. Cuando por fin me decidí, el vendedor Bill y yo nos habíamos hecho amigos y estábamos planeando nuestra reunión anual.

Mientras esperábamos el papeleo final —otro largo proceso— le pregunté a qué se dedicaba cuando no estaba trabajando. Sin vacilar, me contestó que era fotógrafo. Le pregunté qué fotografiaba, dando por hecho que se refería a bodas familiares y mascotas. Me dijo que era fotógrafo deportivo. Le pregunté qué deportes cubría. «Solo surf», dijo. Me intrigó y le pregunté por qué. Me explicó que de joven había sido surfista y que le encantaba la belleza y la dinámica de ese deporte. Después del trabajo, los fines de semana y durante las vacaciones —siempre que podía— se iba a la playa de Malibú a tomar fotografías. Llevaba años haciéndolo y había acumulado cámaras, trípodes y lentes valorados en miles de dólares. Cuando disfrutaba de unas vacaciones más largas, viajaba hasta Hawai y Australia para captar la gran ola con la cámara.

Me interesé por si había publicado alguna de sus fotografías. Me dijo que sí, y abrió el cajón de su escritorio. Estaba lleno de revistas de surf de gran calidad. En todas había fotografías suyas. Su trabajo era muy, muy bueno.

Quise saber si alguna vez había pensado en ganarse la vida con ese trabajo. «Me encantaría —dijo—, pero no pagan demasiado bien.» A pesar de todo, la fotografía del surf era su pasión, y una de las cosas que hacía que su vida mereciese la pena. Mientras miraba esas asombrosas fotografías profesionales, le pregunté qué pensaba de ellas su jefe. «Él no sabe nada de esto —me dijo Bill—. No tiene nada que ver con cómo hago mi trabajo, ¿no?»

En eso no estoy seguro de que tuviera razón. En realidad creo que su afición podría tener mucho que ver con cómo Bill desempeñaba su trabajo, como es probable que sea el caso de todas las personas que descubren el Elemento en una ocupación no relacionada con su empleo. Supongo que la satisfacción y emoción que Bill encontró fotografiando surfistas hizo que le fuera mucho más fácil de lo que él pensaba ser eficiente en el trabajo, relativamente aburrido, de ayudar a los clientes a escoger entre docenas de muestras de pintura, opciones de acabados y decisiones acerca de los complementos. El desahogo creativo que encontró en la fotografía hizo que fuera mucho más paciente y atento en su trabajo diario.

La necesidad de un desahogo de este tipo se manifiesta de muchas formas. Una que me parece fascinante es la creación de una banda de rock de empresa. A diferencia del equipo de softball de la compañía, que tiende a hacer su alineación con los jóvenes de la mensajería, estas bandas suelen tener una alineación de altos ejecutivos (a menos que alguien de la mensajería sea un

buen bajista) que soñaron con ser estrellas del rock antes de dedicarse a otras profesiones. La pasión con la que tocan muchos de
estos músicos aficionados muestra que semejante pasatiempo
ofrece un grado de realización que no encuentran en su trabajo
por mucho éxito que hayan alcanzado en él.

Desde hace cuatro años se organiza en Nueva York una especie de festival de rock organizado a beneficio de la institución benéfica A Leg to Stand On. Lo que distingue a este concierto
benéfico de todos los demás es que cada miembro de cada una de
las bandas (a excepción de un par de semiprofesionales) está en el
negocio de los fondos de cobertura. Una de las notas de prensa
de la empresa de fondos de cobertura Rocktoberfest afirma: «Durante el día, la mayoría de los intérpretes administran dinero,
pero cuando apagan las pantallas de los mercados, comienza la
música».

Tim Seymour, uno de los intérpretes, observó: «Hacia las
once de la noche todo el mundo está pensando o en el viaje en
tren de las cuatro de la mañana siguiente o en el hecho de que los
mercados de Tokio están abiertos». Pero mientras dura el espectáculo es una pura juerga, con gerentes versionando éxitos musicales, vistiendo escasa ropa y haciendo las veces de coro. El con-
traste entre el trabajo diario y esto es impresionante y, según todo
indica, liberador para los que participan.

Transformación

Encontrar el Elemento es imprescindible para alcanzar una vida
equilibrada y satisfactoria. También puede ayudarnos a entender

quiénes somos en realidad. En la actualidad tendemos a identificarnos con nuestro trabajo. A menudo la primera pregunta en una fiesta o reunión social es: «¿A qué te dedicas?». Respondemos obedientemente con una descripción de primera sobre nuestra profesión: «Soy profesor», «Soy diseñador», «Soy chófer». Es posible que si no tienes un trabajo remunerado te sientas algo incómodo y necesites dar una explicación. A muchos de nosotros nuestro trabajo nos define incluso ante nosotros mismos e incluso si el trabajo que hacemos no expresa quiénes sentimos que somos en realidad. Esto puede ser especialmente frustrante si tu trabajo no te satisface. Si en tu trabajo no encuentras el Elemento, es aún más importante que lo descubras en otra parte.

En primer lugar, puede enriquecer todo lo demás que hagas. Hacer lo que te encanta y que se te da bien aunque sea durante un par de horas a la semana puede ayudarte a que todo lo demás sea más llevadero. Pero en algunas circunstancias puede conducirte a transformaciones que no imaginabas posibles.

Khaled Hosseini emigró a Estados Unidos en 1980, se licenció en medicina en los noventa e inició su carrera profesional practicando medicina interna en la zona de la bahía de San Francisco. Sin embargo, en el fondo sabía que quería ser escritor y contar la historia de su vida en el Afganistán anterior a la invasión soviética. Mientras ejercía de médico, comenzó a trabajar en una novela acerca de dos niños de Kabul. Esa novela se convirtió en el libro *Cometas en el cielo*, que ha vendido más de cuatro millones de ejemplares y que recientemente ha dado lugar a una película.

La búsqueda por parte de Hosseini de sus intereses más profundos, incluso mientras trabajaba duro en otra profesión, lo transformó de forma radical. El éxito de *Cometas en el cielo* le ha permitido tomarse un largo período sabático y dedicarse plenamente a la escritura. Publicó su segunda novela, *Mil soles espléndidos*, en 2007. En una entrevista reciente dijo: «Disfrutaba ejerciendo la medicina y siempre me sentí muy honrado con que los pacientes confiaran en mí para que los cuidara a ellos y a sus seres queridos. Pero escribir siempre había sido mi sueño, desde que era niño. Me siento increíblemente afortunado y privilegiado porque la escritura sea, por lo menos por ahora, mi medio de vida. Es un sueño hecho realidad».

Como Khaled Hosseini, la medicina fue la primera profesión de Miles Waters. Comenzó a ejercer de dentista en Inglaterra en 1974. Pero como a Hosseini, a Waters le apasionaba un campo de especialización totalmente distinto. En el caso de Waters se trataba de la música popular. Había tocado en bandas de música en el colegio y había escrito canciones. En 1977 fue reduciendo progresivamente su dedicación al trabajo de dentista para así tener más tiempo para componer canciones. Le llevó varios años hacer pequeñas incursiones, pero a la larga escribió varios éxitos musicales y comenzó a ganarse la vida en el campo de la música. Dejó la odontología durante un tiempo y se dedicó por completo a escribir y producir; colaboró en el álbum de Jim Capaldi (de la legendaria banda de rock Traffic), que contiene trabajos de Eric Clapton, Steve Winwood y George Harrison. Se ha movido en los mismos círculos que Paul McCartney y David Gilmour, de Pink Floyd. Hoy día, va y viene entre la música y la odontología; mantiene la consulta pero sigue componiendo y produciendo.

John Wood amasó una fortuna como director comercial de Microsoft. Sin embargo, durante un viaje al Himalaya encontró una escuela en un pueblo pobre que tenía cuatrocientos cincuenta estudiantes pero solo veinte libros, ninguno de ellos infantil. Wood le preguntó al director cómo se las arreglaba la escuela con semejante escasez de libros; la respuesta del director impulsó a Wood a ayudarle: empezó a reunir libros y fondos para este y otros colegios; trabajaba en ello por las noches y los fines de semana mientras se ocupaba de su trabajo diario, enormemente exigente. Por último, dejó Microsoft por su verdadera vocación: Room to Read, una organización sin fines lucrativos cuyo objetivo es extender la alfabetización a los países pobres. Varios de sus colegas de Microsoft pensaron que había perdido el juicio. En una entrevista, Wood lo explicaba así: «Para muchos de ellos era incomprensible. Cuando se enteraron de que dejaba aquello para hacer cosas como entregar libros cargados sobre los lomos de los burros, pensaron que estaba loco». Room to Read no solo ha transformado a Wood, sino a miles y miles de personas. Esta organización sin ánimo de lucro ha creado más de cinco mil bibliotecas en seis países y tiene el proyecto de expandirse hasta alcanzar las diez mil bibliotecas en quince países en 2010.

Más allá del tiempo libre

Hay una importante diferencia entre tiempo libre y entretenimiento. En un sentido general, ambos conceptos indican procesos de regeneración física o mental. Pero tienen connotaciones distintas. Generalmente se piensa en el tiempo libre como aquello opuesto al trabajo. Sugiere algo pasivo, que no requiere esfuerzo. Tendemos a pensar en el trabajo como algo que nos quita energía. El tiempo libre es lo que tenemos para volver a acumularla.

El tiempo libre ofrece un respiro, un receso pasivo de los desafíos del día, una oportunidad de descansar y recargarnos. El entretenimiento conlleva un tono más activo: recrearnos literalmente a nosotros mismos. Sugiere actividades que requieren de un esfuerzo físico o mental pero que incrementan nuestra energía en vez de agotarla. Yo asocio el Elemento mucho más con el entretenimiento que con el tiempo libre.

Suzanne Peterson es directora gerente de una firma de preparadores y profesora de gestión empresarial en el Centro para un Liderazgo Responsable en la Escuela de Dirección y Liderazgo Global de la Universidad estatal de Arizona. Es, también, una bailarina de campeonato, ganadora dos veces del Holiday Dance Classic en Las Vegas y del campeonato latino Hotlanta US Open Pro-Am en 2007, entre otros.

Suzanne tomó algunas clases de baile cuando era adolescente, pero nunca lo consideró seriamente como una posible salida profesional. Suzanne sabía que quería ser ejecutiva desde que estaba en la escuela secundaria: «No crecí sabiendo exactamente a qué quería dedicarme, pero sabía que quería llevar trajes de chaqueta, hablar a grandes grupos de gente, conseguir que me escuchasen y tener un alto cargo. Por alguna razón, siempre me sentí capaz de llevar trajes de chaqueta. Y me gustaba la idea de presentarme ante grupos de gente y tener algo importante que decir. Cuando era joven, el baile no era una pasión, era algo que hacía porque ¿qué otra cosa hacen las chicas por afición si no quieren jugar al fútbol ni al béisbol?».

Su redescubrimiento del baile y la intensa emoción que le acompañó llegó casi de forma accidental: «Solo estaba buscando un hobby y mi éxito y motivación acabaron sacando lo mejor de mí. Tenía unos veintiséis años y estaba en la escuela de posgrado. En ese momento, la salsa y el swing se estaban poniendo de moda, así que simplemente iba al estudio de baile y observaba. Imitaba lo que hacían los profesores. Lenta pero segura, empecé a tomar clases en grupo y luego algunas particulares. Lo siguiente que sé es que ahora ocupa una parte enorme de mi vida. Así que en realidad no fue una progresión basada en la creencia de que tuviese el talento necesario y, en cierto modo, el nivel de habilidad básico para ello. Pero a lo mejor mi lado académico me permitió estudiarlo y concentrarme en él como hacía con cualquier otro tema.

»Y lo estudiaba literalmente como cualquier otra ciencia académica. Con una visualización enorme. Me sentaba en los aviones y me imaginaba participando en todos los bailes. Así que cuando no podía ensayar físicamente, lo hacía mentalmente. Podía sentir la música. Podía sentir las emociones. Podía ver las expresiones faciales. Y al día siguiente llegaba al estudio de baile y lo hacía mejor. Y mi pareja de baile decía: "¿Cómo has mejorado tanto de un día para otro? ¿No estabas volando a Filadelfia?", y yo contestaba: "Oh, ensayé en el avión". Y literalmente llegaba a practicar hasta dos horas ininterrumpidas en mi cabeza.

»Afronté el baile como afronto mi carrera profesional: das el 110 por ciento de ti misma y te sientes fuerte y poderosa. Y me di cuenta de que cuando haces eso en el baile es demasiado. Pierdes tu feminidad y de repente te ves reflejada en la cara de todo el mundo. El lado empresarial es poder y confianza y todas esas cosas. Y el baile es vulnerabilidad y sensualidad, todo suave. Voy del uno al otro y los disfruto por igual».

De hecho, Suzanne parece haber encontrado su Elemento de

múltiples formas. Le encanta su profesión, y le encanta lo que hace como entretenimiento: «Si realmente estoy enseñando algo sobre liderazgo que me apasione, tengo exactamente la misma sensación, solo que es una emoción distinta. Quiero decir que me siento segura y poderosa, muy conectada con la audiencia, y quiero marcar la diferencia. Y luego, en el baile, me siento más vulnerable, un poco menos segura. Pero ambos son escapes en diferentes sentidos y siento que me sumerjo totalmente en ellos y que me emocionan profundamente».

Sin embargo, su vida ha ganado sentido porque ha escogido una ocupación recreativa con la que no solo se entretiene sino que se siente realizada: «Me ha enseñado más sobre comunicación de lo que nunca aprendí estudiando la materia. Te das cuenta del efecto que tienes sobre otra persona. Si estás de mal humor, esa persona lo sabe solo con tocarte la mano. De la misma forma, puedo sentir en mi cabeza la perfecta conexión que se da en una asociación, la perfecta comunicación. Me siento muy feliz. Es una experiencia fluida. Me refiero a que es una completa liberación. No pienso en nada. No pienso ni en las cosas buenas de mi vida, ni en las malas. La verdad, no me distraería ni una ráfaga de ametralladora. Es realmente asombroso».

La hermana de Suzanne, Andrea Hanna, trabaja en Los Ángeles como secretaria ejecutiva. Al igual que Suzanne, ha encontrado una ocupación fuera de su trabajo que añade dimensión a su vida.

«Antes de mi último año en el instituto no me gustaba escribir —me contó—. Mi profesora de inglés nos pidió que escribiésemos un ensayo convincente de ingreso a la universidad sobre lo que quisiéramos. Como me sucedía con la mayoría de los deberes escolares, me aterrorizaba la idea de sentarme a escribir un ensayo de cinco párrafos que simplemente iba a acabar cubierto de bolígrafo rojo. Aun así, finalmente me senté y escribí acerca de lo poco preparada que me sentía para comenzar la universidad pero de lo emocionada que estaba de empezar un nuevo período en mi vida. Era el primer ensayo que escribía para el colegio con sentido del humor. También se trataba del primer ensayo en el que podía escribir acerca de algo en lo que era una experta: sobre mí misma. Para mi sorpresa, a mi profesora le encantó y lo leyó en clase. También lo inscribió en un concurso de escritura. Gané el primer premio y me pidieron que lo leyera delante de un gran grupo de escritoras profesionales. ¡Incluso publicaron mi fotografía en el periódico! Fue muy emocionante y me dio más confianza en mí misma al entrar en la universidad.

»Siempre me han dicho que tengo una voz de escritora muy potente. La gente siempre me dice: "Puedo oírte mientras te leo". En la universidad empecé a enviar a mis amigos el ocasional e-mail cómico que resumía nuestros fines de semana. Convertía a cada uno de mis amigos en un personaje y adornaba la historia lo justo para provocar las risas que quería. Mis e-mails comenzaron a circular entre grupos de amigos y al poco tiempo acabé recibiendo la respuesta de alguien a quien no conocía diciéndome lo bueno que era lo que yo escribía. Sentaba muy bien ser tan buena en algo que yo hacía de forma tan natural.

»El verano entre mi segundo y tercer año de universidad conseguí trabajo como recepcionista en una emisora de radio. Al cabo de un mes comencé a escribir espacios publicitarios divertidos para la emisora. Al jefe de la emisora le encantaron mis ideas y las sacó al aire. Todos mis amigos sintonizaban la emisora para

escuchar mis anuncios cómicos, muchos de los cuales protagoni-
zaba yo misma. Sentaba muy bien oír mi trabajo producido y
provocar la reacción que yo había buscado conseguir.

»A medida que se reconocía mi trabajo, comencé a darme
cuenta de que tenía talento para algo que quizá podría llegar a
ser una carrera profesional. Entré en la industria del entretenimiento nada más acabar la universidad. Tuve varios empleos en
los que trabajaba para guionistas de televisión y productores de
cine, aprendiendo los trucos del oficio. Tras años de llevar cafés
y de lavar los coches de los ejecutivos, comprendí que muchos
de estos "trabajo ideales" eran algunos de los menos creativos. En
cierto momento soñé con llegar a ser guionista de *Saturday
Night Live*, pero para mí los plazos límites semanales y los ambientes con un alto grado de estrés le quitaban todo el disfrute.
Comencé a pensar: ¿por qué un sueldo confirma mi talento? Al
fin y al cabo, simplemente me encanta hacer reír a la gente y si
uno de mis sketches, relatos o e-mails divertidos hace que alguien se monde de risa, bueno, eso es más que suficiente para
mí. Comencé a ser mucho más feliz cuando llegué a esta conclusión.

»Cuando pienso en ello, creo que la principal razón por la
que disfruto escribiendo comedia es porque al hacerlo me siento
ocurrente e inteligente. Me pasé muchos años sintiéndome una
tonta debido a que nunca sobresalí en el colegio. Escribir me da
confianza y me hace sentir que crezco como persona.»

El objetivo de este tipo de esparcimiento es llevar un equilibrio adecuado a nuestra vida: un equilibrio entre ganarse la vida
y vivir la vida. Tanto si podemos pasar la mayor parte de nuestro
tiempo en nuestro Elemento como si no, es esencial para nues-

tro bienestar que conectemos de algún modo y en algún momento con nuestras verdaderas pasiones. Cada vez es más la gente que lo hace a través de redes, clubes y festivales, formales e informales, para compartir y celebrar los intereses creativos que tienen en común. Estos incluyen coros, festivales de teatro, clubes de ciencia y campamentos de música. La felicidad personal procede tanto de la realización emocional y espiritual que esto pueda conllevar como de las necesidades materiales que podamos satisfacer con el trabajo.

El estudio científico de la felicidad es un campo relativamente nuevo. En cierto modo comenzó con un falso arranque con Abraham Maslow, hace seis décadas, cuando apuntó que pasamos demasiado tiempo intentando entender la psicología de nuestros rasgos positivos en vez de centrarnos exclusivamente en lo que nos hace estar mentalmente enfermos. Por desgracia, a la mayoría de sus contemporáneos les inspiraron poco sus palabras. Sin embargo, el concepto adquirió mucha fuerza cuando Martin Seligman se convirtió en presidente de la American Psychological Association y, acuñando el término *psicología positiva*, anunció que el objetivo de su mandato de un año de duración era promover la investigación sobre lo que hacía que los seres humanos llegaran a alcanzar el éxito. Desde entonces, los científicos han dirigido docenas de estudios sobre la felicidad. El doctor Michael Fordyce, en su libro *Human Happiness*, escribió: «Las personas felices parecen divertirse mucho más que lo que jamás nos divertiremos el resto de nosotros. Disfrutan de muchas más actividades que hacen por diversión, y pasan mucho más tiempo, de un determinado día o semana, haciendo actividades divertidas, emocionantes y agradables».

Descubrir el Elemento no te asegura que te hagas rico. Es posible que en realidad ocurra todo lo contrario, ya que explorar tus pasiones puede llevarte a dejar atrás esa carrera profesional como intermediario de inversiones para hacer realidad tu sueño de abrir una pizzería. Tampoco promete hacerte más famoso, más popular, ni siquiera que tu familia te valore más. Estar en el Elemento, incluso durante una parte del tiempo, puede aportar nueva riqueza y equilibrio a la vida de cualquiera.

El Elemento consiste en una concepción más dinámica y orgánica de la existencia humana, en la que las diferentes partes de nuestra vida no se ven como si estuviesen cerradas herméticamente, la una separada de la otra, sino interactuando e influyéndose entre sí. Estar en nuestro Elemento en cualquier momento de nuestra vida puede transformar la imagen que tenemos de nosotros mismos. Tanto si lo hacemos a tiempo completo o parcial, puede tener un efecto en toda nuestra vida y en la de aquellos que nos rodean.

El novelista ruso Aleksandr Solzhenitsyn lo vio con claridad: «Si quieres cambiar el mundo, ¿por quién empiezas? ¿Por ti, o por los demás? Creo que si empezamos por nosotros mismos y hacemos las cosas que necesitamos hacer y llegamos a ser la mejor persona que podamos llegar a ser, tenemos más oportunidades de cambiar el mundo para bien».

Conseguir el objetivo

A muchas de las personas que hemos conocido en este libro no les fue demasiado bien en el colegio, o como mínimo no estaban a gusto allí. Desde luego, a mucha gente le va bien en la escuela y le encanta lo que esta le ofrece. Pero demasiadas personas se gradúan o la dejan pronto sin estar seguras de cuáles son sus verdaderos talentos y sin saber qué dirección deben tomar a continuación. Hay demasiada gente que siente que en los colegios no valoran aquello en lo que son buenos.

Demasiadas personas creen que no son buenas en nada.

A veces, dejar el colegio es lo mejor que le puede pasar a una mente privilegiada. Sir Richard Branson nació en Inglaterra en 1950. Fue al colegio Stowe, donde era muy popular, hacía amigos con facilidad y destacaba en deporte. De hecho, era tan bueno que se convirtió en el capitán del equipo de fútbol y de críquet. También mostró un temprano olfato para los negocios. Cuando tenía quince años ya había puesto en marcha dos empresas: una vendiendo árboles de Navidad y la otra vendiendo periquitos australianos. Ninguna de las dos tuvo un éxito especial, pero sin duda Richard estaba capacitado para este tipo de cosas.

Con lo que no parecía tener mucha afinidad era con el colegio. No sacaba buenas notas, y no le gustaba nada asistir a clase. Intentó salir airoso, pero simplemente el instituto y él no eran compatibles. A los dieciséis años decidió que había tenido suficiente y lo dejó para siempre.

La experiencia de Richard en el instituto desconcertaba a sus profesores. Estaba claro que era inteligente, trabajador, agradable y capaz de utilizar bien la cabeza, pero estaba igual de claro que no tenía ningunas ganas de avenirse a las normas de la escuela. Cuando el director de su instituto se enteró de que Richard iba a dejarlo dijo: «Cuando tenga veintiún años, Richard estará en la cárcel o será millonario, y no tengo ni la más remota idea de si pasará una cosa o la otra».

En el mundo real, Richard tuvo que encontrar algo que hacer con su vida. El deporte no era una opción; no estaba lo suficientemente cualificado para ser un deportista profesional. Sin embargo, había otra cosa que le apasionaba como mínimo tanto, y tenía el fuerte presentimiento de que era algo que se le daba muy bien: llegaría a ser empresario.

Richard Branson comenzó pronto su primera verdadera empresa, una revista llamada *Student*. A esta le siguió en 1970 una empresa de venta de discos por correo que a la larga se convirtió en una cadena de tiendas de música; puede que las conozcas como Virgin Megastores… Esta fue la primera de sus empresas con el nombre Virgin. Y desde luego no fue la última. Poco después de poner en marcha las tiendas, creó Virgin Records. Luego, en 1980, emprendió un nuevo negocio con Virgin Atlantic Airways; comenzó la línea aérea sin realizar prácticamente ningún desembolso económico y con un 747 que alquilaba a Boeing.

Hoy día su imperio también incluye Virgin Cola, Virgin Trains, Virgin Fuel y una de sus aventuras más ambiciosas: Virgin Galactic, la primera tentativa comercial de enviar personas al espacio. Su decisión de abandonar el instituto y hacerse empresario fue acertada. Y la profecía del director de su colegio se cumplió: a los veintiún años, Branson era millonario.

Con el tiempo, Branson supo que una de las razones por las que no le fue bien en la escuela fue que tenía dislexia. Entre otras cosas, esta le causaba serios problemas para entender las matemáticas. Incluso hoy día, a pesar de los miles de millones que mueve, todavía se pierde ante una hoja de pérdidas y beneficios. Durante mucho tiempo, ni siquiera pudo entender la diferencia entre ingresos netos y brutos. Un día, presa de la desesperación, su director financiero se lo llevó aparte después de un consejo de administración de Virgin y le dijo: «Richard, piénsalo de esta forma: si vas a pescar y lanzas una red al mar, todo lo que cojas en la red es tuyo. Ese es tu beneficio neto. Todo lo demás es bruto».

«¡Por fin he entendido la diferencia!», dijo Richard.

Su espíritu extravagante, su capacidad empresarial y su enorme éxito en tantos campos le valió el título de sir en 1999. Nada de todo esto parecía ni remotamente posible cuando se esforzaba por sacar aprobados en el colegio. Pero quizá debería haberlo sido.

«El hecho es —me contó— que todos los grandes empresarios de mi generación tuvieron que esforzarse de verdad en el colegio y estaban deseando dejarlo y hacer algo con su vida.»

A Paul McCartney el colegio no le parecía tan poco interesante como a Richard Branson. En realidad, Paul consideró seriamente la posibilidad de hacerse profesor hasta que en lugar de eso decidió convertirse en Beatle. Aun así, una de las asignaturas que siempre le dejó indiferente fue la música: «No me gustaba la música en el colegio porque en realidad no nos enseñaban nada. En clase éramos trece adolescentes de Liverpool. El profesor de música entraba, ponía un viejo LP de música clásica en aquel plato giratorio antiguo y se marchaba. Pasaba el resto de la clase en la sala de reuniones fumando un cigarrillo. Así que en cuanto se marchaba, apagábamos el gramófono y colocábamos a un chico en la puerta. Sacábamos las cartas y los cigarrillos y nos pasábamos la clase jugando a las cartas. Era estupendo. Para nosotros las clases de música eran las clases en las que jugábamos a las cartas. Cuando el profesor estaba a punto de volver, poníamos de nuevo el disco, casi al final de todo. Nos preguntaba qué nos había parecido, y decíamos: "¡Ha sido genial, señor!". De verdad que no tengo ningún otro recuerdo de las clases de música en el colegio. De veras. Eso era todo lo que hacíamos.

»El profesor de música fracasó por completo a la hora de enseñarnos algo sobre música. Me refiero a que en sus clases tenía a George Harrison y a Paul McCartney y no consiguió que nos interesáramos por la música. Tanto George como yo acabamos el colegio sin que nadie pensara nunca que tuviésemos ningún tipo de talento para la música. Por aquel entonces la única forma de demostrarlo era formar parte de algún pequeño grupo musical o algo así. A veces la gente sacaba las guitarras al final del trimestre. John formó parte de uno de esos grupos en su colegio. Pero por lo demás nadie se fijaba en si te interesaba la música. Y nadie nos enseñó nada sobre ella».

Encontrar nuestro Elemento es fundamental para nosotros como individuos y para el bienestar de nuestra comunidad. La educación tendría que ser uno de los procesos principales que nos llevara hasta el Elemento. Sin embargo, con demasiada frecuencia sirve para lo contrario. Y este es un asunto que nos afecta seriamente. En muchos sistemas educativos, los problemas se están agravando.

¿Qué podemos hacer?

Esa cosa menospreciada

Recibo muchísimos e-mails de estudiantes de todo el mundo. El siguiente pertenece a un estudiante de diecisiete años de New Jersey que vio la conferencia que di en la TED Conference en 2006 (TED son las siglas de Tecnología, Entretenimiento y Diseño):

> Aquí estoy, sentado en silencio en mi habitación, incapaz de dormir. Son las seis de la mañana y se supone que me encuentro en la época de mi vida que tiene que transformarme para siempre. En unas semanas me habré graduado y la universidad parece ser el mayor tema de mi vida ahora mismo... y lo odio. No es que no quiera ir a la universidad, es solo que acaricio la idea de hacer otras cosas que no repriman mis ideas. Estaba muy seguro de lo que quería hacer y a lo que quería dedicar todo mi tiempo, pero parece ser que, según todos los que me rodean, para tener éxito en la vida es fundamental sacarse un doctorado o conseguir un trabajo aburrido. A mí no me parece buena idea dedicar todo tu tiempo a algo aburrido o carente de sentido. Esta es la única oportunidad de mi vida... Esta es la única vida que voy a tener, y si no tomo una decisión drástica, nunca tendré posibilidad de hacerlo. Odio que mis padres, o sus amigos, me miren de forma

rara cuando les digo que quiero hacer algo totalmente distinto al trillado trabajo relacionado con la medicina o los negocios.

Por casualidad, encontré un vídeo en el que salía un tipo hablando acerca de ideas que hace tiempo me rondan por la cabeza y me puse totalmente eufórico... Si en el futuro todo el mundo quisiera ser farmacéutico, tal vez trabajar en el campo de la medicina no se considerara una profesión tan prestigiosa. No quiero dinero, no quiero tener un coche asquerosamente «caro». Quiero hacer algo significativo con mi vida, pero raras veces consigo el apoyo de nadie. Solo quiero decirle que ha hecho que vuelva a creer que mis sueños pueden hacerse realidad. Como pintor, dibujante, compositor, escultor o escritor, le doy las gracias de verdad por darme esperanzas. Mi profesor de arte siempre se queda mirándome cuando hago algo diferente. Una vez derramé el agua donde se limpian los pinceles por encima de un cuadro del que mi profesor había dicho que estaba «completo y listo para ser evaluado». ¡Madre mía!, cómo le hubiera gustado ver la cara que puso. Está claro que en el colegio te ponen límites, y yo lo que quiero es liberarme y plasmar las ideas que se me ocurren a las tres de la mañana. Odio dibujar simples zapatos viejos o árboles y no me gusta la idea de obtener una licenciatura en arte. ¿Desde cuándo se tiene que «evaluar» el arte? Me apuesto algo a que si Pablo Picasso hubiese entregado una de sus obras a su vieja profesora de arte, esta habría puesto el grito en el cielo y le habría suspendido. Le pregunté a mi profesor si podía incorporar la escultura al lienzo, entrelazarlos y hacer que mi escultura diera la impresión de que la pintura estaba viva y acercándose poco a poco al espectador... ¡Su respuesta fue que no estaba permitido! Voy a hacer un *AP Art Studio* durante mi último año y ¿me dicen que no puedo hacer arte tridimensional? ¡Es de locos! Necesitamos que personas como usted vengan a New Jersey y den un par de conferencias acerca de esa cosa menospreciada llamada creatividad.

Me duele que cada vez que digo que quiero ser artista, lo único que recibo a cambio sean risas o caras serias. ¿Por qué uno no puede hacer aquello que le apasiona? ¿Acaso la felicidad está en una mansión, una televisión de pantalla gigante, mirar pasar rollos de papel llenos de números mientras te encoges de miedo cuando S&P baja un punto?... Este mundo se ha vuelto un lugar superpoblado, temible y competitivo. Gracias por los diecinueve minutos y veintinueve segundos de pura verdad. ¡Gracias de corazón!

Este estudiante clama contra dos cosas que la mayoría de las personas descubren con el tiempo en su educación: una es la jerarquía de disciplinas en los colegios, de la que hablamos en el primer capítulo; la otra es que la conformidad tiene mayor valor que la diversidad.

Conformidad o creatividad

La educación pública ejerce una presión implacable sobre sus alumnos para que se conformen. Las escuelas públicas no se crearon solo en interés del industrialismo: se crearon *a imagen* del industrialismo. En muchos sentidos, se las diseñó para respaldar a la cultura de fábrica, y es lo que reflejan. Esto es particularmente cierto en los centros de enseñanza secundaria, donde los sistemas escolares basan la educación sobre los principios de una cadena de montaje y la eficiente división del trabajo. Las escuelas dividen el plan de estudios en segmentos especializados: algunos profesores instalan matemáticas en los estudiantes, y otros instalan historia. Organizan el día entre unidades estándares de tiempo delimitadas por el sonido de los timbres: muy parecido al anuncio del principio de la jornada laboral y del final de los descansos de una fábrica. A los estudiantes se los educa por grupos, según la edad, como si lo más importante que tuviesen en común fuese su fecha de fabricación. Se los somete a exámenes estandarizados y se los compara entre sí antes de mandarlos al mercado. Soy consciente de que esta no es una analogía exacta y de que pasa por alto muchas de las sutilezas del sistema educativo, pero se acerca bastante.

Este sistema ha tenido muchas ventajas y muchos éxitos. Ha funcionado bien para muchas personas cuyo verdadero punto fuerte es el trabajo académico convencional, y la mayoría de las personas que pasan trece años de su vida en la educación pública saben como mínimo leer y escribir, y son capaces de dar el cambio de un billete de veinte. Pero el porcentaje de personas que no terminan sus estudios, sobre todo en Estados Unidos, es extraordinariamente alto, y el nivel de descontento entre los estudiantes, los profesores y los padres es aún más elevado. Cada vez más, la estructura y el carácter de la industria educativa chirrían bajo la tensión del siglo XXI. Un fuerte síntoma del problema es el valor a la baja de los títulos universitarios.

Cuando era estudiante, los de mi edad y yo escuchábamos constantemente la historia de que si trabajábamos duro y lo hacíamos bien —y, por supuesto, si íbamos a la universidad y obteníamos un título— tendríamos un trabajo seguro de por vida. Por aquel entonces, la idea de que una persona que tuviera un título universitario no conseguiría un trabajo era absurda. Si una persona con estudios universitarios no tenía trabajo era porque no quería.

Cuando acabé la universidad en 1972, no quería tener un trabajo. Había ido al colegio desde los cinco años y deseaba darme un respiro. Quería encontrarme a mí mismo, por lo que decidí ir a la India; pensé que tal vez yo estaba allí. Resultó que no fui a la India. Solo llegué hasta Londres, donde hay un montón de restaurantes indios. Pero nunca dudé de que en cuanto quisiera tener un trabajo, lo conseguiría.

Hoy día esto no es así. Los estudiantes ya no tienen un trabajo garantizado cuando acaban la universidad dentro del campo para el que están capacitados. Muchos estudiantes licenciados en las mejores universidades se encuentran haciendo trabajos relativamente no cualificados o volviendo a casa para lograr descifrar cuál es el siguiente paso que deben dar. De hecho, en enero de 2004 el número de licenciados universitarios estadounidenses sin empleo superaba el número de los parados que no habían completado sus estudios. Es difícil creer que esto sea posible, pero lo es.

Los problemas para los licenciados universitarios se dan en muchos lugares del mundo. Un informe de la Asociación de Reclutadores de Jóvenes Graduados del Reino Unido observaba que en 2003 había un 3,4 por ciento menos de puestos de trabajo para universitarios que el año anterior. Una media de cuarenta y dos personas solicitaba cada una de las vacantes, frente a las treinta y siete del año anterior, lo que significa que la pelea por un buen trabajo es cada vez más desesperada, incluso si se tiene una preparación de alto nivel. China, que presume de tener la economía que más rápido crece del mundo, se ha encontrado con que muchísimos de sus licenciados (se estima que el 30 por ciento de los más de tres millones que se licencian todos los años) no tienen trabajo. ¿Qué pasará cuando comience la desaceleración de su economía?

Sin embargo, todavía es cierto que a cualquiera que entre en el mercado laboral le irá mejor si tiene un título universitario que si no lo tiene. Un informe reciente de la Oficina del Censo de Estados Unidos indica que los licenciados pueden esperar ganar aproximadamente un millón de dólares más a lo largo de toda su vida que las personas que solo cuentan con la titulación secundaria. Y aquellas que poseen títulos profesionales pueden llegar a ganar tres millones más.

Pero el hecho es que ahora un título universitario no tiene el mismo valor que tuvo antaño. Antiguamente un título universitario era un pasaporte para encontrar un buen trabajo. Hoy día, en el mejor de los casos, es un visado. Solo te proporciona una permanencia provisional en el mercado de trabajo. Esto no se debe a que la calidad de los títulos universitarios sea inferior que antes. Eso es muy difícil de medir, sobre todo porque ahora hay muchas más personas que tienen una licenciatura. En la época industrial, la mayoría de la gente hacía trabajos manuales; solo una minoría iba a la universidad y descubrió que sus títulos académicos eran como el billete dorado de Willy Wonka en el filme *Charly y la fábrica de chocolate*. En el presente, cuando hay tantas personas con título universitario, una carrera de cuatro años se parece más al papel brillante que envuelve las tabletas de chocolate.

¿Por qué ahora hay muchos más graduados universitarios? La primera razón es que, por lo menos en el mundo desarrollado, las nuevas economías del siglo XXI se guían cada vez más por las innovaciones en las tecnologías digitales y en los sistemas de información. Dependen menos del trabajo manual y más y más de lo que mi tío solía llamar «trabajo de cabeza». Así que una educación de alto nivel es fundamental para cada vez más personas.

La segunda razón es simplemente que en el mundo hay más gente ahora que antes. La población mundial, tal como apunté anteriormente, se ha duplicado en los últimos treinta años de tres a seis mil millones de personas, y es probable que alcance los nueve mil millones para la mitad del siglo XXI. Juntando estos factores, algunas estimaciones señalan que en los próximos treinta años habrá más personas que se licencien en la universidad que el número total de licenciados desde el comienzo de la historia.

Según la Organización para la Cooperación y el Desarrollo Económico (OCDE), en la década que va de 1995 a 2005, el porcentaje de licenciados en los países más poderosos económicamente creció el 12 por ciento. Más del 80 por ciento de los jóvenes australianos se licencian en la universidad actualmente, y casi el mismo porcentaje se registra en Noruega. Más del 60 por ciento de los estudiantes estadounidenses obtienen un título universitario. En China, más del 17 por ciento de los estudiantes en edad universitaria van a la universidad, y este porcentaje está aumentando rápidamente. Hace poco tiempo estaba cerca del 4 por ciento.

Una de las consecuencias de este enorme crecimiento en la enseñanza superior es que la competencia para entrar en muchas universidades —incluso en las que no son de primera fila— es cada vez más intensa. Esta presión está llevando a la creación de una nueva profesión de orientadores comerciales y de cursos preparatorios para la universidad repletos de gente. Esto es especialmente cierto en Japón, donde existen las escuelas preparatorias por todo el país. En realidad hay cadenas de ellas. En estos cursos se enseña a los preescolares, a veces de incluso un año de edad, a prepararse para los exámenes de acceso a prestigiosos colegios de primaria (el primer paso necesario para conseguir un puesto en una universidad japonesa de alto nivel). En ellas, los niños hacen ejercicios de literatura, gramática, matemáticas y de una amplia variedad de otras materias para obtener cierta ventaja en la «competición». ¡Basta de recreo y de trabajos manuales! Está comúnmente aceptado que el futuro de un potencial ejecutivo japonés se ha determinado en gran parte cuando entra en primero.

En Estados Unidos y en otras partes del mundo sucede lo mismo. En ciudades como Los Ángeles y Nueva York hay una encarnizada competición para obtener plaza en determinados jardines de infancia. Se entrevista a los niños a los tres años de edad para ver si son un material adecuado. Doy por hecho que serios grupos de expertos examinan rápidamente los currículums de estos niños, y evalúan sus logros: «¿Quieres decir que esto es todo? Hace treinta y seis meses que rondas por aquí y ¿esto es todo lo que has hecho? Se diría que te has pasado los seis primeros meses sin hacer nada, excepto estar tumbado y gorjear».

En todo el mundo existen escuelas preparatorias. En Inglaterra, estas se centran en conseguir que los niños pasen los exámenes de acceso a la universidad, como los cursos de preparación para el SAT en Estados Unidos. En la India las escuelas preparatorias, conocidas como seminarios, ayudan a los estudiantes a pasar competitivos tests. En Turquía, el sistema *dershane* empuja a sus alumnos a llegar lejos con extensos programas que los estudiantes tienen que seguir los fines de semana y después del colegio durante la semana.

Es difícil creer que un sistema educativo que ejerza este tipo de presión en los niños beneficie a nadie: ni a los niños ni a la sociedad. La mayoría de los países están haciendo grandes esfuerzos para reformar la educación. Desde mi punto de vista, enfocan las cosas exactamente desde el punto de vista equivocado.

Reformar la educación

Casi todos los sistemas educativos públicos de la Tierra están en proceso de reforma: en Asia, América, Europa, África y Oriente Próximo. Hay dos razones principales. La primera es económica. Todas las regiones del mundo están enfrentándose al mismo desafío económico: cómo educar a su población para que encuentre trabajo y cree riqueza en un mundo que está cambiando más rápido que nunca. La segunda razón es cultural. Las sociedades de todo el mundo quieren aprovecharse de la globalización pero no quieren perder su identidad en el proceso. Por ejemplo, Francia quiere seguir siendo francesa, y Japón, japonesa. Las identidades culturales siempre están evolucionando, pero la educación es una de las vías por las que las comunidades intentan controlar la velocidad del cambio. Por eso siempre hay semejante interés en el contenido de los planes educativos.

El error que cometen muchos políticos es creer que la mejor manera de afrontar el futuro de la educación es mejorar lo que se hizo en el pasado. Hay tres sistemas principales en la educación: el plan de estudios, que es lo que el sistema escolar espera que el alumno aprenda; la pedagogía, el proceso mediante el cual el sistema ayuda a los estudiantes a hacerlo, y la evaluación, el proceso de medir lo bien que lo están haciendo. La mayoría de los movimientos de reforma se centra en el plan de estudios y en la evaluación.

Normalmente, los políticos intentan controlar el plan de estudios y especificar exactamente lo que los estudiantes tienen que aprender. Al hacerlo, tienden a consolidar la vieja jerarquía de las asignaturas, poniendo gran énfasis en las disciplinas que están en lo alto de la jerarquía existente (la vuelta a los orígenes de la que hablamos antes). En la práctica, esto quiere decir que empujan a otras disciplinas —y a los estudiantes que sobresalen en ellas— aún más allá de los márgenes educativos. Por ejemplo, en Estados Unidos más del 70 por ciento de las escuelas han recortado o eliminado el programa en arte a raíz del programa No Dejar Atrás a Ningún Niño.

A continuación, ponen gran énfasis en la evaluación. Esto no es algo malo en sí mismo. El problema es el método utilizado. Normalmente, los movimientos de reforma educativa se atienen cada vez más a los tests estandarizados. Uno de los efectos principales es que se pone freno a la innovación y a la creatividad en la educación, las mismas cosas que hacen que los colegios y los estudiantes prosperen. Varios estudios muestran el impacto negativo sobre la moral de los alumnos y de los profesores de los ilimitados exámenes estandarizados. También hay montones de pruebas anecdóticas.

Hace poco un amigo me contó que su hija de ocho años comentó en octubre que su maestra «no les había enseñado nada» desde el comienzo del curso escolar. La niña dijo esto porque su colegio insistía en que el profesor se centrara en la preparación del próximo examen estandarizado a nivel estatal. A la hija de mi amigo le parecía aburrido el repaso interminable para la realización de esos exámenes, y hubiese preferido que en vez de eso su maestra «enseñara». Curiosamente, cuando mi amigo y su mujer tuvieron el encuentro semestral con la profesora, esta se quejó amargamente de que tenía que pasar mucho menos tiempo del que deseaba con un programa de lectura que le encantaba porque la administración del colegio le obligaba a preparar a sus alumnos para los exámenes de la circunscripción que tienen que hacerse todos los trimestres. La creatividad de los buenos profesores queda así suprimida.

Tercero, los políticos penalizan a los colegios que tienen «deficiencias». En el caso de No Dejar Atrás a Ningún Niño, los colegios que fracasan a la hora de cumplir las líneas directrices durante cinco años seguidos, sin tener en cuenta por ejemplo las circunstancias socioeconómicas, se enfrentan al cese de los profesores y directores, al cierre de las escuelas y a la toma de posesión de los centros por parte de organizaciones privadas o del Estado. Estas escuelas ponen el máximo empeño en ajustarse a la jerarquía y a la cultura de estandarización, el miedo las abstiene a realizar prácticamente ningún esfuerzo en favor de la creatividad o de la adaptación a las necesidades y habilidades específicas de sus alumnos.

Permitidme que hable con claridad. No es que esté en contra de las pruebas estandarizadas. Si decido hacerme un reconocimiento médico, quiero que me hagan algunas pruebas estandarizadas. Quiero saber cuáles son mis niveles de azúcar y de colesterol comparados con los de los demás. Quiero que mi médico utilice una prueba estándar y una escala estándar, y no alguna que se le haya ocurrido en el coche de camino al trabajo. Pero las pruebas en sí mismas solo son útiles como parte de un diagnóstico. El médico tiene que saber qué hacer con los resultados en mi caso particular, y decirme qué debo hacer según mi fisiología específica.

En la educación pasa lo mismo. Los exámenes estandarizados, si se utilizan correctamente, pueden proporcionar información fundamental para mantener y mejorar la educación. El problema se origina cuando estas pruebas se convierten en algo más que una simple herramienta educativa y se vuelven el centro de la educación.

Cualesquiera que sean las repercusiones en la educación, las pruebas estandarizadas son actualmente un gran negocio. El motivo de la creciente confianza en los exámenes estandarizados es que estos reportan cuantiosos beneficios. Según la Government Accounting Office (GAO), en Estados Unidos cada estado se iba a gastar entre mil novecientos y cinco mil trescientos millones de dólares entre 2002 y 2008 para cumplir los exámenes exigidos por el programa No Dejar Atrás a Ningún Niño. Esta cantidad solo incluye los costes directos. Los costes indirectos podrían multiplicarla por diez. La mayor parte de ese dinero va a parar a las compañías privadas de pruebas que crean, administran y califican los exámenes. Las pruebas estandarizadas han pasado a ser una industria floreciente. Utilizando las cifras de la GAO, estas compañías de pruebas podrían generar más de cien mil millones de dólares durante siete años.

Te habrás dado cuenta de que todavía no he mencionado la enseñanza. La razón es que, por lo general, los políticos no parecen entender su importancia fundamental a la hora de incrementar los estándares en la educación. Lo que yo creo firmemente, a partir de las décadas de trabajo que he realizado en este campo, es que la mejor manera de mejorar la educación no es centrarse en el plan de estudios ni en la evaluación, aunque ambos sean importantes. El método más eficaz para mejorar la educación es invertir en la mejora de la enseñanza y en la situación de los buenos profesores. No hay ningún colegio en ningún lugar del mundo que no tenga magníficos profesores trabajando en él. Pero hay un montón de escuelas faltas de dinero y con las estanterías llenas de planes de estudio y pilas de exámenes estandarizados.

El hecho es que, dado los desafíos a los que nos enfrentamos, la educación no necesita que la reformen: necesita que la transformen. La clave para esta transformación no es estandarizar la educación sino personalizarla: descubrir los talentos individuales de cada niño, colocar a los estudiantes en un entorno en el que quieran aprender y puedan descubrir de forma natural sus verdaderas pasiones. La clave está en adoptar los principios fundamentales del Elemento. Algunas de las innovaciones en educación más estimulantes y de mayor éxito en el mundo ilustran el verdadero poder de este enfoque.

Transformar la educación

Durante la primera parte de mi trayectoria profesional, trabajé especialmente en el campo del teatro en la educación. Lo hice porque siempre me impresionó profundamente el poder que tiene el teatro para fortalecer la imaginación de los niños y estimular un fuerte sentido de colaboración, autoestima y sensación de comunidad en las clases y escuelas. Los niños aprenden mejor cuando aprenden el uno del otro y cuando los profesores aprenden junto a ellos. Como mencioné antes, cuando conocí a mi mujer y compañera, Terry, estaba enseñando teatro en una escuela elemental de Knowsley, una zona difícil y de bajos ingresos de la ciudad de Liverpool. A pesar de todo, el colegio estaba consiguiendo resultados asombros. Las razones eran sencillas. Primero, el colegio estaba dirigido por un director motivador que entendía la clase de vida que llevaban los niños. También entendía los verdaderos procesos mediante los cuales se los podía estimular para que aprendieran. Segundo, contrató a profesores, como Terry, que sentían verdadera pasión por sus disciplinas y que estaban dotados de un talento especial para relacionarse con los niños. Esta es la historia de Terry acerca de la metodología del colegio: «Creo firmemente que cuando el teatro está correctamente integrado dentro del plan de estudios, esa actividad puede transformar la cultura de un colegio. Lo sé por experiencia propia, ya que fui profesora en una de las zonas más pobres de Liverpool. De hecho, en el colegio teníamos ropa limpia para que los niños la llevasen mientras estaban en clase. Se la ponían por la mañana, cuando llegaban al colegio, y se la quitaban cuando se iban a casa. Descubrimos que si les dábamos la ropa, al cabo de una semana estaba en el mismo mal estado que el resto de sus cosas o que desaparecía misteriosamente.

»Algunos de los niños vivían circunstancias terribles en su casa. Recuerdo que durante una de las clases de escritura creativa, una de las niñas escribió una historia en la que hablaba sobre bebés muertos. Nos llamó la atención la intensidad del relato, y el colegio contactó con los servicios sociales para que comprobaran qué estaba pasando en su casa. Descubrieron que el cadáver de su hermana, prematura, se estaba pudriendo bajo su cama. Teníamos clases atestadas de niños y todo tipo de problemas sociales imaginables, pero también contábamos con un grupo de magníficos profesores comprometidos y con un director visionario.

»El director creía que debíamos dar lo mejor de nosotros mismos y que la enseñanza tenía que centrarse en los niños. Convocó una reunión de profesores para discutir cómo podíamos rediseñar los días de clase y pidió que cada uno de nosotros hablara acerca de la materia en la que estábamos especializados y de qué era lo que más nos gustaba enseñar. Por aquel entonces era común que los niños pasasen todo el día con el mismo profesor. Tras unos meses de reuniones se nos ocurrió un plan. Por la mañana impartiríamos lectura, escritura y matemáticas, por la tarde enseñaríamos nuestra asignatura favorita. Esto quería decir que en el transcurso de una semana cada profesor daría clases a todo el colegio.

»Como profesora de teatro, mi trabajo consistía en ver los temas que cada grupo estuviese estudiando y darles vida en el vestíbulo. Otro profesor enseñaría arte; otro, geografía; otro, historia, y así sucesivamente. Luego escogíamos los temas para cada curso. Cuando los niños de diez años leyeron la historia de la Revolución francesa, construyeron una guillotina con la ayuda del profesor de ciencias, y luego montamos juicios, celebramos ejecuciones, e incluso dijimos algunas palabras en francés. También "decapitamos" a algunos profesores.

»Cuando estudiamos el tema de la arqueología en los tiempos romanos, representamos versiones adaptadas de *Julio César*. Como se sentían cómodos con el procedimiento, cuando era el momento de llevar a escena las obras del colegio los niños se sentían seguros de sí mismos y estaban deseando implicarse, actuar, coser los trajes, construir los decorados, escribir, cantar y bailar. Ansiaban ir a clase. Era tan divertido y satisfactorio ver cómo los niños desarrollaban habilidades sociales e interactuaban...

»Utilizaban su imaginación como no lo habían hecho antes. Niños que nunca habían sobresalido en nada, de repente comprendieron que podían brillar. Niños que no podían estarse quietos en la silla ya no tenían por qué hacerlo, y bastantes descubrieron que podían actuar, entretener, escribir, debatir, ponerse en pie con aplomo y dirigirse a todo un grupo. La calidad de todo su trabajo mejoró de manera espectacular. Teníamos mucho apoyo por parte de los padres, y los miembros del consejo utilizaron el colegio como modelo. Todo ocurrió gracias al director de la escuela, Albert Hunt, un hombre fantástico».

Paul McCartney, a diferencia de su experiencia en las clases de música, tuvo una vivencia maravillosa con el profesor que le introdujo en la obra de Chaucer, ya que eligió hacerlo de una forma que sabía que llegaría a los adolescentes: «El mejor profesor que he tenido fue el de inglés, Alan Dunbar. Era genial. Yo me portaba bien con él porque entendía la mentalidad de los chicos de quince y dieciséis años. Hice inglés avanzado con él. Estábamos estudiando a Chaucer y era imposible seguirlo. Shakespeare ya era difícil, pero Chaucer era peor. Era como si fuese una lengua extranjera. Ya sabes, "Cuando cae en abril la lluvia ansiada" y ese tipo de cosas. Pero el señor Dunbar nos dio una traducción al inglés moderno de Neville Coghill, con la versión original de Chaucer en una página y la versión moderna en la página opuesta, para que pudiésemos entender la historia y saber de qué trataba en realidad.

»Y nos dijo que Chaucer era en verdad un escritor muy popular en su época y bastante obsceno. Sabía que esto nos interesaría, y así fue. Nos dijo que leyéramos *El cuento del molinero*. Nos parecía increíble lo obsceno que era. El trozo en el que ella saca el trasero por la ventana y él habla acerca de besar una barba... Ahí yo ya estaba enganchado. Realmente consiguió que me interesara la literatura. Entendió que para nosotros la clave estaba en el sexo, y así era. Cuando utilizó esa clave, me quedé pillado».

En todo el mundo se están utilizando modelos educativos inspiradores. En la ciudad de Reggio Emilia, en el norte de Italia, apareció a principios de la década de los sesenta un método innovador de educación preescolar. Conocido actualmente como el enfoque Reggio, este programa considera que los niños pequeños son curiosos intelectualmente, imaginativos y tienen un magnífico potencial. El plan de estudios está dirigido a los niños; los maestros enseñan sus lecciones según lo que dicten los intereses de los alumnos. El decorado de las clases es de vital importancia y se considera una herramienta de enseñanza fundamental. Los profesores dividen las clases en áreas de juego y las llenan con mesas de trabajo y múltiples entornos donde los niños pueden interactuar, resolver problemas y aprender a comunicarse con eficacia.

Los colegios de Reggio dedican mucho tiempo al arte; creen que los niños aprenden múltiples «lenguajes simbólicos» a través de la pintura, la música, los títeres, el teatro y otras formas de arte, y que de este modo exploran sus habilidades en todas las formas en las que aprenden los seres humanos. Un poema del fundador, Loris Malaguzzi, lo explica así:

El niño
está hecho de cien.
El niño tiene
cien lenguajes
cien manos
cien pensamientos
cien modos de pensar
de jugar, de hablar.
Cien, siempre cien
modos de escuchar
de maravillarse de amar
cien alegrías
para cantar y entender
cien modos
de descubrir
de inventar
cien modos
de soñar.
El niño tiene
cien lenguajes
y cientos más
pero le roban noventa y nueve.
La escuela y la cultura
separan la cabeza del cuerpo.
Le dicen al niño:
que piense sin manos

que trabaje sin cabeza
que escuche y no hable
que entienda sin alegría
que ame y se asombre
solo en Pascua y Navidad.
Le dicen al niño:
que descubra un mundo que ya existe
y de cien
le quitan noventa y nueve.
Le dicen al niño:
que el trabajo y el juego
la realidad y la fantasía
la ciencia y la imaginación
el cielo y la tierra
la razón y los sueños
son cosas
que no están unidas.

Le dicen, en resumen,
que el cien no existe.
Pero el niño exclama:
¡Qué va, el cien existe!

Los profesores de Reggio organizan el año escolar alrededor de proyectos semanales a corto plazo, y proyectos anuales a largo plazo, en los que los alumnos hacen descubrimientos a partir de una variedad de perspectivas, aprenden a formular hipótesis, descubren cómo colaborar entre sí; y todo ello dentro del contexto de un plan de estudios que se parece mucho a un juego. Los profesores se consideran a sí mismos investigadores para los niños, les ayudan a explorar más cosas de aquello que les interesa y creen que ellos también aprenden junto a sus alumnos.

Durante las últimas dos décadas, los colegios de Reggio han recibido considerables elogios y ganado el premio LEGO, el premio Hans Christian Andersen y un galardón de la Fundación Kohl. En la actualidad en todo el mundo (también en treinta estados estadounidenses) hay escuelas que utilizan el método Reggio.

La ciudad de Grangeton es muy diferente de Reggio Emilia. De hecho, técnicamente no es una ciudad. En realidad se trata de un hábitat dirigido por alumnos de la escuela elemental de Grange, en Long Eaton, Nottinghamshire, en el centro de Inglaterra. La ciudad tiene alcalde y ayuntamiento, un periódico, un estudio de televisión, un mercado y un museo, y los niños son los encargados de todo eso. El director del colegio, Richard Gerver, cree que «aprender tiene que significar algo para los jóvenes». Así que cuando el comité escolar le contrató para que transformara el alicaído colegio, tomó la drástica decisión de crear Grangeton. El objetivo era motivar a los niños a aprender relacionando las clases con un lugar del mundo real. «Mis palabras clave son "experimental" y "contextual"», me contó Gerver.

Gerver modificó íntegramente el plan de estudios del colegio, y lo hizo trabajando dentro del conjunto de directrices creadas por el National Testing. En Grange, los estudiantes participan en un trabajo en clase riguroso, pero este les llega de tal modo que les permite entender las aplicaciones prácticas. Las matemáticas cobran más sentido cuando se administra una caja registradora y se hace una estimación de las ganancias. La capacidad de saber leer y escribir adquiere un significado adicional cuando se pone al servicio de un guión cinematográfico original. La ciencia cobra vida cuando los alumnos utilizan la tecnología para hacer programas de televisión. La apreciación de la música alcanza una nueva finalidad cuando los niños tienen que decidir la lista de canciones que transmitirá la emisora de radio. La educación cívica tiene sentido cuando el alcalde debe tomar decisiones. Gerver suele llevar a profesionales de la industria a Grangeton para que ayuden a los alumnos en la formación técnica. La BBC está activamente implicada.

Los niños de más edad ejercen los cargos de mayor responsabilidad (y su plan de estudios está mucho más inclinado hacia el modelo Grangeton), pero los más pequeños adoptan un papel activo en cuanto comienzan el colegio. Así lo explica Gerver: «En ningún momento les transmitimos el mensaje de que les estamos enseñando para que aprueben un examen. Aprenden porque pueden apreciar cómo avanza su comunidad en Grangeton: los exámenes son un modo de evaluar su proceso hacia ese fin. Se trata de ofrecer a los niños una perspectiva totalmente distinta de por qué están aquí».

En Grange la asistencia es muy superior a la media nacional y los alumnos rinden de un modo ejemplar en los exámenes nacionales. En 2004, el 91 por ciento de los estudiantes demostraron habilidad en inglés (treinta puntos más con respecto a los resultados de 2002, el año antes de que empezara el programa), el 87 por ciento presentaron destreza en matemáticas (un incremento de catorce puntos), y el ciento por ciento mostraron un gran dominio en ciencias (un aumento de veinte puntos). «El proyecto ha tenido un gran impacto en su actitud —dijo Gerver—. Allí donde los alumnos estaban desmotivados y carecían de brillo, en particular los chicos y los potenciales estudiantes con buenas notas, ahora hay verdadera emoción y compromiso. Este *ethos* o rasgo distintivo se ha introducido en las clases de una manera espectacular, donde los profesores han adaptado y desarrollado su docencia y enseñanza para llegar a ser más experimentales y contextuales. Los niños se muestran más seguros de sí mismos y, como consecuencia, más independientes. Estudiar en Grange tiene una finalidad real para los niños, y sienten que forman parte de algo muy emocionante. El efecto también ha calado en el cuerpo docente y en los padres, que han empezado a contribuir muchísimo en el ulterior desarrollo del proyecto.»

Un reciente informe de Ofsted, la agencia de inspección escolar británica, decía de Grange: «A los alumnos les encanta ir al colegio, hablan con gran entusiasmo acerca de las muchas experiencias emocionantes que tienen a su disposición, y las emprenden con ilusión, emoción y confianza».

En el estado de Oklahoma existe un programa innovador llamado escuelas A⁺ que se fundamenta en otro programa de enorme éxito que comenzó en Carolina del Norte. Escuelas A⁺, actualmente vigente en más de cuarenta colegios de Oklahoma, resalta el arte como el medio para enseñar una amplia variedad de disciplinas dentro del plan de estudios. Los alumnos pueden escribir canciones de rap para que les ayuden a entender los temas más destacados en las obras de la literatura. Pueden realizar collages de diferentes tamaños que les permitan apreciar las aplicaciones prácticas de las matemáticas. Las representaciones teatrales pueden caracterizar momentos clave de la historia, mientras que los movimientos de danza aclaran ciertos puntos elementales de la ciencia. Varios de los colegios tienen «informadores» mensuales que combinan los espectáculos en vivo con las cuestiones académicas.

Las escuelas A⁺ animan a los profesores a que utilicen herramientas educativas como trazar mapas, redes temáticas (establecer relaciones entre diferentes asignaturas), el desarrollo de cuestiones fundamentales, la creación y uso de unidades temáticas interdisciplinarias y la integración interdisciplinaria. Basan el plan de estudios en el aprendizaje a través de la experiencia. Utilizan herramientas de valoración enriquecedoras para ayudar a los alumnos a mantener una comprensión continua de lo que están haciendo. Estimulan la colaboración entre profesores de diferentes disciplinas, entre estudiantes, y entre el colegio y la comunidad. Construyen una infraestructura que sostiene el programa y su característico modo de abordar los planes de estudio exigidos por el estado. Todo ello mientras fomentan un ambiente en el que los alumnos y los profesores pueden sentirse entusiasmados con el trabajo que estén llevando a cabo.

Las escuelas que forman parte del programa A⁺ abarcan extensos grupos demográficos. Hay colegios urbanos y rurales, grandes y pequeños, en zonas adineradas y en aquellas con problemas económicos. Sin embargo, de forma habitual, las escuelas A⁺ muestran acentuadas mejoras en los tests estandarizados y a menudo superan las calificaciones de los exámenes que se realizan en colegios con las mismas características demográficas pero que no utilizan el programa A⁺. La escuela elemental Linwood, en la ciudad de Oklahoma, ha ganado dos veces el Oklahoma Title I Academic Achievement Award (premio al logro académico). En 2006, el colegio fue uno de los cinco en recibir el Excellence in Education Award del National Center for Urban School Transformation.

Educación elemental

El tema fundamental de este libro es que nos urge hacer un uso más completo de nuestros recursos naturales. Algo imprescindible para alcanzar nuestro bienestar y la salud de nuestra comunidad. Se supone que la educación es el proceso que desarrolla todos los recursos. Pero, por todas las razones que he expuesto, a menudo no lo es. Muchas de las personas de las que he hablado en este libro afirman que durante su escolarización no descubrieron realmente sus verdaderos talentos. No es una exageración decir que muchas de ellas no hallaron sus verdaderas habilidades hasta que dejaron el colegio: hasta que superaron la educación recibida. Como dije al principio, no creo que los profesores sean la causa del problema. Se trata de un problema común a la naturaleza de nuestros sistemas educativos. De hecho, los verdaderos desafíos a los que se enfrenta la educación solo se solucionarán confiriendo el poder a los profesores creativos y entusiastas y estimulando la imaginación y la motivación de los alumnos.

Las ideas y los principios fundamentales del Elemento tienen consecuencias para cada una de las áreas educativas. El plan de estudios de la educación del siglo XXI debe transformarse radicalmente. He descrito la inteligencia como diversa, dinámica y singular. He aquí lo que esto significa para la educación. Primero, tenemos que suprimir la actual jerarquía de las asignaturas. Dar mayor importancia a unas asignaturas que a otras solo consolida los anacrónicos supuestos del industrialismo y ofende el principio de diversidad. Demasiados estudiantes pasan por una educación en la que se marginan o desatienden sus talentos naturales. El arte, las ciencias, las humanidades, la educación física, las lenguas y las matemáticas tienen idénticas y centrales contribuciones que hacer en la educación de un alumno.

Segundo, tenemos que cuestionar la idea de las «asignaturas». Durante generaciones hemos fomentado la creencia de que el arte, las ciencias, las humanidades y el resto son totalmente diferentes entre sí. Pero la verdad es que tienen mucho en común. Hay mucha técnica y objetividad en el arte, de la misma forma que hay pasión e intuición en las ciencias. El concepto de asignaturas separadas que no tienen nada en común falta al principio de dinamismo.

Los sistemas escolares no deben basar sus planes de estudio en la idea de asignaturas distintas y separadas entre sí, sino en la idea mucho más fértil de disciplinas. Las matemáticas, por ejemplo, no son solo un conjunto de información que se tiene que aprender, sino un esquema complejo de ideas, habilidades prácticas y conceptos. Es una disciplina, o más bien un conjunto de disciplinas. Y lo mismo puede decirse del teatro, el arte, la tecnología, etc. El concepto de disciplina posibilita un plan de estudios fluido y dinámico que sea interdisciplinario.

Tercero, el plan de estudios tiene que ser personalizado. El aprendizaje acontece en la mente y el alma de los individuos, no en las bases de datos de exámenes tipo test. Dudo que haya muchos niños que salten de la cama por la mañana preguntándose qué pueden hacer para mejorar su calificación en lectura. El aprendizaje es un proceso personal, sobre todo si nos interesa acercar a la gente al Elemento. Los procesos educativos actuales no tienen en cuenta los estilos individuales de aprendizaje ni el talento. De ese modo, ofenden el principo de individualidad.

Muchas de las personas cuyas historias he contado en este libro estarían de acuerdo con todo esto. Para ellos, la liberación llegó cuando encontraron aquello que les apasionaba y pudieron dedicarse a ello. Como dice Don Lipski: «Lo principal es animar a los niños a que sigan cualquier cosa que los entusiasme. Cuando me interesé por la magia, recibí gran estímulo y apoyo. Me dediqué a la magia de la misma forma que ahora hago trabajos de arte. Un niño puede estar obsesionado con el béisbol, no lo practique y sepa todas las estadísticas de los jugadores y quién tendría que ser vendido a qué equipo. Tal vez parezca algo inútil, pero a lo mejor ese niño acabará siendo el presidente de un equipo de béisbol. Si un niño es el único de la clase aficionado a la ópera, se le tendría que dar validez y estímulo. Sirva para lo que sirva, el entusiasmo es el aspecto principar que debe desarrollarse».

El Elemento tiene consecuencias para la enseñanza. Demasiados movimientos de reforma educativos están diseñados para que la educación esté a prueba de profesores. Los sistemas de mayor éxito del mundo toman la posición contraria. Invierten en profesores. La razón de ello es que las personas tienen más éxito cuando hay otras que entienden sus talentos, desafíos y habilidades. Este es el motivo por el que la tutela es una fuerza tan útil en la vida de tantas personas. Los grandes profesores siempre han entendido que su verdadero papel no es enseñar una asignatura, sino instruir a los alumnos. La tutela y el entrenamiento son el pulso vital de un sistema educativo vivo.

El Elemento tiene consecuencias en las evaluaciones. La cultura y las pruebas estandarizadas están estrangulando constantemente a la educación. La ironía es que estas pruebas no están aumentando los estándares excepto en algunas zonas muy determinadas y a costa de lo que en realidad más importa en educación.

Para tener un poco de perspectiva, comparemos los procesos de control de calidad en educación con los de un campo totalmente distinto: la restauración. Este negocio tiene dos modelos distintos de control de calidad. El primero es el modelo de comida rápida. En este, la calidad de la comida está garantizada porque todo está estandarizado. Las cadenas de comida rápida especifican exactamente de qué se compone el menú de todas sus tiendas de distribución. Especifican qué tiene que haber en las hamburguesas o en los *nuggets*, el tipo de aceite en el que tienen que freírse, el panecillo en el que tienen que servirse, cómo se tienen que hacer las patatas fritas, lo que tiene que haber en las bebidas, y exactamente cómo tienen que servirse. Especifican la decoración del espacio y cómo se tiene que vestir el personal. Todo está estandarizado. A menudo todo es horrible y a fin de cuentas malo para ti. Muchas clases de comida rápida están contribuyendo a la extensión generalizada de la obesidad y de la diabetes en todo el mundo. Pero por lo menos la calidad está garantizada.

El otro modelo de control de calidad en el mundo de la restauración es la guía Michelin. En este modelo, las guías establecen un sistema de criterios específicos de excelencia, pero no explican con todo detalle cómo los restaurantes tienen que cumplir esos criterios. No dicen qué tiene que haber en el menú, cómo tiene que ir vestido el personal, o cómo tienen que estar decorados los locales. Todo eso lo elige cada restaurante. Las guías solo establecen los criterios, y depende de cada restaurante cumplirlos de la forma que consideren mejor. Luego se los juzga no según estándares impersonales, sino según la valoración de expertos que saben qué buscan y cómo es en realidad un gran restaurante. El resultado es que todos los restaurantes de la guía Michelin son fantásticos. Y todos son únicos y diferentes entre sí.

Uno de los problemas esenciales de la educación es que la mayoría de los países someten a sus colegios al modelo de control de calidad de las cadenas de comida rápida cuando, en lugar de eso, deberían adoptar el modelo Michelin. El futuro de la educación no está en estandarizar sino en personalizar; no en promover el pensamiento grupal y la «despersonalización», sino en cultivar la verdadera profundidad y el dinamismo de las habilidades humanas de todo tipo. En el futuro, la educación tiene que ser Elemental.

Los ejemplos que acabo de exponer indican el camino hacia la clase de educación que necesitamos en el siglo XXI. Algunos se fundamentan en principios que los visionarios académicos llevan promoviendo desde hace generaciones: principios a menudo considerados excéntricos, incluso heréticos. Y así eran entonces. La forma de ver las cosas de esos visionarios iba por delante de su tiempo (de ahí que los describa como visionarios). Pero el momento oportuno ha llegado. Si vamos a tomarnos en serio la transformación de la educación, tenemos que entender la época en la que vivimos y seguir la nueva corriente. Podemos nadar en ella hacia el futuro o hundirnos de vuelta al pasado.

Los riesgos difícilmente podrían ser mayores para la educación y para todos los que pasan por ella.

Epílogo

❦

E ncontrar el Elemento en ti mismo es imprescindible para que descubras lo que de verdad puedes hacer y quién eres en realidad. En cierto modo, se trata de una cuestión muy personal. Te concierne a ti y a las personas que conoces y por las que sientes cariño. Pero aquí también se esconde una gran controversia. El Elemento tiene poderosas implicaciones a la hora de decidir cómo dirigir nuestros colegios, negocios, comunidades e instituciones. Los principios básicos del Elemento están arraigados en una concepción orgánica más amplia del crecimiento y el desarrollo humanos.

Antes afirmé que no vemos el mundo directamente. Lo percibimos a través de marcos de ideas y creencias que hacen las veces de filtros sobre lo que vemos y cómo lo vemos. Algunas de estas ideas están tan profundamente arraigadas en nosotros que ni siquiera somos conscientes de ellas. Nos llegan como simple sentido común. Sin embargo, a menudo aparecen en las metáforas e imágenes que utilizamos para pensar acerca de nosotros mismos y del mundo que nos rodea.

El gran físico sir Isaac Newton formuló sus teorías en los albores de la Edad Mecánica. El universo le parecía un enorme reloj mecánico, con ciclos perfectos y ritmos regulares. Desde entonces, Einstein y otros han demostrado que el universo no se parece en absoluto a un reloj; sus misterios son más complejos, sutiles y dinámicos de lo que nunca será nuestro reloj favorito. La ciencia moderna ha cambiado las metáforas, y al hacerlo ha cambiado nuestra comprensión del funcionamiento del universo.

Sin embargo, en la actualidad todavía utilizamos habitualmente metáforas mecanicistas y tecnológicas para describirnos a nosotros mismos y a nuestras comunidades. A menudo oigo hablar a la gente acerca de la mente como de un ordenador; acerca de *inputs* y *outputs* mentales, de «descargar» sus sentimientos o de estar «conectados» o «programados» para comportarse de cierto modo.

Si trabajas en cualquier tipo de organización, puede que alguna vez hayas visto un organigrama empresarial. Normalmente estos consisten en una serie de recuadros en los que se indica el nombre o la función de los trabajadores y en dibujos de líneas rectas que muestran la jerarquía entre ellos. Estos organigramas suelen parecer dibujos arquitectónicos o diagramas de un circuito eléctrico, y refuerzan la idea de que los organismos son realmente como mecanismos, con partes y funciones que solo contactan entre sí en cierto modo.

El poder de las metáforas y de las analogías es que indican las similitudes, y sin duda hay ciertas semejanzas en la forma de funcionar de los ordenadores sin vida y las mentes vivas. No obstante, está claro que nuestra mente no es un sistema en estado sólido dentro de una caja de metal que se apoya sobre los hombros. Y las organizaciones humanas no son en absoluto como mecanismos; están formadas por personas con vida que se rigen por sentimientos, principios y relaciones. Los organigramas nos muestran la jerarquía, pero no captan cómo se siente la organización ni cómo funciona en realidad. El hecho es que las organizaciones y las colectividades humanas no son como los mecanismos: se parecen mucho más a los organismos.

La crisis climática

Hace poco estuve en un museo de historia natural. Es un lugar fascinante. Hay salas dedicadas a diferentes especies de criaturas. En una de ellas había una exposición de mariposas, maravillosamente ordenadas con gracia en vitrinas de cristal, prendidas por el cuerpo con alfileres, etiquetadas con gran minuciosidad y muertas. El museo las clasificó por especies y tamaños, las más grandes en la parte superior y las más pequeñas en la inferior. En otra sala había escarabajos clasificados del mismo modo, por especie y tamaño, y en otra había arañas. Ordenar estos animales por categorías y exhibirlos en vitrinas separadas es una manera de pensar sobre ellos, y es muy instructivo. Pero no es así como están en el mundo. Cuando sales del museo, no ves a las mariposas volando en formación: las más grandes delante y las pequeñas detrás. No ves a las arañas corriendo en columnas disciplinadas, donde las más pequeñas cubren la retaguardia, en tanto que los escarabajos mantienen una respetuosa distancia. En su estado natural, estos animales tropiezan entre sí. Viven en ambientes complicados e interdependientes, y su suerte está relacionada con la del otro.

Pasa exactamente lo mismo con las comunidades humanas,

las cuales se enfrentan al mismo tipo de crisis que en la actualidad afrontan los ecosistemas del medio ambiente natural. La analogía aquí es fuerte.

Las relaciones de los sistemas vivos y nuestro fracaso general a la hora de entenderlos era el tema de *Primavera silenciosa,** el contundente libro de Rachel Carson publicado en septiembre de 1962. Sostenía que los productos químicos y los insecticidas que los agricultores utilizaban para mejorar las cosechas y destruir las plagas estaban teniendo consecuencias inesperadas y catastróficas. Al calar en la tierra, estos productos químicos tóxicos contaminaban las redes fluviales y destruían la vida marina. Asimismo, al matar insectos indiscriminadamente, los agricultores alteraban los delicados ecosistemas de los que dependían muchas otras formas de vida, incluidas las plantas que propagaban los insectos y los innumerables pájaros que se alimentaban de insectos. Al morir los pájaros, se silenciaron sus cantos.

Rachel Carson fue uno de los muchos precursores que ayudaron a cambiar nuestro modo de ver la ecología y el mundo natural. Desde el principio de la era industrial, los seres humanos parecen ver la naturaleza como un depósito infinito de recursos útiles para la producción industrial y la prosperidad material. Hemos extraído minerales de la tierra, perforado capas de piedra para obtener petróleo y gas, y talado los bosques para conseguir pastos. Todo esto parecía relativamente sencillo. El lado negativo es que trescientos años después el mundo natural jadea y nos enfrentamos a la gran crisis del aprovechamiento de los recursos naturales de la Tierra.

* Edición en castellano, Crítica, Barcelona, 2001.

Las pruebas que demuestran esto son tan contundentes que algunos geólogos dicen que estamos entrando en una nueva era geológica. El último período glacial acabó hace ya diez mil años. Los geólogos llaman Holoceno al período comprendido entre la era glacial y la actualidad. Algunos llaman Antropoceno a la nueva era geológica, del griego *anthropos*, que significa «hombre». Dicen que el impacto de la actividad humana sobre la geología y los sistemas naturales de la Tierra ha dado lugar a esta nueva era geológica. Los efectos comprenden la acidificación de los océanos, nuevos modelos de sedimentos, la erosión y corrosión de la superficie de la Tierra, y la desaparición de miles de especies de animales y plantas. Los científicos creen que esta crisis es real y que tenemos que plantearnos hacer un cambio profundo durante las siguientes generaciones si queremos evitar una catástrofe.

Con una crisis climática probablemente ya tengas bastante. Pero creo que hay otra igual de urgente y cuyas consecuencias son tan trascendentales como la que estamos observando en el mundo natural. No hablo de la crisis de los recursos naturales. Me refiero a una crisis de recursos humanos. Es *la otra crisis climática*.

La otra crisis climática

La perspectiva global del mundo occidental dominante no se basa en ver sinergias y conexiones sino en hacer distinciones y ver diferencias. Este es el motivo por el que prendemos mariposas con alfileres en vitrinas separadas de las de los escarabajos, y enseñamos asignaturas separadas en los colegios.

Gran parte del pensamiento occidental da por hecho que la

mente está separada del cuerpo y que los seres humanos están de algún modo separados del resto de la naturaleza. Puede que esta sea la razón por la que tanta gente no parece entender que aquello que introduce en su cuerpo afecta a su funcionamiento y a la forma en la que piensa y siente. Puede que sea el motivo por el que tantas personas no parecen entender que la calidad de su vida depende de la calidad del medio ambiente, y de lo que introducen y sacan de él.

La proporción de enfermedades físicas que nos autoinfligimos a causa de una mala nutrición y de los trastornos alimentarios es un ejemplo de la crisis de los recursos humanos. Deja que te dé algunos ejemplos más. Estamos viviendo en una época en la que cientos de millones de personas logran llegar al final del día gracias a medicamentos que se venden con receta para tratar depresiones y otras enfermedades emocionales. Los beneficios de las compañías farmacéuticas están subiendo vertiginosamente, mientras que la energía de sus consumidores continúa bajando en picado. La dependencia de los medicamentos de venta sin receta y del alcohol, especialmente entre los jóvenes, también está aumentando a gran velocidad. Así como el índice de suicidios. Todos los años hay más muertes por suicidio en todo el mundo que por causa de los conflictos armados. Según la Organización Mundial de la Salud, hoy día el suicidio es la tercera causa más alta de muerte entre jóvenes de quince a treinta años.

Lo que es cierto en las personas es desde luego cierto en nuestras comunidades. Vivo en California. En 2006, el estado de California gastó tres mil quinientos millones de dólares en el sistema universitario del estado y nueve mil novecientos millones de dólares en el sistema penitenciario. Me resulta difícil creer que haya tres veces más criminales potenciales en California que potenciales licenciados universitarios, o que las crecientes masas de gente en las cárceles de todo el país nacieran simplemente para estar en ellas. No creo que haya tantas personas malvadas por naturaleza deambulando por ahí, ni en California ni en ningún otro lugar. Según mi propia experiencia, la mayoría de las personas tienen buenas intenciones y quieren que su vida tenga una finalidad y un sentido. Sin embargo, hay muchísimas personas que viven en malas condiciones, y eso puede acabar con sus esperanzas y objetivos. En ciertos aspectos, estas condiciones cada vez son más desafiantes.

A comienzos de la Revolución Industrial, apenas había gente en el mundo. En 1750, vivían en el planeta mil millones de personas. Había que contar a toda la población humana para llegar a esos mil millones. Sé que parecen muchas personas, y hemos dicho que el planeta es relativamente pequeño. Pero es lo suficientemente grande para que mil millones de personas se extendieran con razonable comodidad.

En 1930 había dos mil millones de personas. Solo hicieron falta ciento ochenta años para que la población se doblara. Pero todavía quedaba espacio de sobra para que la gente se moviera con holgura. Solo hicieron falta cuarenta años más para llegar a los tres mil millones. Cruzamos ese umbral en 1970, poco después del verano del amor, que estoy seguro fue una coincidencia. Después de esto el crecimiento fue espectacular. La Nochevieja de 1999 estábamos compartiendo el planeta con otros seis mil millones de personas. La población humana se ha duplicado en treinta años. Algunas estimaciones apuntan a que alcanzaremos los nueve mil millones a mediados del siglo XXI.

Otro factor es el crecimiento de las ciudades. De los mil millones de personas que vivían en la Tierra en los albores de la Revolución Industrial, solo el 3 por ciento residía en la ciudad. En 1900, el 12 por ciento de los casi dos mil millones de personas vivía en la ciudad. En 2000, casi la mitad de los seis mil millones de personas habitaba en la ciudad. Se estima que en 2050 más del 60 por ciento de los nueve mil millones de seres humanos serán urbanos. En 2020 puede que haya más de quinientas ciudades en la Tierra cuya población superará el millón de habitantes, y más de veinte megaciudades cuyas poblaciones superarán los veinte millones. El Gran Tokio ya tiene una población de treinta y cinco millones de personas. Esto es, más que la población total de Canadá, un territorio cuatro mil veces mayor.

Algunas de estas ciudades enormes estarán en los llamados países desarrollados. Estarán bien planificadas, con centros comerciales, puestos de información e impuestos sobre la propiedad. Pero el crecimiento real no está ocurriendo en esas partes del mundo. Está sucediendo en el llamado mundo en vías de desarrollo: zonas de Asia, de América del Sur, de Oriente Próximo y África. Muchas de estas ciudades de crecimiento descontrolado serán en su mayoría barrios de chabolas, construidos por sus moradores y con escasas condiciones de salubridad, poca infraestructura y apenas ningún servicio de apoyo social. Este enorme crecimiento de las dimensiones y la densidad de las poblaciones humanas del mundo entero presenta grandes desafíos. Requiere que afrontemos la crisis de los recursos naturales con urgencia. Pero también exige que nos enfrentemos a la crisis de los recursos humanos y que enfoquemos de una manera diferente las relaciones entre ambas. Todo esto indica la pujante necesidad de que surjan nuevas formas de pensar y nuevas metáforas sobre las comunidades humanas y de cómo proliferan o decaen.

Durante más de trescientos años, las imágenes del industrialismo y el método científico han dominado el pensamiento occidental. Es hora de cambiar de metáforas. Tenemos que ir más allá de las metáforas lineales y mecanicistas y llegar a metáforas más orgánicas del crecimiento y el desarrollo humanos.

Un organismo vivo, como una planta, es complejo y dinámico. Cada uno de sus procesos internos afecta a, y depende de, los demás, pues sostienen la vitalidad de todo el organismo. Esto también es cierto en los hábitats en los que vivimos. La mayoría de los seres vivos solo pueden florecer en ciertos tipos de ambientes, y las relaciones entre ellos a menudo son muy especializadas. Las plantas sanas y fructíferas toman los nutrientes que necesitan de su medio ambiente. Sin embargo, al mismo tiempo, su presencia ayuda a sostener el medio ambiente del que dependen. Hay excepciones, como los cipreses de Lyland, que parecen tomar posesión de todo lo que se ponga por delante. ¿Entiendes la idea? Lo mismo puede decirse de todas las criaturas y los animales, nosotros incluidos.

Los agricultores basan su subsistencia en las cosechas. Pero los agricultores no hacen que las plantas crezcan. No sujetan las raíces, pegan los pétalos ni pintan las frutas de colores. La planta crece sola. Los agricultores y los jardineros proporcionan las condiciones para que crezcan. Los buenos agricultores saben cuáles son estas condiciones; los malos no. Entender los elementos dinámicos del crecimiento humano es tan fundamental para mantener las culturas humanas en el futuro como la necesidad de entender los ecosistemas del mundo natural de los que dependemos.

Apuntar alto

El Valle de la Muerte, uno de los lugares más calurosos y secos del planeta, se encuentra a unos cientos de kilómetros de mi casa en Los Ángeles. Pocas cosas crecen en el Valle de la Muerte, de ahí su nombre. La razón es que allí no llueve mucho. Cerca de cinco centímetros cúbicos al año por término medio. Sin embargo, durante el invierno de 2004-2005 sucedió algo asombroso. Cayeron más de dieciocho centímetros cúbicos de lluvia, algo que hacía generaciones que no pasaba. Luego, en la primavera de 2005, ocurrió algo aún más extraordinario. Flores primaverales cubrieron todo el suelo del valle. Fotógrafos, botánicos y simples turistas recorrieron Estados Unidos para ver este espectáculo admirable, algo que probablemente no volverían a ver. El Valle de la Muerte estaba lleno de brotes nuevos y rebosantes de vida. Al final de la primavera, las flores se marchitaron y volvieron a deslizarse bajo la calurosa tierra del desierto, a la espera de las siguientes lluvias, cuando quisieran volver.

Desde luego, lo que esto demostró fue que el Valle de la Muerte no estaba muerto. Estaba dormido. Solo estaba esperando las condiciones de crecimiento adecuadas. Cuando estas llegaron, la vida regresó al corazón del valle.

Lo mismo sucede con los seres humanos y las comunidades. Para crecer, necesitamos que se den las condiciones correctas en nuestros colegios, negocios y comunidades, así como en nuestra vida personal. Si las condiciones son las adecuadas, las personas crecen en sinergia con la gente que les rodea y con los entornos que forman. Si las condiciones son malas, las personas se protegen, a sí mismas y a sus ansiedades, de los vecinos y del mundo.

Algunos elementos para nuestro desarrollo están en nuestro interior. Incluyen la necesidad de desarrollar nuestras aptitudes naturales únicas y nuestras pasiones personales. Encontrarlas y alentarlas es el camino más seguro de garantizar nuestro crecimiento y nuestra realización como individuos.

Si descubrimos el Elemento en nosotros mismos y animamos a los demás a que encuentren el suyo, las oportunidades para el crecimiento serán infinitas. Si dejamos de hacerlo, puede que salgamos adelante, pero nuestra vida será más aburrida. Este no es un argumento nacido en la costa Oeste, de California, aunque es allí donde vivo ahora. Creo en ello durante los fríos y húmedos días de diciembre en Inglaterra, cuando puede que sea más difícil que aparezcan estos pensamientos. Esta no es una nueva forma de ver las cosas. Es un punto de vista antiguo sobre la necesidad de que exista equilibrio y realización en nuestra vida, así como de que haya sinergia con la vida y aspiraciones de otras personas. Es una idea que se pierde con facilidad en nuestras actuales formas de existencia.

Las crisis en el mundo natural y humano están relacionadas entre sí. Jonas Salk fue el científico pionero que elaboró la vacuna contra la poliomielitis. Como alguien que contrajo la polio en la década de los cincuenta, siento cierta afinidad con lo que fue la pasión de su vida. Al final de su vida, Salk hizo una observación provocadora que abordaba las dos formas de crisis climáticas: «Es interesante pensar que si desaparecieran todos los insectos de la faz de la Tierra, todas las demás formas de vida acabarían al cabo de cincuenta años». Entendió, como Rachel Carson, que los insectos que pasamos tanto tiempo intentando erradicar son hilos fundamentales de la intrincada red de la vida en la Tierra. Y añadió: «Pero si todos los seres humanos desapareciésemos de la Tierra, todas las demás formas de vida florecerían al cabo de cincuenta años».

Lo que quiso decir es que en la actualidad nos hemos convertido en el problema. Nuestra extraordinaria capacidad de imaginación ha dado lugar a los mayores logros humanos: nos ha llevado de las cuevas a las ciudades, de los pantanos a la Luna. Pero hoy día corremos el riesgo de que nuestra imaginación nos falle. Hemos llegado lejos, pero no lo suficiente. Todavía somos demasiado intolerantes y pensamos demasiado a fondo acerca de nosotros mismos como individuos y como especie, y muy poco acerca de las consecuencias de nuestras acciones. Para aprovechar al máximo nuestro tiempo juntos en este pequeño y abarrotado planeta, tenemos que desarrollar —consciente y rigurosamente— nuestras facultades creativas dentro de un marco diferente del designio de la humanidad. Miguel Ángel dijo una vez: «El mayor peligro para la mayoría de nosotros no es que nuestras aspiraciones sean muy altas y las desaprovechemos, sino que son demasiado humildes y las alcanzamos». Tenemos que aspirar alto y estar decididos a lograrlo.

Para hacerlo, todos nosotros individualmente y todos nosotros juntos, tenemos que descubrir el Elemento.

Notas

Capítulo 1. El Elemento

Gillian Lynne: todo el material de este fragmento procede de una entrevista para este libro.

Matt Groening: todo el material de este fragmento procede de una entrevista para este libro.

Paul Samuelson, «How I Became an Economist», http://nobel-prize.org/nobel_prizes/economics/articles/samuelson-2/index.html.

Capítulo 2. Pensar de forma diferente

Mick Fleetwood: todo el material de este fragmento procede de una entrevista para este libro.

Sentidos: Kathryn Linn Geurts, *Culture and the Senses: Bodily*

Ways of Knowing in an African Community, University of California Press, Berkeley y Los Ángeles, 2003.

—Andrew Cook, «Exploding the Five Senses», http://www.hummingbird-one.co.uk/humanbeing/five.html.

Bart Conner: todo el material de este fragmento procede de una entrevista para este libro.

CI, SAT y eugenesia: Strydom, Jan y Du Plessis, Susan, «IQ Test: Where Does It Come From and What Does It Measure?», http://www.audiblox2000.com/dyslexia_dyslexic/dyslexia 014.htm.

—«Timing of IQ Test Can Be a Life or Death Matter», *Science Daily Magazine*, 6 de diciembre de 2003.

—«The Future of SAT»: http://chronicle.com/colloquylive/ 2001/10/SAT/.

—Alan Stoskepf: «The Forgotten History of Eugenics», http:// www.rethinkingschools.org/archive/13_03/eugenic.shtml.

Alexis Lemaire: http://www.news.com.au/story/0,23599,22768 356-13762,00.html.

Gordon Parks: Grundberg, Andy, «Gordon Parks, a Master of the Camera, Dies at 93», *New York Times*, 8 de marzo de 2006.

—Corey Kilgannon, «By Gordon Parks, A View of Himself and, Yes, Pictures», *New York Times*, 7 de julio de 2002.

—http://www.pbs.org/newshour/bb/entertainment/jan-jun98/ gordon_1-6.html.

—http://www.aaa.si.edu/collections/oralhistories/trascripts/
parks64.htm.

R. Buckminster Fuller: http://www.designmuseum.org/design/r-
buckminster-fuller.

Albert Einstein: Isaacson, Walter, *Einstein: His Life and Universe*,
Simon & Schuster, Nueva York, 2007.

Capítulo 3. Más allá de la imaginación

Faith Ringgold: la mayor parte del material de este fragmento
procede de una entrevista llevada a cabo por el autor. Los detalles adicionales proceden de http://www.faithhringgold.
com/ringgold/bio.htm.

Russell, Bertrand, *A History of Western Philosophy, and Its Con-
nection with Political and Social Circumstances from the Ear-
liest Times to the Present Day*, Simon & Schuster, Nueva York,
1945.

Fotos planetarias: ilustraciones de Pompei AD, Nueva York.

Los Traveling Wilburys: entrevista original con John Beug, ejecutivo sénior de Warner Music Group.
—http://www.travelingwilburys.com/theband.html.
—http://www.headbutler.com/music/traveling_wilburys.asp.

Richard Feynman: Feynman, Richard Phillips, y Sykes, Christopher, *No Ordinary Genius: The Illustrated Richard Feynman*, W. W. Norton, Nueva York, 1994.

Ridley Scott: todo el material de este fragmento procede de una entrevista para este libro.

Paul McCartney: todo el material de este fragmento procede de una entrevista para este libro.

CAPÍTULO 4. EN LA ZONA

Ewa Laurance: todo el material de este fragmento procede de una entrevista para este libro.

Aaron Sorkin: todo el material de este fragmento procede de una entrevista para este libro.

Eric Clapton: http://www.moretotheblues.com/clapton_sessions.html.

Jochen Rindt: http://www.evenflow.co.uk/mental.html.

Wilbur Wright: http://www.pilotpsy.com/flights/11.html.

Monica Seles: M. Krug, entrevista personal con Monica Seles, 1999.

Fluir: Csikszentmihalyi, Mihaly, *Fluir: Una psicología de la felicidad*, Kairos, Barcelona, 1996.

Black Ice: Simóne Banks, «Black Ice», *Scheme*, 4 de febrero de 2007.
—http://www.musicremedy.com/b/Black_Ice/album/The_Death_of_Willie_Lynch-3238.html.

Mapeo mental: http://www.imindmap.com.

The Myers-Briggs Type Indicator: Pittenger, David J., «Measuring the MBTI... and Coming Up Short», *Journal of Career Planning & Placement*, otoño de 1993.
—http://www.juliand.com/psychological_type.html.
—http://www.teamtechnology.co.uk/tt/t-articl/mb-simpl.htm.

Hermann Brain Dominance Instrument: http://www.juliand.com/thinking_style.html.

Terence Tao: http://blog.oup.com/2006/09/interview_with_/.
—http://www.college.ucla.edu/news/05/terencetaomath.html.

Capítulo 5. Encontrar tu tribu

Meg Ryan: todo el material de este fragmento procede de una entrevista para este libro.

Don Lipski: todo el material de este fragmento procede de una entrevista para este libro.

Pilcher, Helen: «A Funny Thing Happened on the Way to the Lab», *Science*, 6 de diciembre de 2002.

Brian Ray: todo el material de este fragmento procede de una entrevista para este libro.

Debbie Allen: todo el material de este fragmento procede de una entrevista para este libro.

Michael Polanyi: «The Republic of Science: Its Political and Economic Theory», *Knowing and Being*, University of Chicago Press, Chicago, 1969.

Dylan, Bob, *Crónicas*, vol. 1, RBA Libros, Barcelona, 2007.

Collins, Randall, *The Sociology of Philosophies: A Global Theory of Intellectual Change*, Belknap Press, Cambridge, Mass., 1998.

Leonard, Dorothy y Swap, Walter, «Gurus in the Garage», *Harvard Business Review*, noviembre-diciembre de 2000.

Grandes grupos: Bennis, Warren, G. y Biederman, Patricia Ward, *Organizing Genius: The Secrets of Creative Collaboration*, Perseus Books, Nueva York, 1997.

Kind of Blue: Evans, Bills, notas de la carátula del álbum *Kind of Blue*, de Miles Davis, Columbia Records, 1959.

Abraham Lincoln: Goodwin, Doris Kearns, *Team of Rivals: The*

Political Genius of Abraham Lincoln, Simon & Schuster, Nueva York, 2005.

Robert Cialdini: Eshleman, Alan, «BIRGing, CORFing and Blasting», *San Francisco Chronicle*, 20 de noviembre de 2002.

Comportamiento del fan: http://www.tcw.utwente.nl/theorieenoverzicht/Theory%20clusters/Interpersonal%20Communication%20and%20Relations/Social_Identity_Theory.doc/.
—http://www.units.muohio.edu/psybersite/fans/sit.shtml.

Howard Cosell, *Cosell*, Playboy Press, Chicago, 1973.
—*I Never Placed the Game*, William Morrow, Nueva York, 1985.

Billy Connolly: Stephenson, Pamela, *Billy*, HarperCollins, Nueva York, 2001.

Capítulo 6. ¿Qué pensarán los demás?

Chuck Close: Marmor, Jon, «Close Call», *Columns: The University of Washington Alumni Magazines*, junio de 1997.
—http://www.aaa.si.edu/collections/oralhistories/transcripts/close87.htm.

Compañía de Danza Cando Co: Tay, Malcolm, «In the Company of Able (D) Dancers», *Flying Inkpot*, 2 de octubre de 2000.

Coelho, Paulo, op-ed, *Indian Express*, 7 de febrero de 2006.

—http://www.worldmind.com/Cannon/Culture/Interviews/
coelho.html.

Arianna Huffington: todo el material de este fragmento procede
de una entrevista para este libro.

Pensamiento grupal: Harris, Judith Rich, *The Nurture Assump-
tion: Why Children Turn Out the Way They Do*, Free Press,
Nueva York, 1998.
—Vanessa Grigoriadis, «Smooth Operator», Nueva York, 17 de
enero de 2005.
—Asch, Solomon, «Opinions and Social Pressure», *Scientific
American*, 1955.
—Harvey, Jerry B., *The Abilene Paradox and Other Meditations
on Management*, Lexington Books, 1988.

Zada Hadid: http://www.designmuseum.org/design/zaha-hadid.

Capítulo 7. ¿Te sientes afortunado?

John Wilson: Coles, John, *Blindness and the Visionary: The Life
and Work of John Wilson*, Giles de la Mare, Londres, 2006.
—Obituario, *Independent*, Londres, 3 de diciembre de 1999.
—Obituario, *New York Times*, 7 de diciembre de 1999.

Richard Wiseman, *Nadie nace con suerte: el primer estudio científico que enseña a atraer y aprovechar la buena fortuna*, Temas
de Hoy, Madrid, 2003.

Vidal Sassoon: todo el material de este fragmento procede de una entrevista para este libro.

Brad Zdanivsky: Woolley, Pieta, «Hell of Wheels», Straight.com, 7 de julio de 2005.
—http://www.ctv.ca/servlet/ArticleNews/story/CTVNews/1123261552811_118670752/?hub=Canada.

Capítulo 8. Que alguien me ayude

Warren Buffett: Roger Lowenstein, *Buffett: The Making of an American Capitalist*, Random House, Nueva York, 1995.

Ray Charles: Harvard Mentoring Project, Harvard School of Public Health, http://www.whomentoredyou.org.

Marian Wright Edelman: Cuomo, Matilda Raffa, *The Person Who Changed My Life*, Barnes & Noble, Nueva York, 2002.

Public/Private Ventures: http://www.ppv.org/ppv/publications/assets/219_publication.pdf.

Jackie Robinson: http://www.mentors.ca/Story13.pdf.

Paul McCartney: todo el material de este fragmento procede de una entrevista para este libro.

James Earl Jones: Cuomo, Matilda Raffa, *The Person Who Changed My Life*, Barnes & Noble, Nueva York, 2002.

David Neils: http://www.telementor.org/aboutus.cfm.

CAPÍTULO 9. ¿DEMASIADO TARDE?

Susan Jeffers: todo el material de este fragmento procede de una entrevista para este libro.

Harriet Doerr: Daley, Yvonne, «Late Bloomer», *Standford Magazine*, 1997.

Paul Potts: http://www.paulpottsuk.com.

Julia Child y Maggie Kuhn: Bronte, Lydia, «What Longevity Means to Your Career», *Five O'Clock Club News*, julio de 2001, http://www.fiveoclockclub.com/articles1_index.shtml 2001.

Ridley Scott: todo el material de este fragmento procede de una entrevista para este libro.

Henry Lodge: Crowley, Chris, y Lodge, Harry S., *Younger Than Next Year: Live Strong, Fit and Sexy... Until You're 80 and Beyond*, Workman, Nueva York, 2005.
—http://www.theupexperience.com/speakers.html.

Greenfield, Susan, *The Human Brain: A Guided Tour*, Weidenfeld and Nicolson, Londres, 1997.

Grace Living Center: Attoun, Marti, «School of a Lifetime», American Profile.com, 1 de diciembre de 2002.

Sophia Loren: http://www.sophialoren.com/about/by.htm.

Capítulo 10. A cualquier precio

Gabriel Trop: todo el material de este fragmento procede de una entrevista para este libro.

La revolución Pro-Am: Leadbeater, Charles y Miller, Paul, «The Pro-Am Revolution: How Enthusiasts are Changing Our Economy and Society», www.demos.co.uk, 2004.

Arthur C. Clarke: http://www.pbs.org/wgbh/nova/orchid/amateurs.html fea_top.
—http://lakdiva.org/clarke/1945ww/.

Susan Hendrickson: http://www.geocities.com/stegob/susanhendrickson.html.
—http://www.pbs.org/wgbh/nova/orchid/amateurs.html fea_top.

«Tiff» Wood: Halberstam, David, *The Amateurs: The Story of Four Young Men and Their Quest For an Olympic Gold Medal*, Ballantine Books, Nueva York, 1985.

Una pata para sostenerse: Helm, Burt, «Hedge Funders Band To-
gether for Charity», *Business Week*, 20 de octubre de 2006.

Khaled Hosseini: http://www.bloomsbury.com/Authors/micro-
site.asp?id=480&section=1&aid=1873.
—http://www.bookbrowse.com/biographies/index.cfm?aut-
hor_number=900.

Miles Waters: http://www.nature.com/bdj/journal/v201/n1/
full/4813815a.html.

John Wood: Bob Cooper, «Rich in Books», *San Francisco Chronicle*, 26 de septiembre de 2004.
—http://www.roomtoread.org/media/press/2007_09_27_
cgi.html.

Suzanne Peterson: todo el material de este fragmento procede de
una entrevista para este libro.

Michael Fordyce: http://gethappy.net/v202.htm.

Capítulo 11. Conseguir el objetivo

Richard Branson: todo el material de este fragmento procede de
una entrevista para este libro.

Paul McCartney: todo el material de este fragmento procede de
una entrevista para este libro.

Esa cosa menospreciada: cortesía de Takeshi Haoriguchi.

Porcentajes de parados entre los jóvenes universitarios: http://
www.epi.org/content.cfm/webfeatures_snapshots_archi-
ve_03172004.

Puestos vacantes para universitarios en Gran Bretaña: http://
newsvote.bbc.co.uk/mpapps/pagetools/print/news.bbc.co.
uk/2/hi/business/3068443.stm.

Ganancias de los licenciados universitarios: http://www.usato-
day.com/news/nation/census/2002-07-18-degree-dollars.
htm.

Porcentajes de licenciados en todo el mundo: http://www.econo-
mist.com/PrinterFriendly.cfm?story_id=9823950.

Escuelas preparatorias: WuDunn, Sheryl, «In Japan, Even Todd-
lers Feel the Pressure to Excel», *New York Times*, 23 de enero
de 1996.

Industrias que se dedican a la creación y correción de las pruebas
académicas: Miner, Barbara, «Keeping Public Schools Public», *Rethinking Schools*, invierno de 2004-2005.

Paul McCartney: todo el material de este fragmento procede de
una entrevista para este libro.

Colegios Reggio: Edwards, Carolyn; Gandini, Lella, y Forman,
George, *The Hundred Languages of Children: The Reggio Emi-*

lia Approach Advanced Reflections, Ablex, Greenwich, Conn., 1998.

Malaguzzi, Loris, «Invece il cento c'e».

—http://www.brainy-child.com/article/reggioemilia.html.

—http://www.reggioalliance.org/chools/index.html.

Grangeton: partes de este fragmento proceden de una entrevista llevada a cabo por el autor de este libro.

—http://www.tes.co.uk/search/store/?story_id=2043774.

—http://www.teachernet.gov.uk/casestudies/casestudy.cfm?id=344.

Escuelas A⁺ de Oklahoma: Ashby, Nicole, «Arts Integration at Oklahoma Schools Provides Multiple Paths for Learning», *Achiever*, 1 de junio de 2007.

—http://www.aplusok.org.

Índice